근대와 民

근대와 民

인간존중 · 신분해방 사상이
만든 민주공화국

이영재 지음

도서출판 모시는사람들

한국학총서

근대와 民

등록 1994.7.1 제1-1071
1쇄 발행 2018년 5월 10일

지은이 이영재
펴낸이 박길수
편집인 소경희
편 집 조영준
관 리 위현정
디자인 이주향
펴낸곳 도서출판 모시는사람들
       03147 서울시 종로구 삼일대로 457(경운동 수운회관) 1207호
전 화 02-735-7173, 02-737-7173 / 팩스 02-730-7173
홈페이지 http://www.mosinsaram.com/

인 쇄 천일문화사(031-955-8100)
배 본 문화유통북스(031-937-6100)

값은 뒤표지에 있습니다.
ISBN 979-11-88765-13-3   93910

* 잘못된 책은 바꿔 드립니다.
* 이 책의 전부 또는 일부 내용을 재사용하려면 사전에 저작권자와 도서출판 모시
는사람들의 동의를 받아야 합니다.

* 이 도서의 국립중앙도서관 출판예정도서목록(CIP)은 서지정보유통지원시스템
홈페이지(http://seoji.nl.go.kr)와 국가자료공동목록시스템(http://www.nl.go.kr/
kolisnet)에서 이용하실 수 있습니다.(CIP제어번호: CIP2018013391)

* 이 저서는 2013년 대한민국 교육부와 한국학중앙연구원(한국학진흥사업단)을
통해 한국학총서사업의 지원을 받아 수행된 연구임(AKS-2013-KSS-1230002)

강의 시간에 필자는 종종 학생들에게 '한국은 어떻게 근대화를 이루었는 가?' 질문한다. 우문이어서 그런지 대부분 답변이 시원찮다. 질문을 좀 더 구체화해서 다시 묻는다. '우리 근대화는 1789년 프랑스 혁명처럼 아래로부터 이루어진 것인가?' 비로소 '아니오'라는 답이 나온다. '그럼 독일처럼 위로부터 이루어진 것인가?' 대부분 '네'라고 대답한다. 계속해서 묻는다. '한국은 언제 근대화되었을까?' '이승만 시기에 근대화가 되었다', '박정희 시기에 근대화가 되었다', '식민시기에 근대화가 되었다', '미군정기에 민주주의가 되었으니 미군정기다.' 각양각색의 답변이 경합한다. 서양은 18세기에 근대화를 했다는데 왜 우리는 20세기에 근대화를 했을까? 학생들이 갸우뚱거린다. 우리 근대화는 누가 했을까? 학생들이 기존의 역사 지식을 총동원하기 시작한다. '실학자', '개화파', '독립협회'라는 답변이 가장 많다. 구체적인 차이를 비교하면 조금씩 다를 수 있겠지만 이들은 대부분 '엘리트 지식인'들이다. 그럼 한국의 근대화 주체는 엘리트 지식인들일까?

우리 근대화에 대해 이렇듯 각양각색의 답변이 나오는 것은 물론 학생들 책임이 아니다. 학계 역시 합의점을 찾지 못한 채 현격한 입장 차이를 보이며 대립하고 있다. 독립협회를 주축으로 한 개화파 지식인이 근대를 추동했다는 견해, 대한제국기에 고종의 광무개혁이 우리 근대를 열었다는 견해, 일본의 강점은 잘못되었지만 식민시기에 근대화된 것은 인정하자는 견해가 백가쟁명식으로 대립한다. 반면, 아래로부터의 근대화를 주장하는 견해는 드물다.

한국 근대화에 대한 견해가 천차만별인 것은 지난 100여 년 동안 우리 근대사에 각인된, 일제강점에 따른 폐습과 식민사관의 잔재가 여전히 영향력을 행사하고 있기 때문인 것 같다. 1910년 '한일병탄'으로 인해 우리 근대사는 들춰보기 싫은 역사, 패배와 치욕의 역사로 낙인 찍혔다. 식민사관이 주조해 놓은 무능한 고종과 대한제국의 이미지도 부정적 근대사의 상징화에 상당히 기여하고 있다. 국왕(고종)의 독살에 대한 전 국민적 분노가 폭발해서 '3·1운동'의 동력이 되었던 것만 놓고 보더라도 당시 고종은 우리 국민들에게 그렇게 무의미한 존재가 아니었을 것이다. 명성황후나 고종에 대한 덧칠과 왜곡보다 더 심각한 후유증은 우리 근대사에 대한 자발적 자학 사관을 심어 놓은 것이다. 이런 탓에 그동안 우리 민주주의를 이야기해도 그 근거와 사례는 서양의 것을 기준으로 하는 것을 당연시하게 되었고, 아래로부터 한국의 근대화를 설명하려는 시도조차 하기 어려운 분위기였다.

1919년 3·1운동으로 분출한 전 국민의 독립 열망을 동력으로 삼아 국외 망명지인 상해에 세운 임시정부가 4월 발표한 「임시헌장」은 한반도에서 분투하던 국민들의 열망을 응축한 정치적 지향을 담았다고 보아야 할 것이다. 그렇다면 이 「임시헌장」에서 천명한 '민주공화국'의 정치적 지향은 최소한 우리 국민들에게 생경하거나 이질적인 것은 아니었다는 말이 된다. 최소한 1919년 이전부터 민주와 공화의 원리가 민의 영역에서 경험되고, 체득되었기에 「임시헌장」에 '민주공화국'을 명문화할 수 있었을 것이다. 이 책 『근대와 민(民)』의 집필은 이러한 발견에서부터 시작되었다.

민을 통해 근대와 대면하기 위해서는 정부기록이나 지식인의 기록, 일제강점기 기록에 비해 활자화된 사료가 현저히 부족한 사료의 비대칭성 문제를 극복하는 것이 관건이었다. 이 책의 제1장에서 민의 관점으로 사료를 독해하는 공감적 사료 비판의 방법론 제시에 많은 지면을 할애한 것도 이런 이유에서다. 이 책의 윤곽은 다음과 같다. 제2장에서는 기존에 한국의 근대화를 설명하는 대표적 논의인 실학의 신화와 민중사학, 내재적 발전론과 식민지근대화론을 비판적으로 검토하고, 그 실패의 이유를 밝히고 있다. 제3장과 제4장은 18-19세기 민을 중심으로 각각 정치구조의 변화, 사회구조의 변화를 살피고 있다. 민을 중심으로 한국의 근대화를 설명하기 위해서는 민의 정치적 성장과 사회적 성장에 대한 구체적인 검토가 필요하기 때문이다. 제3장의 문제의식은 필자가 2013년에 발표한 「조선시대 정치적 공공성의 성격 변화」, 『정치사상연구』19(1)를 발전시킨 것이고, 제4장 중 일부는 필자가 2014년에 쓴 「조선시대 시민사회 논쟁의 비판적 재해석」, 『정신문화연구』(제135호)과 『민의 나라, 조선』(태학사)의 제3장을 보완한 것이다. 제5장에서는 '민주공화국' 대한민국을 형성한 민의 사상적 동력이라고 할 수 있는 대동-해방사상을 다루는데, 대동-해방 사상의 연장선에서 동학에 내재한 인간존중과 신분해방 사상을 고찰하고 있다. 특히 동학농민혁명의 근대적 성격을 부정적으로 평가한 논의들과 『동학사』 폐정개혁안 등 사료적 논란이 된 쟁점들을 세밀하게 살피는 데 주력했다. 제6장에서는 동학농민혁명에 대한 대원군사주설, 충군애국사상 등에 대한 역사학계 일각의 비판에 대해 공감적 사료 비판을 통한 반비판을 전개하였다. 여기에는 필자가 2016년에 발표한 「대원군 사주에 의한 동학농민전쟁설 비판」, 『한국정치학회보』50(2)의 핵심 논의가 포함되어 있다.

1830년대 독일의 역사가 랑케는 역사학자의 임무에 대해 '그것은 실제로 어떠했는가(wie es eigentlich gewesen)'를 보여주는 것이라고 했다. 랑케 이후 과학으로서의 역사학, 실증으로서의 역사학이 역사방법론을 좌우했다. 필자는 이 실증주의적 역사 기술보다 E. H. 카의 역사관에서 우리 근대사를 다시 조명해 보고 싶은 매력을 느꼈다. 민의 사상을 중심으로 한국 근대화를 탐침해 보고 싶다는 도전의식이 생긴 것은 '사실로서의 역사'에 던지는 카의 경고에 힘입은 바 크다. 카의 경고는 이렇다. "첫째, 역사의 사실들은 순수한 형태로 존재하지 않으며 또한 존재할 수도 없기 때문에 우리에게 결코 '순수한' 것으로 다가서지 않는다. 그것들은 기록자의 마음을 통과하면서 항상 굴절된다. 둘째, 역사가는 자신이 다루고 있는 사람들의 마음, 그들의 행위의 배후에 있는 생각을 '상상적으로' 이해해야 할 필요가 있다"[*]는 것이다. 이 책을 집필하면서 필자는 같은 사료를 두고 누가 생산한 자료인가, 당시의 시대사는 어떠했는가, 동시대 세계사적 흐름은 어떠했는가 등을 염두에 두면 보이지 않던 많은 것들이 드러나는 경험을 했다. 다만 필자는 민의 사상의 배후를 '상상적으로' 이해하기보다는 상식적으로, 공감적으로 이해하려고 노력했다.

이 책은 2013년부터 2016년까지 한국학중앙연구원 한국학진흥사업단의 한국학총서 사업의 지원을 받았다. 민의 사상을 중심으로 우리 근대화를 새롭게 조명해 보려는 시도를 후원해 준 한국학진흥사업단에 감사드린다. 부족한 필자의 역량에도 불구하고, 이 책이 마무리 될 수 있었던 것은 고마운 분들의 도움이 있었기에 가능했다. 무엇보다 〈한국 근대화의 사상적 동력〉 연구팀의 도움이 컸다. 특히 암담했던 사료 더미를 먼저 헤쳐가면서 갈래를 타 주신 연구책임자 황태연 교수님께 감사드린다. 공동연구진으로 함께 한 나정원, 고희탁, 이창일, 김종욱, 김선희 선생님께도 감사드린다. 난삽한 원

---

[*]   E. H.카, 김택현 역, 2011, 『역사란 무엇인가』, 까치, 38-41쪽.

고임에도 흔쾌히 출판을 맡아 주신 '도서출판 모시는사람들'의 박길수 대표님께도 감사드린다. 유난히 추웠던 겨울부터 개나리와 벚꽃이 지는 동안 아빠 들어오는 것을 보지 못하고 잠든 막내 예진, 고등학교에 갓 입학한 큰딸 예은, 아빠의 몫까지 대신 지켜 준 아내 선혜에게 미안하고 고맙다. 언제나 최고의 응원을 보내주시는 부모님께도 감사드린다.

2018년 5월 봄
필자 이영재

차례 　근대와 民

1장

서 론

1. 공감적 해석학의 필요성

한국 근대화를 추동한 '민'의 사상과 역할에 주목하기 위해서는 시대사와 사상사를 유기적으로 결합할 수 있는 연구 방법론이 필요하다. 시대를 특징 짓는 사건의 이면에는 그 동력이 되는 사상이 불가분적으로 개재한다. 가령 한국전쟁의 경우 그 이면에서 공산주의와 자유민주주의 사상이 대립했다면, 수십만의 백성이 참여한 동학농민혁명의 배경에는 동학사상이 민을 추동하는 동력으로 작용하면서 조선의 성리학적 지배질서와 대립했다. 기존 실증주의적 관점에 입각해서 본다면, 민에 주목해 한국 근대화의 특성을 드러낸다는 것은 분명 많은 한계가 있다. 특히 민의 관점에서 시대상을 어떻게 규정할 것이며, 사상적 요소를 어떻게 실증할 것인지 여부가 관건이다.

당대의 사회적 현실과 괴리된 채 무비판적으로 사료를 신뢰한 결과 역사 연구가 현실에서 멀리 떨어진 아웃사이더가 되고 말았다는 한 역사학자의 성찰은 실증주의에 매몰된 역사연구의 한계를 제대로 지적한 것이다. "역사 학계는 해방된 지 70여 년이 지났어도 남아 있는 문서 사료에 대해 무비판적으로 신뢰하고 이용의 편의만을 고려했을 뿐, 사료 생산의 주체나 사회적 맥락을 짚어보는 사료 비판은 제대로 이루어지지 않았다. 역사학의 임무는 잔존한 사료를 바탕으로 사실을 충실히 복원하는 것에 한정되었으며, 역사가는 현실에서 멀리 떨어진 아웃사이더가 될수록 본분을 다하는 것으로 이해되었다. 역사학계가 당대사를 연구의 대상으로 삼지 못함에 따라 역사는 자신의 현실에 대해 설명할 수 없었고, 과거가 어떻게 현재적 의미를 띠는지, 왜 현재에서 과거가 기억되어야만 하는지를 분명하게 설명할 수 없었다."[1]

설령 사료가 있다 하더라도 사료의 비대칭성 문제로 인해 실증주의적으로 민의 사상을 입증하기 곤란한 것도 큰 장벽이다. 이 사료의 비대칭성 문제는 시기적으로 18세기보다는 19세기에 들어서면 다소 개선되지만, 19세기로 넘어 온다고 해서 완전히 해소될 수 있는 문제가 아니다. 사료 생산의 주체가 여전히 개화 지식인과 관 중심이었기 때문에 민을 주체로 한 '공감적' 사료 독해가 필요하다. 19세기 말엽 활자화되어 공간된 대부분의 사료들은 민의 사상을 실증적으로 독해하기 곤란한 경우가 많기 때문이다. 가령 『일본공사관기록』을 비롯해 친일파 및 개화파 지식인들의 저서와 기록, 개인의 일기, 논설, 이들의 미담·일화집과 전기, 그리고 당시 동학농민군과 의병에게 적대적 공론장이었던 신문(「독립신문」·「황성신문」·「매일신문」·「제국신문」 등)과 잡지류, 그리고 민의 사상이 드러나는 동학·민중사상·민족종교를 '이단'과 '사설(邪說)'로 배척한 최익현·유인석 등 성리학유생들의 문집과 유고집 들이 이 시대를 대변하는 주된 사료들이다. 반면, 백성의 고통과 신음소리, 동학농민·의병·해산국군의 아우성·분노·함성, 이들이 직접 경험한 전투와 투쟁, 목격담 등 활자화되지 않은 경우가 태반이다. 또한 우리 전통을 이해하지 못하기 때문에 서구적 편견에 입각해 표면적 사건만을 보고 쓴 일부 선교사들과 외국인들의 저술은 그 사료적 정당성을 면밀히 따져 봐야 한다. 더구나 고종의 밀지 등은 많은 자료들은 사료로 보존될 수 있는 여지조차 상실한 경우가 태반이었다.[2]

그렇다고 민의 사상을 전혀 역사적 사료에 기초하지 않은 채 규명할 수는 없는 노릇이다. 기존 사료를 민의 관점에서 독해하기 위해서는 사료의 생산 주체, 정치적 역관계, 사회·경제적 구조 등을 충분히 고려한 공감적 사료 해석의 관점이 필요하다. 최근 이러한 공감적 사료 독해의 관점을 바탕으로 실증주의적 역사연구의 한계를 보완할 수 있는 역사 방법론이 '공감적 해석학'이라는 틀로 정식화되었다. 이 공감적 해석학의 역사연구방법은 본질적으로 '비판적' 관점을 견지한다. 공감적 역사 해석학은 백성 또는 국민의 기쁨과 고통, 즐거움과 괴로움, 도덕감정, 도덕감각, 도덕적 비난 등의 제반 감정에 공감하는 관점에서 사료와 역사적 행동을 이해한다. '역사에는 가정(if)이 없다'고 되뇌며 기존의 역사적 사실을 '비판 불가능한 것'으로 성역화 하는 실증주의와 달리 충분히 역사적 행동의 다른 대안이 있을 때는 있는 대로 역사적 가정을 시도함으로써 당시의 역사적 사건에 대해 평가하고자 한다. 이런 가정이 없다면 역사에 대한 공감적 언술과 비판이 불가능하고, 역사적 사실에 대한 해석 또한 들어설 여지가 없어지기 때문이다.[3]

구체적으로 사례에 빗대어 공감적 해석학의 역사방법론을 설명하면 이렇다. 가령 16세기말 정여립의 사상을 독해한다고 해보자. 정여립의 사상이 중요한 이유는, 대부분의 민중적 개벽사상들의 연원을 추적하면 16세기 말의 정여립(鄭汝立, 1546-1589)사건과 그 대동사상으로 거슬러 올라가기 때문이다. 15세기 말에서 18세기 중반까지 조선의 왕권은 임진왜란과 병자호란의 대전란, 소빙기(1490-1760) 대기근, 15세기 말 홍길동, 16세기 중후반 임꺽정, 17세기 말엽 장길산 등 의적들의 활동, 서당을 중심으로 불만을 품은 비판적 유생들의 광범위한 산재, 각종 도참설에 기반한 이상사회론의 대두 등으로 크게 동요했다. 특히 전주이씨 조선왕조의 세습군주제에 도전하는 혁명적 정치사상까지 등장했다. 기축사화(1589)를 통해 공공연하게 가시화된 정여립의 대동사상은 일반민중만이 아니라 유학을 신봉하는 양반사회까지 통째로 뒤흔들 수 있는 잠재력을 가진, 그야말로 성리학적 지배이념에 기반한 조선의 지배질서를 전복할 수 있는 위험천만한 혁명사상이었다. 정여립의 사상적 기초가 성리학에서 금기시하는 공자의 '대동' 이념으로부터 도출된 유학적 평등주의 · 공화주의 이상국가론과 맞닿아 있었기 때문에 엄청난 정치적 파괴력이 내재해 있었다.

그동안 역사학계에서는 정여립 사건을 사료에 나타난 바와 같이 모반으로만 다루었지, 대중들의 공감장 속에서 배태된 사상이 비등점을 넘어 끓어오른 혁명적 사상이라는 관점에서 접근하지 않았다. 사건사의 결론으로만 보면 정여립 '모반사건'을 처리한 기축사화는 1589년~1591년 사이에 1,000여 명의 선비를 '집단학살'한, 조선조 전반에 걸쳐 전무후무한 사화였다. 죄목은 정여립이 '천하공물(天下公物)'론과 왕위선양제의 대동이념을 표방하며 반상차별 없는 새 나라를 세울 목적으로 '대동계(大同契)'를 조직하고, '목자망전읍흥(木子亡奠邑興)'의 역성혁명적 정씨왕조론과 '전주왕기설(全州王氣說)'의 참언을[4] 퍼트려, 조선왕조를 무너뜨리려는 모반을 꾀했다는 것이다. 그런데 정여립의 사상은 기축사화로 단절된 것이 아니라 오히려 민의 영역에서 다양한 흐름과 형태로 오래도록 이어졌다. 이 기축옥사의 원한과 비원(悲願)은 18세기 말 민중들 사이에서 유행한 도참서 『정감록』[5]을 통해 정여립과 종씨인 정씨의 왕조가 열린다는 왕조개벽설로 다시 터져 나왔다.[6] 문제는 실증주의적 관점에서 정여립 사상의 전모를 직접 확인할 수 있는 사료는 전혀 남아 있지 않다는 점이다. 기축사화 당시 1,000여 명의 선비들과 함께 정여립의 글은 하나도 남김없이 모두 사라졌다. 그렇다고 정여립의 사상이 조선조에 존재하지 않았던 것은 아니지 않은가? 정여립의 사상을 복원하는 길은 당시 주요 사료에 나타난 맥락을 통해 공감적 사료 독해 방법으로 유추하는 것이다. 『선조수정실록』에 기록된 정여립의 죄상은 다음과 같다.

정여립은 일세를 하찮게 보아 안중에 완전한 사람이 없었다. 경전을 거짓 꾸미고 의리를 속여 논변이 바람이 날 정도로 잽싸서 당할 수가 없었다. 학도에게 늘 말하기를, "사마온공의 『통감』은 위(魏)로 기년(紀年)을 삼았으니 이것이 직필인데, 주자가 이를 비판했다. 대현의 소견이 각기 이렇게 다르니 나는 이해할 수 없는 바이다. 천하는 공물(公物)인데 어찌 정해진 주인이 있겠는가? 요·순·우 임금은 서로 전수하였으니, 성인이 아닌가?"(溫公通鑑以魏紀年 是直筆, 朱子非之. 大賢所見各異 吾所未解也. 天下公物 豈有定主? 堯·舜·禹相傳, 非聖人乎?) 하고, 또 말하기를, "두 임금을 섬기지 않는다는 것은 왕촉이 한때 죽음에 임하여 한 말이지 성현의 통론은 아니다. 유하혜는 '어느 임금을 섬긴들 임금이 아니겠는가'라고 했고, 맹자는 제선왕에게도, 양혜왕에게도 왕도를 행하도록 권하였는데, 유하혜와 맹자는 성현이 아니었던가?" 했다.(不事二君 乃王蠋一時臨死之言, 非聖賢通論也. 柳下惠曰 '何事非君?' 孟子勸齊·梁行王道, 二子非聖賢乎?) 그의 언론의 패역이 이와 같았으나, 문도들은 "이전의 성인이 발명하지 못한 뜻을 확장한 것이다"라고 칭찬하면서, 조금이라도 어기거나 뜻을 달리하는 자가 있으면 곧 내쳐 욕을 보였다.[7]

정여립 자신이 직접 쓴 글은 아니지만 『선조수정실록』의 기록을 통해 몇 가지 중요한 사실에 대한 정보를 확인할 수 있다. 첫째, 정여립은 전국적 규모의 '대동계(大同契)'를 조직하였으며, 공자의 '대동(大同)사상'(『예기』「예운」편)을 근거로 삼아 천하를 사유물로 여기고 대대로 천하를 세습하는 세습군주제를 비판하고, '왕위선양론' 또는 '군주선출론'을 전개하였다는 점이다. 둘째, 정여립이 공자의 이 선양론을 당대의 역사관에 적용하여 사마광(司馬光, 1019-1086)의 『자치통감』을 기준으로 삼아 주자를 비판함으로써 조선의 지배질서로 자리 잡은 성리학적 명분론을 기저에서부터 뒤흔들고 있다는 점이다.

정여립의 죄상을 밝히고 있는 『선조수정실록』에 대한 공감적 사료 독해를 통해 확인할 수 있는 이 두 가지 사상이 18세기 각종 괘서 사건에서 반복적으로 나타난다. 이는 당시 정여립의 사상이 조선 대중들의 가슴에 충분히 공감대를 형성할 만큼 호응이 높았다는 말이 된다. 영조대의 서당 훈장 곽처웅 사건(일명 '남원괘서' 사건)에서 확인된 '남사고(南師古)의 비결'에는 정여립의 반성리학적 왕위선양론과 같은 급진적 내용이 담겨 있다. "우리도 평민에 있을 날이 오래지 않을 것이다. 왕후장상(王侯將相)이 어찌 종자가 있는가?"[8] 흥미로운 사실은 이런 모역이, 예언서, 괘서의 주요 내용이 표현만 조금씩 바뀔 뿐 그 핵심이 반복적으로 민의 영역에서 회자되었다는 사실이다.[9]

정여립 사건을 중심으로 민의 사상적 흐름의 일단을 독해하는 이 공감적 사료 비판은 활자화 된 성긴 '사료 텍스트'와, 활자화되지 못한 사건과 행위에 연관된 영역의 '공감적 · 교감적' 접근을 전제로 하는 것이다. 이는 언어 텍스트의 실증적 사료를 기반으로 하되 사료의 생산 주체와 대립적 관점에서 그 의미를 독해하는 것으로, 민의 영역에서 시대사적으로 확장된 사상적 영향에 주목하고, 이와 관련한 연관적 해석을 부가하는 방식이다. 이를 '공감적 해석학'의 방법론적 맥락으로 본다면, "해석자는 '텍스트'와 사건의 감정적 의미구조와 텍스트 상황, 그리고 말없는 행위와 사건의 정서적 분위기와 진실한 감정의미, 역사적으로 형성된 '민심'으로서의 사회적 '공감대', 즉, 화자와 청자를 공히 포괄하는 '공감장(öffentliche Mitgefühl)'이나 '공론장(Öffentlichkeit)'만이 아니라, '텍스트'에 담긴 오류, 이에 대한 화자의 불충분한 이해와 오해(자기기만), 거짓과 실언, 작화와 공담, 의도된 설득전술로서의 위계(僞計)논변, 궤변과 교언(巧言), 반어와 과언(誇言) 등에도 주목"[10]할 필요가 있음을 의미한다.

19세기 말엽의 동학농민혁명 시기에 이르면 민의 사상이 집약 · 표출된 사료가 상대적으로 많아진다. 그러나 이 시기에도 민의 사상과 관련한 사료를 독해할 때 이 공감적 해석학에 기반한 사료 독해가 유용하다. 명확한 적대 관계 속에서 사료를 생산하는 세력의 정치적 목적에 의해 원래의 의도가 왜곡되거나 변조되었을 가능성이 크기 때문이다. 가령 이런 경우다. 동학농민혁명이 정치적 야심을 채우기 위한 대원군의 사주에 의해 일어난 것인가? 동학농민혁명을 보수적 · 복고적 운동으로 치부하는 유영익은 실증주의에 입각해 동학농민혁명을 주도한 "주도층의 목적의식을 나타내는 주요 사료들의 내용이 압도적으로 보수적 색조를 띠고 있다는 사실"[11]을 강조한다. 공교롭게 전해지는 사료에 따르면, 대원군이 동학농민혁명을 사주했다는 증거가 꽤 있다. 〈전봉준 공초〉 기록[12]이나 〈재판기록〉 등을 비롯하여 각종 '호소문', '회유문' 등 여러 곳에 대원군을 받들겠다는('국태공 봉대') 구절이 나타나 있다. 황현의 『오하기문』에 나타난 "국태공을 받들고 나라는 감독케" 하겠다는 내용을 소개하면 다음과 같다.

> 우리들의 금일의 뜻은 위로 국가에 보답하고 아래로는 백성을 편안하게 하는 것이다. 열읍을 지나가면서 탐관오리를 징치하고 청렴한 관리를 포상하고 이폐민막(吏弊民瘼)을 바로잡고 혁파하고 전운(轉運)의 폐막을 영원히 변혁제거하고 임금에게 아뢰어 국태공을 받들고 나라를 감독케 하여 난신적자들과 아첨하는 자들을 일거에 파출하는 것을 본뜻으로 하는 이것뿐인데 어찌하여 너희 관속들은 국세와 민정을 생각지 않고 병력을 움직여 공격을 위주로 삼고 살육을 의무로 삼는가? 이것은 진실로 무슨 마음인가?…
> (황현『梧下紀聞』, 87).

김상기(1931 · 1975)나 이상백(1962)이 동학농민군의 제2차 기포(재기포)가 전봉준과 대원군의 밀약에 의한 것이라고 파악한 것도 이와 같은 맥락에 기초한 것이다.[13] 과연 전해지는 사료와 같이 동학농민군이 대원군의 정치적 야심을 위해 기포한 것일까? 당시 민심의 공감대 영역을 관찰자적 시각으로 추론해 본다면, 의심의 여지가 크다. 일단 관련 사료가 있다는 것은 공감적 추론의 엄밀성을 한층 더 보강해 주는 것임에 틀림없다. 그러나 여기서 한 발 더 나아가 해당 사료가 누구에 의해서, 어떠한 목적으로 생산되었는지 여부까지 고려한 사료 독해가 필요하다.

가령 일제강점기 조사기록이나 재판기록은 독립운동사를 구성하는데 있어 긴요한 사료임에 틀림없다. 하지만 이 조사기록이나 재판기록을 실증적 해석으로만 일관하여 볼 경우 역사적 진실로부터 이격된 결과를 도출할 수 있다. 조선총독부의 조사에 임할 때의 진술은 적대적 대상을 향한 진술이라는 점을 고려해야 하고, 그 진술 속에는 아군의 조직을 보호하기 위해 아예 관련 인물을 다르게 제시하거나 조직의 존재 자체를 언급하지 않는 등 사실 관계를 감추게 된다. 따라서 조선총독부의 조사기록이나 재판기록을 통해 확인한 사실관계는 당대의 신문 기록, 증언, 회고록 등 다양한 자료들을 동원해 다각적으로 시시비비를 가려 볼 필요가 있으며, 시대사적 맥락을 가미한 사료 독해가 필요하다. 이런 공감적 사료 비판의 관점으로 해당 사료를 해석할 때 비로소 독립운동사가 제대로 구성될 수 있을 것이다.

따라서 공감적 해석학을 통한 역사연구는 구미에 맞는 사료만 중시하는 사료 편식을 경계하며, 종합적인 맥락에서 전체 상황을 조망할 수 있는 시대사와 사상사에 기초한 폭넓은 사료 이해를 필수적인 요건으로 한다. 이런 맥락에서 판단해 보건대, 동학농민군이 생산한 문서들에 '국태공의 국정참여' 요구나 '국태공 봉대' 구절이 확인되는 것은 명백한 사실이지만, 이 문서가 누구를 향해 만들어진 것인지 여부까지 확인해 볼 필요가 있다. 당대 국태공의 정치적 영향력이 컸기 때문에 정치전략적 의도를 가지고 도구적으로 활용할 가능성도 있기 때문이다. 이런 관점에서 해당 사료들을 일별해 보면, 정부 관속에게 보내는 경우나 동학농민군들에게 보내는 경우 즉, 생산한 문서의 수신인이 누구냐에 따라 국태공 봉대 요구의 삽입이 의도적으로 구분되어 있다는 사실을 발견할 수 있다. 동학농민군의 문서들 중에 국태공 봉대의 요구가 삽입된 것은 관속들에게 보내는 회유·호소문이다. 반면, 동학농민군들을 향한 '통문' 등에는 그 내용이 보이지 않는다. 즉 전봉준·손화중·김개남 등의 최고지도자 급에 의해 고창군 무장면에서 발표된 전봉준·손화중·김개남 명의의 〈무장포고문(茂長布告文)〉(1894.3.21, 양4.26), 호남창의대장의 〈백산격문〉(음3.25경, 양4.30경), 〈사개명의(四個名義)〉(3.25) 등의 포고문·창의문·격문과 내부의 사발통문에는 이런 요구들이 전무하다.[14]

또한 〈전봉준 공초〉에 나타난 대원군에 대한 전봉준의 평가 등을 종합해 보건대, 정부 관속에게 보내는 회유·호소문에 나타난 국태공 봉대는 동학농민군이 정치적 입지를 확장하거나 여타의 전략적 의도를 위해 활용한 전술적 방편일 수 있다. 이렇듯 공감적 사료 독해의 관점에서 볼 경우 해당 사료의 의미가 보다 풍부하게 검토될 수 있다. 동학농민군의 기포가 대원군의 사주에 의한 것인지 여부에 대해서는 제6장에서 상세하게 논의한다.

다른 한편으로 공감적 해석학을 활용한 역사연구는 사료에 대한 편파적 독해를 전제하고 있는 서구중심적·자학적 역사관을 배격하고, 한국 근대화를 추동한 민의 사상과 역사적 실천을 조명하는 데 유용하다. 대한민국 헌정질서의 핵심원리인 헌법 제1장 1조에 천명된 '민주공화국'은 어떻게 형성되었을까? 외부 이식론자들은 특히 미국의 영향을 핵심적인 요소로 상정한다. 한태연은 "공화국은 우리 사회의 식민화와 동시에 소멸된 그 「대한제국」에 대한 당연한 역사적 부정이며, 또한 정치적 기본질서에 있어서의 그 자유민주주의는 미군의 진주에 오는 당연한 결과였다"[15]고 주장한다. 이 '외부 이식론'에 따르면, 민주공화정은 우리의 내적인 정치적 전통과 아무런 연관이 없는 서구 개념의 이식일 뿐이다.

'민주공화국' 대한민국의 법적 연원을 추적하면, 1919년 4월 11일 「대한민국임시헌장」까지 거슬러 올라간다. 3·1운동의 열기가 계속되고 있던 시점에 「임시헌장」이 발표되었다는 점을 고려하면, 「임시헌장」은 본토(한반도)에 남아 있는 우리 국민들의 정치적 열망이 응축된 독립국가의 지향을 담고 있다고 보아야 한다. 그렇다면 이 「임시헌장」의 정치적 지향은 최소한 우리 국민들에게 이질적이거나 낯선 것은 아니었을 것이다. 「임시헌장」의 입안자들은 1919년 이전부터 우리의 정치적 전통에 내재해 있던 정치적 공감대에 기초하려고 노력했을 것이다. 이러한 추론이 타당하다면, 우리 내적으로 '민주', '공화'에 대한 공감대를 형성할 수 있는 정치적 토양이 마련되어 있었다는 것을 의미한다. 게다가 임시헌장 제1조의 민주공화제 규정은 시기적으로도 앞설 뿐 아니라 유럽이나, 일본, 중국 등 수많은 헌법문서들 가운데서도 유례를 찾아볼 수 없는 독창적인 형식과 내용을 가지고 있다.[16] 상황이 이렇다면, '민주공화' 정체(政體)는 외부로부터의 이식이 아니라 우리 내재적으로 '민주'와 '공화'에 상응하는 사상적 지향이 있었고, 인구에 회자되던 이 사상적 지향에 '민주', '공화' 개념이 자연스럽게 '패치워크'[17] 되었을 가능성이 크다. 그러나 조선후기부터 대한제국기 동안의 역사에 대한 학계의 등한시와 편견에 의한 단절의 골은 생각보다 깊다.

상술한 바와 같이 '민'을 한국 근대화를 추동한 주체로 상정하는 것은 사료상의 제약, 역사연구의 편향적 관점 등으로 인해 기존 역사학이나 정치사 연구 맥락에서 거의 시도되지 않았다. 따라서 공감적 해석학에 기반하여 제대로된 공감적 사료 비판을 하기 위해서는 사료 해석에 있어 시대사와 사상사의 정합적 이해를 바탕으로 하고, 정치권력과 민중 간의 역동적 상호작용의 연관을 중요시하는 관점을 견지할 필요가 있다. 한국 근대화의 동력은 왕이나 지배권력 일방의 모노드라마로 설명될 수 없기 때문이다.

2. 근대화의 개념

한국 근대화의 사상적 동력에 대한 본격적인 탐침에 앞서 행해야 할 또 하나의 작업은 근대화를 어떻게 개념 정의할 것인가이다. 일찍이 역사학계에서도 한국의 근대화는 치열한 논쟁 주제였고, 현재도 그렇다. 1970년대 말 고종시대의 '광무개혁'을 이슈로 역사학계 근대화 논쟁이 시작되었다. 지난 2004년 〈교수신문〉을 무대로 한국의 근대화를 둘러싸고 역사학계와 경제사학계 사이의 격렬한 논쟁이 전개되었다. 세부적 논점 중 하나는 영·정조의 '민국(民國)' 이념을 봉건제적 통치와 질적으로 다른 새로운 통치 이념으로 해석할 수 있는지 여부였다. 그러나 결국 이 문제는 한국의 근대화가 내재적 근대화 경로를 따라 진행된 것인지, 식민시기에 와서야 비로소 근대화가 시작된 것인지에 대한 입장 차이, 즉 '내재적 발전론'과 '식민지근대화론'의 대립으로 확산되었다.

한국의 근대 형성을 둘러싸고 진행된 이 논쟁에는 주요 논쟁자인 이태진, 김재호 외에 9명의 학자가 개입했다. 이태진이 내재적 발전론의 입장에서 고(故) 김대준 교수의 1974년 박사논문을 발굴해 『고종시대의 국가재정 연구』(2004)라는 책으로 출간한 것이 논쟁의 시발점이었다. 고종시대의 재정이 근대적 형태를 갖추고 있었다는 이 책의 주장이 학계의 기존 정설과 충돌했다. 교수신문사는 이 책과 이태진의 1999년 저작 『고종시대의 재조명』을 함께 묶어 논쟁적 서평으로 다루었다. 이태진의 근대화론의 요지는 세 가지로 정리할 수 있다. 첫째, 개항기 자주적 근대국가 수립의 주체는 고종이었다. 둘째, 고종은 영조와 정조의 근대 지향적인 '민국정치' 이념을 계승한 '계몽 절대군주'였다. 셋째, 대한제국의 전제군주정은 민국정치를 계승, 발전시켰다는 점에서 근대적인 성격을 갖는 것이었고, 고종의 근대화 노력이 대한제국의 근대화 정책(광무개혁)에 의해서 실현됐다. 그럼에도 불구하고 결국 대한제국의 근대화 정책이 좌초한 것은 대한제국의 빠른 근대화 성공을 우려한 일본의 침략에 의해서였다는 것이다.[18]

경제사가인 김재호가 『고종시대의 재조명』에 대한 〈서평〉을 통해 비판의 포문을 열었다. 김재호는 이 책의 내용 어디에도 "우리나라 근대사에서 가장 중요한 주제인 왕정 극복이라는 문제의식은 찾아볼 수 없다"고 일갈했다. 그리고 "근대적 재정제도를 갖추었다는 주장도 오류"인데[19] 그 오류의 핵심은 "황실 재정의 팽창과 정부 재정에 대한 황실의 지배로 인해 갑오개혁의 성과가 전도된 것을 간과했다"는 데 있다고 비판했다.[20]

이태진은 이 〈서평〉이 "일제 식민주의 역사 왜곡의 덫에 걸려 있는" 견해라고 맞섰다. 이태진은 '민국' 이념을 중시하며, 18세기 조선의 군주들은 양반의 우두머리가 아니라 온 백성의 지지를 받는 새로운 군주상으로 보아야 한다고 강조했다. 고종이 이 민국이념을 적극적으로 계승한 군주이고, 대한제국이 18세기 이래 군민일체의 민국정치 이념을 계승해 이를 근대국가의 수립기반으로 삼고자 했다는 것이다. 결국 대한제국은 무능해서 망한 것이 아니라 근대화 사업의 빠른 진척을 우려한 일본의 조기 박멸책에 희생된 것이라고 주장했다. 따라서 비록 실패했고, 한계가 있었지만 민국이념의 계통을 이어 받은 '개명군주' 고종에 의해 추동된 대한제국의 근대화 노력을 새롭게 조명할 필요가 있다는 것이다.[21]

김재호는 이 민국정치 이념을 혁신적으로 보기 어렵다는 입장이다. "이태진 교수는 18세기 민국정치 이념이 국왕을 양반의 우두머리에서 백성(국민) 전체에 대한 통치자로 새롭게 규정하고 있다는 점에서 근대(지향)적이라고 강조했지만 조선왕조의 국왕은 왕조 개창부터 '적자(赤子)'로 표현되는 백성의 어버이임을 자임하고 있었다. 둘째, 1894년 갑오개혁에 의해서 신분제도가 혁파될 때까지 조선왕조는 제도적으로 양천(良賤)·반상(班常)의 차별이 엄존한 신분사회였으며 사람을 사고 파는 인신매매가 관행으로 통용된 사회였다. 이러한 사회에서 동질적인 국민(또는 민족)을 말할 수는 없다고 생각한다"[22]고 주장했다. 이에 대해 이태진이 재반론을 폈는데, "첫째, 적자론도 신분적 차별의식이 있던 때와 거기서 벗어나는 때 사이의 함의가 다르다는 것을 해독해야 한다. 김 교수는 조선사회가 1894년 신분제도 혁파 때까지 신분차별이 엄존한 사회라고 했지만, 잔재적 현상은 그 후에도 계속되지 않았던가. 갑오개혁의 신분제 철폐는 독존적인 것이 아니라 정조가 민국이념 차원에서 결정한 공사노비 전면 철폐, 이에 대한 고종의 사노비 세습 혁파 재천명(1886) 등을 배경으로 가능한 것이었다. 둘째, 조선의 왕정을 군주전횡의 역사로 알고 있다면 이는 큰 잘못이다. 조선왕조는 군주정이지만 〈경국대전〉 이래 시대변화에 맞춰 새로운 법전을 여러 차례 편찬할 정도로 법치 기반이 강했다."[23] 그리고 고종을 거론해야 하는 이유는 이 시대 역사 왜곡의 핵심이 고종의 무능을 향해 있기 때문이라고 강조했다.

　　이 논쟁이 흥미로운 이유는 한국 근대화를 둘러싼 대립지점을 확인할 수 있기 때문이다. 이태진이 내재적 발전론에 가깝다면, 김재호는 식민지근대화론의 입장을 대변한다. 이 논쟁이 한국 근대화에 대한 논의를 진전시키는 데 있어 기여하는 바는 두 가지 쟁점을 드러내 준다는데 있다. 첫째, 왕정 극복이 근대화의 중요한 전제인지 여부다. 이태진은 '민국이념을 계승한 개명

군주 고종'의 근대화 노력을 강조하고 있는 반면, 김재호는 아예 '왕정 극복'이 근대화의 전제라고 단언한다. 둘째, 근대적 신분해방의 추동주체에 대한 견해차다. 이태진은 '민국이념 차원에서 정조가 행한 공사노비 혁파', '고종의 사노비 세습 혁파'를 강조하고, 18세기 군주는 양반의 우두머리가 아니라 백성의 지지를 받는 새로운 군주상이라고 주장한다. 반면 김재호는 개화파가 중심이 된 1894년 갑오개혁의 신분해방 이전까지 조선은 '양천·반상의 차별이 엄존한 신분사회'였다고 본다.

첫째, 왕정 극복이 근대화의 시금석인지 여부부터 살펴보자. 한국의 근대화 과정을 논할 때 실제 상당수의 논자들이 조선시대는 왕정을 극복하지 못했기 때문에 근대화 자체를 거론할 수 없다는 입장을 피력하는 경우가 많다. 이는 진보나 보수의 입장 차이를 떠나 상당수의 역사학자들이 공유하는 견해다. 우리 역사에는 '왕의 목을 친 근대혁명' 또는 '시민혁명의 전통'이 없었기 때문에 서구적 근대제도를 이식할 수밖에 없는 수동적 근대화의 특성을 갖는다는 것이다.[24] 반면, 조선후기 큰 파장을 몰고 왔던 동학농민혁명에 대한 비판적 견해 역시 동학농민군의 왕정에 대한 긍정적 인식, 즉 '충군'사상을 문제 삼고 있다. 동학농민군이 조선왕조를 부정하고 공화제를 지향하지 않았기 때문에 '동학농민혁명'은커녕 봉건적 보수반동의 무장투쟁에 불과한 '갑오농민봉기'로 평가해야 한다는 것이다.[25]

제시된 쟁점의 순서대로 살펴보자. 정말 왕정 극복이 근대화의 필수요건일까? 흔히 유럽의 18세기를 '근대혁명'의 시기로 평가하는 데, 이 시기 대부분의 유럽 국가들에서 왕정 극복의 요구는 나타나지 않았다. 따라서 19세기까지 대부분의 유럽의 정치 형태는 '공화정'이 아니라 '군주정'이었다. 왕정 극복을 근대화의 중요한 전거로 삼게 된 것은 우리 교육에 깊이 침윤해 있는 미국숭배 의식의 영향으로 미국의 국가모델에 경도되어 '민주공화국'을 '정치적 근대성'의 전범으로 간주하게 된 것이 이유가 아닐까 싶다.

오늘날의 영국 · 스페인 · 네덜란드 · 벨기에 · 룩셈부르크 · 덴마크 · 스웨덴 · 노르웨이 등 극서(極西)국가들과 캐나다 · 오스트레일리아 · 뉴질랜드를 위시한 영연방국가들은 왕(임금)을 국가권위의 중심으로 섬기더라도 모두 다 나름대로 '근대국가'임에 틀림없다. 국가의 근대화가 산출하는 정체가 반드시 '공화국'인 것은 아니며, '입헌군주정'을 산출한 경우도 부지기수다. 또 근대화가 꼭 '민주주의'를 가져다주는 것도 아니다. 19-20세기의 정치적 경험에 비추어 보면, '정치의 근대화'와 '군대의 근대화'는 반대로 반민주 일인독재 · 군사독재 · 파쇼독재 · 인민독재의 길로 이어지기도 한다. 물론 근대화가 민주주의와 공화국을 가능케 할 수도 있지만, 그것은 각국의 정치사적 내력과 국제적 상황, 그리고 그 국민의 창조적 정치능력 등 복잡한 변수에 좌우되는 것이다. 그리고 민주국가를 무조건 근대국가로 봐야 한다면, 직접민주주의 시기의 아테네나 스파르타 노예제 국가도 근대국가일 것이다. 또 모든 공화국을 무조건 근대국가로 보아야 한다면, 노예제 국가였던 고대 로마공화국이나, 중세 이탈리아 도시의 군소 귀족공화국들, 중세말 · 근세초의 네덜란드 귀족공화국(1581-1795), 크롬웰의 귀족공화국(1649-1659) 등도 다 근대국가일 것이다.[26] 따라서 왕정을 극복한 정체, 즉 공화국이 근대화의 절대적 기준이 될 수는 없다. 정치적 근대화에 대한 별도의 기준이 필요하다.

둘째, 신분해방이 한국 근대화의 중요한 기준이 될 수 있다는 데에는 내재적 발전론자나 식민지근대화론자를 포함하여 대다수의 견해가 일치한다. 다만 신분해방을 추동한 주체와 관련해서는 뚜렷한 입장 차이가 존재한다. 앞서 살펴본 바와 같이 정조와 고종의 노비 혁파를 중요하게 강조하는 경우 한국 근대화에서 신분해방을 추동한 공은 개명군주의 몫으로 돌아간다. 반면,

갑오개혁을 신분해방의 결정적 분기점으로 보는 경우 한국 근대화의 주체는 개화파가 될 것이다. 또 다른 견해로 동학농민군의 폐정개혁안에 제시된 신분해방 요구를 중시한다면, 한국 근대화의 중요한 근간을 이루는 신분해방의 주창자는 민이 될 것이다. 이 세 가지 입장에 대한 검토는 향후 한국 근대화를 추동한 주체가 누구인지에 대한 문제와 직결되기 때문에 중요하다.

한국의 근대화와 관련하여 가장 주목해야 할 시기는 조선의 18세기이다. 서양에서 18세기가 절대왕정, 계몽사상, 시민혁명의 시대라면, 그 시기 중국은 경제번영, 문운, 평화의 시대였고, 한국은 상공업 발달, 문예부흥, 탕평군주 영·정조의 시대였다.[27] 민의 관점에서 조선의 18세기와 대면한다는 것은 어떤 의미일까? 18세기 영·정조가 과감한 정치적 변화를 시도할 수 있었던 것은 사회구조적 변화를 초래한 민의 정치적 성장이 있었기에 가능했던 것 아닐까? 민이 정치적 실체로 성장하지 못했다면, "백성을 위해 임금이 있는 것이지, 임금을 위해 백성이 있는 것이 아니다"(爲民有君, 不以爲君有民也)[28]라는 '민국(民國)' 시대는 개시될 수 없었을 것이다. 그렇다면, 18세기 민의 성장은 기존의 정치적 지배 질서로는 담아 낼 수 없을 만큼 거대한 흐름이었고, 민의 실체적 성장에 대한 지배질서의 호응이 민국정체를 이끌었다고 볼 수 있다. 실제 조선의 18세기 공론정치의 양상을 보면, 지방 사회에서 사족이 주도하는 일향공론(一鄕公論)이 분열되기도 하고, 서얼까지 포함하는 새로운 향족[新鄕]이 대두하면서 이른바 '향전(鄕戰)'이 자주 발생했다.[29] 이러한 조선의 근대를 향한 변화상을 포착하기 위해서는 기왕의 성리학적 지배 질서가 균열을 일으키면서 기존 질서와 다른 양상의 '가치변화(changing values)'와 '사회변화(changing societies)'가 일어나는 '근대화(modernization)'[30]의 실체를 민의 관점에서 공감 해석학적으로 독해하는 것이 필요하다.

18세기 조선에 신분질서의 균열이 발생하고 있었는지, 균열이 있었다면 신분질서는 어떤 양상으로 변화하고 있었는지에 대한 추적이 필요하다. 물론 근대화 양상은 동시다발적으로 나타나거나 때로는 꼬리를 물고 순차적으로 이어지면서 중첩적·중층적으로 전개되는 특성이 있기 때문에 신분질서의 변화로 근대화를 향한 모든 변화상을 설명할 수 있는 것은 아니다. 18세기 변화상에 대한 입체적인 조명이 필요하다. 조선의 전통적 신분질서에 균열이 발생한 것은 백성들이 다양한 방식을 통해 정치의 주체로 참여하면서 축적한 정치적 경험도 중요한 요인이었을 것이다. 신분질서의 구조적 변화는 점차 경제적 영역의 변화를 촉발하는 동인이 되었을 것이고, 근대적 차원의 배타적 소유권 행사 확립을 두드러지게 만들었다. 이러한 현상이 사회적으로 관습화(더 높은 차원에서는 법제화)되는 단계에 도달하게 되는데, 이 과정은 구질서와 단절적으로 진행되기도 하고, 의식하지 못할 정도로 중첩적으로 전개되기도 한다.

페리 엔더슨(Perry Anderson)은 마르크스의 서구 절대주의 해석을 뒤로 하고, 절대주의의 국가구조를 면밀히 탐사해 들어가며 근대로의 전환이 갖는 중첩적 특성에 대해 밝힌 바 있다.

절대왕정 시대에 상비군, 상설적 관료기구, 국민적 조세, 법적, 통일된 시장의 초기 형태가 도입되었다. 이 모든 특징들은 현저하게 자본주의적인 것으로 보인다. 이것들이 유럽의 봉건적 생산양식의 핵심적인 제도인 농노제의 소멸과 같은 시기에 나타났기 때문에 마르크스와 엥겔스가 절대주의를 부르주아지와 귀족 간의 균형을 나타내거나 심지어는 자본 자체의 완전한 지배를 나타내는 국가체제로 절대주의를 묘사한 것은 그럴듯해 보이는 경우가 많다.[31]

『절대주의 국가의 계보』에서 앤더슨이 강조한 것은 자본주의의 현저한 요소들로 설명되는 서구 절대주의 국가의 특징이 실제는 구시대 질서의 균열과 중첩적인 것이었다는 점이다. 앤더슨은 여기서 서구 절대주의 국가구조를 좀 더 면밀히 탐침해 들어간다. 농노제가 폐지되었다고 해도 농촌의 봉건적 관계가 사라진 것을 의미하는 것은 아니다. "농촌의 잉여가 더 이상 노동이나 현물공납의 형태로 창출되지 않고 화폐지대로 바뀌었다고 하더라도 사적으로 행해지는 경제외적 강제와 인신적 예속 그리고 직접생산자와 생산수단의 결합 등이 반드시 사라지지 않았다는 것은 분명하다. 귀족의 농업재산이 자유로운 토지시장과 인력의 실제 이동을 막고 있는 한 농촌의 생산관계는 여전히 봉건적이다." 그렇다고 "이러한 봉건적 착취의 형태 변화들이 아무런 의미가 없는 것은 아니다. 진실로 국가의 형태를 변화시킨 것은 바로 이러한 변화들"[32]이기 때문이다. 이처럼 서구 국가들의 근대화는 대부분 단절적으로 진행되지 않았다. 봉건제적 질서와 근대적 요소가 상당 기간 중첩적으로 교차했고, 점차 근대적 요소들이 지배적으로 관철된 것이지 '왕의 목을 친' 혁명적 경험은 오히려 이례적이다. 조선은 유럽에 비해 봉건제적 질서가 훨씬 약한 편에 속했기 때문에 유럽보다도 더 단절적이지 않은 근대화 과정을 거쳤다.

우리가 유럽에 비해 봉건제적 요소가 현저하게 약했던 이유는 송대 중국의 영향을 많이 받았기 때문이다. 맥닐(McNeill) 같은 세계사가들은 중국의 송대(960-1279)를 "보편사적 근대의 시작"으로 규정한다.[33] 그 이유는 송대 중국에서 탈신분적 인간평등, 공무원임용고시(과거제), 그리고 군현제적 중앙집권제와 운하·도로망을 바탕으로 한 통일적 국내시장과 표준적 시장경제원리가 세계역사상 최초로 등장했기 때문이다.[34] 특히 봉건적 신분제가 철저하게 관철되고 있던 17세기 유럽에 소개된 중국의 신사(紳士)제도는 향후 유럽의 신분해방을 위한 자양분으로 기능했다. 명·청대 당시 양민이 과거를 통해 신사로 상승하는 비율은 능력본위의 근대적 임용제도와 비교해도 손색이 없을 정도였다.[35] 선교사였던 르콩트(Louis-Daniel Le Comte) 신부는 1696년『중국의 현상태의 새로운 비망록』에서 중국의 신사제도에 대해 "귀족은 결코 세습적이지 않을뿐더러, 사람이 수행하는 관직에 의해 생기는 차별을 제외하고는 질품(質品 qualities) 면에서 백성들 간에 아무런 차별도 없다. 그리하여 (…) 전체 왕국은 관리와 평민으로 양분된다"[36]고 밝힌 바 있다. 요한 유스티(Johann H. G. Justi, 1717-1771)는 중국헌정체제는 "세습귀족을 알지 못한다"고 평가하고, 농노제·중과세·부역에 묶인 유럽 농민의 처절한 신분제와 비교하고, 여기로부터 부역제의 폐지를 도출하고, 중국 농민처럼 자유로운 농민이 더 많이 생산한다는 전제를 바탕으로 농노해방을 주장했다.[37] 1767년 케네(François Quesnay, 1694-1774)도 "중국에는 세습귀족이 없고, 어떤 사람의 업적과 능력만이 그가 가져야 하는 지위를 보여준다"고 확인하고 중국의 만민평등교육과 과거제도에 주목했다.[38]

조선왕조의 국가체제가 실시한 과거제도의 운영 원리 역시 조선사회를 전근대적이고 봉건적인 사회, 즉 개인의 성취 원리와는 무관한 세습적인 신분제 사회로 보는 시각과 정면으로 충돌한다. 우드사이드(A. Woodside)가 지적하듯이 조선의 과거제도는 최소한 형식적으로는 상류사회의 세습적 권리에 관계없이, 명확한 규정을 바탕으로 한 능력주의적인 과거시험을 통해 관료들을 선발하는 제도였다.[39] 따라서 고려의 귀족들이 유럽적 세습귀족과 유사하다면, 조선의 양반은 세습귀족과는 원칙적으로 달랐다.

조선에서 새로운 지배신분층으로 '양반'(兩班)이 출현한 것은 조선 건국 전후다. 양반들은 15세기까지 과거제도를 통해 중앙관인으로 직접 진출하거나 유향소(留鄕所)의 임원이 되어 정치에 참여하였다. 이러한 관직 중심의 양반의식은 16-17세기에 서원(書院)이 발달하면서 중앙 또는 지방에서의 집단적인 영향력을 행사하게 되는 양반 사대부 사회의 신분적 지위가 강화되면서 변화하였다. 각지 사족(士族)의 활동이 활발해지는 16세기에 양반사족의 범위가 구체적으로 정해진 바 있다. 1525년(중종 20년) 조정회의에서는 양반사족의 범위를 생원(生員)·진사(進士), 내·외족의 4조(父·祖·曾祖·外祖)안에 현관(顯官; 9품 이상의 양반 正職)이 있는 사람, 문무과 급제자 및 그 자손 등으로 정했다. 즉 과거시험에서 소과·대과에 합격한 자, 9품 이상의 정직(正職) 경력자의 4대 이내 후손 등을 양반 신분으로 간주하였다.[40] 이 기준에 의하면, 대·소과 과거합격자 외에는 현직 경력자의 자손도 4대를 넘으면 양반의 지위를 누릴 수 없었다. 과거에 합격하지 못한 양반 자손들은 벼슬하지 못한 '어린' 유생이라는 뜻으로 '유학'(幼學)으로 불렀다. 숙종 22년(1696)에는 양반의 서자로서 유학을 공부하는 사람을 '업유'(業儒)라 칭했으며, 손자나 증손 대에 와서 '유학'이라고 높여 불렀다. 이들 '업유'도 '유학'처럼 군역이 면제되었다. 유학과 업유가 군역에서 면제되고 양반 사족의 경계적 지위를 차지하게 된 것은 임진왜란 이후다. 임진왜란을 거치면서 의병활동으로 국가에 많은 공을 세운 사족들에게 군역 의무를 면제시켜 주는 조치가 취해졌다. 이후 유학은 양반 사족의 하한선이면서 동시에 양반으로 신분을 상승시키려는 자들이 가장 많이 칭하는 직역(職役)이 되었다.[41]

다른 한편으로 주목해야 할 것은 18세기에 정치적·경제적으로 성장하고 있던 민의 영역에서 때로는 기존 지배질서와 갈등을 일으키며 자발적 결사체가 확산되고 있었다는 사실이다. 후술하겠지만 이 자발적 결사체 영역의 증대는 전통적 의미의 계(契)의 발전과 더불어 향촌의 신분제 변화를 배경으로 하고, 두레와 같은 공동노동조직의 강화와 관련되어 있다. 이 자발적 결사체 영역은 조직적인 차원에서만 확대된 것이 아니라 19세기 동학의 창도 등에서 확인되듯이 사상적으로도 기존의 성리학적 지배질서와 길항적 관계를 형성하며 발전한 '대동·해방사상'의 발전과 궤를 같이 한다. 15세기경부터 민심의 저변에서 공감대를 형성하며 발전해 온 사상적 이념의 정수는 성리학적 지배질서와 같은 시대, 같은 공간을 점유했지만 분명히 다른 해방적 지향을 갖는 것이었다. 그리고 정치적 영역에서 민은 절박한 요청에 대해 정부가 납득할만한 조치를 취하지 않을 경우 제도 영역 바깥에서 '민란'이라는 방식으로 저항했다. 이 현상들은 18세기의 변화상을 배경으로 동시다발적으로 진행되기도 하고, 시차를 두고 순차적으로 벌어지기도 했다.[42]

한국 근대화의 정치사상에 대한 주목할 만한 최근의 연구성과에 따르면, '근대화(modernization)' 또는 '근대성(modernity)' 개념은 크게 7가지로 나누어 볼 수 있다. ① 국가 차원의 '정치적 근대화'는 정치의 탈종교적 세속화, 국권(왕권)의 기능분화적 제도화, 즉 왕권·의정권·행정권(집행권)의 제도적 권력분립(내각제의 발전), '백성(the people)'의 탈신분제적 '국민화(nationalization)'와 국민참정, 국가행정의 관료체제화, '인치(人治) 우선의 정치'에서 '법치(法治) 우선의 정치'로의 전환, '백성의 나라'로서의 '국민국가의 형성' 등으로 정의된다. ② '군사적 근대화'는 국민개병제에 기초한 군대의 정예화 및 무기의 화기화(火器化), 기계화, 기술적 정교화를 뜻한다. 여기서 '국민개병제'는 일정 신분에만 무기휴대와 국방의 권리·의무를 전담시키지 않는, 또는 특정신분을 국방기능에서 배제하지 않는 탈신분제적 징집제를 뜻한다. 신분차별 없는 이 징집방식은 전·평시 또는 각국의 사정에 따라 '징병제'를 취할 수도 있고 '모병제'를 취할 수도 있다. ③ '경제의 근대화'는 시장화와 산업화를 말한다. '시장화'는 대내외 교역의 자유화, 토지·물건·노동·서비스의 전면적 상품화, 화폐유통체계의 확립(화폐거래의 전면적 침투, 화폐시장[은행]의 확산, 발권중앙은행의 설립 등), 국내 관세장벽의 완전한 철폐 등을 통한 단위

'국민경제(민족경제)'의 형성을 말한다. ④ '사법(司法)의 근대화'는 '법치 우선의 정치'로의 정치변동에 조응해 법치주의 확립, 사법권의 독립, 기소와 판결의 분립, 법률과 법집행 및 행형(行刑)의 탈신분화('법 앞의 평등') · 인간화, 민심을 반영한 입법 등을 말한다. ⑤ '사회의 근대화'는 개인적 사회활동의 탈종교적 세속화와 자유화 및 '시민사회'의 형성을 말한다. '개인적 사회활동의 자유화'는 양심 · 종교 · 사상 · 학문 · 예술 · 언론 · 출판 · 표현의 자유의 확장과 확립을 말한다. 그리고 '시민사회'는 국가영역과 경제영역, 이 양자로부터 분리된 가정 · 사회단체(친족 · 친목단체 · 시민단체 · 노동조합 · 경제인조합 · 동직조합)와 종교 · 문화 · 학술단체 및 언론 · 정치단체들의 사회적 활동영역을 가리킨다. ⑥ '윤리도덕의 근대화'는 윤리도덕의 탈종교화 · 세속화다. '윤리도덕의 탈종교화 · 세속화'는 윤리도덕이 종교적 신탁(oracles)이나 계시적 계율로부터 해방되고 인간화되는 것이다. ⑦ 종교 · 교육 · 문화 · 예술의 근대화는 종교의 탈주술화 및 교육 · 문화 · 예술의 세속화와 대중화로 정의된다. '종교의 탈주술화'는 종교가 마법적 주술이나 무격(巫覡)에 의한 예언적 기능과 피안에서의 영혼구제의 기능을 퇴출하고 현세구복적으로 세속화되는 것을 가리킨다.[43]

한국 근대화를 추동한 민의 사상과 역할에 주목하기 위해서는 앞선 두 가지 쟁점(왕정극복 신분해방)과 더불어 이 ①~⑦ 근대화의 요소들 중 ②~④는 민을 둘러싼 정치사회적 구조 변화의 맥락을 반영한 것으로 다루되, ①과 ⑤~⑦의 근대화 양상에 주목하는 것이 유용하다. ①은 정치적 주체로서 국민의 형성이라는 측면에서 중요하다면, ⑤ 사회적 근대화는 민의 근대적 성장을 반영하는 영역이라는 의미에서, ⑥~⑦은 이와 결부되어 민을 근대화 추동의 주체로 설명하는 데 중요한 요소들이기 때문이다.

2장

_____

한국의 근대화를
설명한 사상들

1. 한국 근대화 논의: 실학

1) 실학담론

사전적 정의에 따르면, 실학(實學)의 의미는 이중적이다. 실학은 동아시아 한자문화권에서 허학(虛學)과 대비되며 '실제로 소용되는 학문'이라는 의미로 쓰였다. 성리학을 집대성한 주희가 자신의 학문을 실학이라고 하면서 불교나 노장사상을 허학이라고 비판하기도 했다.[44] 고려 초기 최승로가 불교에 대해서 유교를 실학이라고 칭하기도 했으며, 고려 후기 이제현이 사장학(詞章學)에 대하여 경학(經學)을 실학이라 부르기도 했다. 실학이 조선후기 고유명사처럼 규정된 것은 20세기 들어서다. 실학은 조선시대에 실생활의 유익을 목표로 한 새로운 학풍으로 17세기부터 18세기까지 융성하였으며, 실사구시와 이용후생, 기술의 존중과 국민경제 생활의 향상에 대한 논의를 지칭한다. 20세기 들어 식민사관을 극복하기 위한 민족적 노력의 일환으로 실학이 주목받게 되었다. 신간회가 해체된 이후 1930-40년대 민족문화운동의 일환으로 강조된 '조선학 운동'의 차원에서 실학을 주목하기 시작했고, 1950년대에는 민족운동과 접목되며 그 의의가 강조되었다. 또한 내재적 발전론 차원에서도 식민사학을 비판하며, 한국의 근대화 노력을 설명하는 방편으로 실학을 활용하였다.[45]

1890년대 후반부터 〈황성신문〉 등 공론장에서 실학에 대해 많은 관심을 보였고, 1936년 다산 서거 100주년을 맞아 실학의 줄거리가 잡혔다. 각 신문, 잡지에서 다산에 관한 특집으로 다산의 실학사상을 조명했다. 이 당시 실학의 줄거리를 만드는 데는 민족주의 계열의 안재홍, 정인보, 사회주의 계열의 백남운, 최익한 등 다수의 지식인이 좌우를 막론하고 참여하였다. 이 때 만들어진 실학의 흐름은 반계 유형원에서 시작한 실학이 성호 이익 단계에서 학파가 형성되고, 다산 정약용에서 집대성 된다는 것을 기본틀로 한다.[46] 이후 한국의 20세기 개혁담론을 논할 때마다 실학에 항상 '근대적', '개혁적', '진보적'이라는 수식어가 따라다닐 만큼 실학은 한국의 근대화 논의에서 '신화'적 지위를 갖게 되었다.

　실학의 신화를 더욱 공고하게 만든 담론이 조선의 위정자들은 무능했지만 실사구시를 표방한 지식인들이 근대사회를 예비했다거나, 조선이 실사구시를 못하고 명분만 취하다 망했다는 식의 논의들이다. 정부가 제대로 실학사상을 수용했다면 부국강병이 이루어졌을 텐데 그렇지 못했다는 것이다. 당시 실학이 제대로 수용되지 않음을 애통해 하는 1899년 4월과 5월의 〈황성신문〉 사설이다.

　　슬프다! 뜻있는 선비들이 천고(千古) 치란(治亂)의 변동을 달통하고 일세의 경제의 재주를 품고도 당시에 쓰일 수 없어 마침내 연기처럼 사라져 들을 수 없으니 나는 그 뜻을 연모하고 그 사라짐을 애석히 여기고 그들을 위해 간략히 벼리를 세워 적노라.[47]

　　중간 기백년에 경술(經術)의 학(學)이 일국 문명을 열어 농서를 읽든지 상공학을 보는 자는 노예로 보니 이러함으로 반계 유형원과 성호 이익과 다산 정약용 같은 일대(一代) 경제 대방략가가 나왔으되 다 이도(異道)로 지목하야 혹 산중에서 늙어 죽은 이도 있고 혹 사람들의 미움과 더럽힘을 입어 원해(遠海)에 달아나 물러간 이도 있어 그 학(學)이 현세에 용행(用行)치 못함으로 금일에 와서는 백성의 빈곤과 국가의 약세에 역시 이르렀으니, 아! 슬프다.[48]

한국의 근대화 담론으로서의 실학의 위상은 김용섭, 신용하 등 한국근현대사 연구의 중량감 있는 학자들이 자신의 논변을 정당화하는 준거로 실학을 활용하는 데서도 확인된다. 내재적 발전론의 대표적인 논자인 김용섭은 동학농민혁명의 정당성을 부각시키기 위해 누차 실학과 동학농민군과의 연계를 강조했다. 가령 김용섭은 "호남지역 실학사상의 사회개혁 사상이 동학에 수용"[49]되었다고 주장하고, 집강소 시기 토지개혁과 관련하여 당시 전라감영 총서로서 관찰사의 참모였던 실학자 초정(草亭) 김성규와 전봉준의 연계를 통해 동학농민혁명의 정당성을 부각시켰다.[50] 마찬가지로 신용하도 동학과 실학의 연관성에 집착한다. 신용하는 동학농민혁명 당시 집강소의 폐정 개혁 요강의 균작(均作) 개념을 정약용의 여전제(閭田制)·정전제(井田制) 구상과 연관시켰다.[51]

그러나 최근 실학에 대한 평가가 달라지고 있다. 한국의 근대화 사상으로 군림해 온 실학에 대한 비판적·회의적 평가가 부쩍 많아진 것이다. 지난 2006년 7월 12일 한림대학교 한국학연구소가 주관한 '실학의 재조명'이라는 주제의 학술대회에서 한영우는 두 가지 관점에서 기존 실학의 신화를 비판했다. 첫째, 실학은 성리학과 근본적으로 다른 학문이 아니라 제도개혁과 실용성을 추구한 일종의 '실용적 성리학'으로 볼 수 있다는 것이다. 둘째, 실학이 곧 근대화를 추동한 동력이라는 기존 견해와 달리 근대화의 특성으로 실학을 설명할 수 없다는 것이다.[52] 김영식은 정약용이 개혁적이기보다는 보수적이었으며, 다산의 개혁방안은 근대적 사회를 지향하지 않았다고 단언한다.[53] 황태연에 따르면, 그동안 '실학의 신화'에 갇혀 암암리에 예찬일변도의 정서에 젖어 있던 연구관행이 실학의 정체와 역사적 성격을 제대로 알수 없게 만들었다. 이 연구관행을 반성하는 차원에서 실학의 비근대적·반근대적 복고반동의 성격을 명확하게 규명할 때가 되었다.[54]

그렇다면, 실학이 한국의 근대화를 이끈 사상이었는지를 구체적으로 검토해 볼 필요가 있다. 첫째, 실학은 신분해방을 지향했는지 여부, 둘째, 실학의 토지개혁방안은 근대적인 것이었는지 여부를 검토해야 한다. 이와 더불어 실학은 시대적 필요에 부응한 사상이었는지 여부도 검토할 필요가 있다. 당시 국운이 경각에 달린 긴박한 정세에서 '보국안민'의 기치를 걸고 나섰던 민의 실천과 대비해서 실학이 우리의 자주적 사상으로서 정치적 역할을 다했는지에 대한 검토는 중요하다.

2) 실학의 근대적 신화

(1) 실학은 근대적 신분해방을 지향했나?

반계 유형원을 비롯해, 성호 이익, 다산 정약용의 실학사상은 다소 경중의 차이는 있지만 본질적으로 신분과 귀천의 유지에 강조점이 있지, 신분해방을 지향하지 않았다. 반계의 신분론의 골자는 다음과 같다. 유형원을 긍정적으로 평가하는 논의들은 유형원이 종모법과 고공제의 실시를 통한 단계적 노비제 개혁을 주장하였다고 평가한다. 이는 신분제적 강제에 의한 노비노동을 지양하고 고용노동으로의 발전을 도모했다는 점, 양역자원 확보라는 한계를 극복하고 노비혁파를 위한 하나의 과정으로 종모법을 제시하고 있다는 것을 근거로 한다.[55] 그러나 유형원의 노비제 혁파와 고공제로의 전환 주장이 신분제 일반에 대한 문제제기가 아니었다는 점에 주목할 필요가 있다. "이는 왕민사상과 인도주의의 틀에서 사회 신분질서의 유지를 전제로 지배층을 중심으로 한 보다 유연하고도 효과적인 노동력 수급체계를 마련하는 데 무게중심"[56]이 있기 때문에 실질적 신분해방론이라고 보기 어렵다. 반계는 또한 본질적으로 맹자의 '민귀군경론'과 반대로, 백성을 '우자'·'천민'으로 보는 귀천관을 견지했다. 반계는 "신분(名分)이란 것은 곧 천지자연의 이치이니 어찌 엄정하지 않을 수 있겠는가?"라고 반문한다. 그리고 "신분이라고 하는 것은 본래 귀천의 등급이 있는 것으로부터 나왔고 다시 귀천은 본래 현자와 우자의 구분에서 나왔을 따름이다"라고 못 박고 있다.[57] 이 귀천은 가역적인 것이 아니라 불변의 이치이고 추세다.

> 천지간에 자연히 귀한 자가 있고 천한 자가 있어, 귀한 자는 남을 부리고, 천한 자는 남에 의해 부림을 당한다. 이것은 불변의 이치이고 역시 불변의 추세이기도 하다.[58]

성호 이익은 조선의 양반제도를 악습이라고 비판하고 '노비세전법'을 반대했다는 점에서 한 단계 진일보했다고 알려져 있다. 그러나 성호 역시 반상·귀천을 가르는 신분제 자체의 폐지를 주장하지는 않았다.

> 옛적에 벼슬하는 자를 군자라 했는데, 군자란 지혜로운 인자(仁者)를 칭하는 것이었다. 아래 있는 자를 '소인'이라고 했는데, 소인이란 어리석은 불인자(不仁者)를 일컬었다. 그러므로 인자는 벼슬을 하여 남을 다스리고 불인자는 아래에 있어 남에게 다스림을 받는 것이 마땅하다.[59]

반면, 성호는 사람을 쓰는 데 문벌을 숭상하고 인재를 천시하여 중서(中庶)나 서북인, 노비들이 모두 버려지는 것을 개탄했다. 양반도 자기와 당색이 다르면 버려지게 된다고 신분적 차별 현상을 비판했다. 그러나 성호는 노비 매매를 반대하는 등 기본적으로 노비의 처지에 대해 동정적인 입장을 보이고 있으나, 노비제도 자체의 폐지를 주장하지는 않았다. 성호는 양반의 균등한 재산소유를 위하여 토지에서 한전론(限田論)을 주장한 것과 같은 입장에서 양반 재산의 한 원천인 노비소유의 상한을 주장하는 선에서 머물렀다.[60]

다산 정약용의 경우도 귀천을 엄연히 변등(辨等)하는 신분질서로 옹호한다는 점에서 반계나 성호와 크게 다르지 않은 신분관을 견지하고 있다. 19세기(순종 18년, 1818년)에 다산은 다음과 같이 백성의 신분해방에 대해 개탄하고 있다.

> 과거에는 향거의 법이 없는 고로 외잡자(외람된 잡놈)들이 다 과장에 들어오고 이를 핑계로 유학을 모칭하는데, 공천·사천이라도 다 그것을 모칭할 수 있으니, 이런 풍조는 장차 전국의 백성들로 하여금 모조리 유학이 되게 할 것이다. 신분을 업신여기고 이름을 어지럽힘이 이보다 심한 것이 없다. 관자(管子)가 '귀인이 많으면 그 나라가 가난하다' 말했는데 이는 우리나라를 두고 한 말이다.[61]

다산의 정치사상의 중심에는 강력한 봉건국가가 놓여 있는데, 이 봉건국가를 둘러싸는 울타리는 사족 양반이며, 사족을 사족답게 만들어 주는 것이 노비라고 생각했다. 따라서 다산은 사족들의 노비소유를 정당하게 생각할 뿐만 아니라 임란 때 국가를 지켜낸 것은 사족들의 의병이었는데, 통문을 돌려도 호응하는 인사가 별로 없는 원인이 사족이 노비를 소유하지 못한 데 있

다고 파악하였다.[62]

이렇듯 조선 양반사회의 체제와 가치의 수호자로서 정약용의 보수적인 태도를 뚜렷이 보여주는 것이 신분제도에 대한 그의 생각이다. 물론 정약용의 사상 속에서 신분제도의 폐단에 대한 인식이나 사회적 평등에의 지향 등과 같은 측면을 볼 수 없는 것은 아니지만,[63] 그러한 사회개혁 지향이 신분제의 혁파까지 나아간 것은 아니다. 「통색의(通塞議)」에서 신분, 지역에 의한 차별이나 서얼 차별의 폐단을 지적한 것은 신분제도 자체를 폐지하자는 것이 아니라 차별이 인재등용의 폭을 제약한다는 비판이다.[64]

무엇보다도, 정약용은 신분의 높고 낮음을 구분해야 한다는 것을 분명히 했다. 『목민심서』「예전(禮典)·변등(辨等)」조는 '등급을 구분하는 것은 백성을 안정시키고 뜻을 바로잡는 요체이다'라는 말로 시작하여 '벼슬을 하여 군자가 된 자는 그 지위가 존귀하고 업(業)에 종사하여 소인이 된 자는 그 지위가 비천하니, 두 가지 등급일 따름이다'라고 단언한다. 또한 군주와 신하, 노비와 주인은 곧 명분이 있으며 천지와 꼭 같아서 겹치거나 올라가서는 안된다. 군자의 자손이 대를 이어 그 도를 지키고 글을 쌓고 예를 지키면 비록 입사(入仕)하지 않아도 어디까지나 귀족이거늘 저 천민과 노예의 자손이 감히 그들을 공경하지 않으니, 이것이 마땅히 변등해야 하는 첫 번째 일이라고 말한다.[65]

당시 반계나 성호, 다산의 저술에 중국에서 송나라 중반 이래 공무를 과거 급제자 1대에 한해 담임시키는 신사제도에 대한 논의가 나오는 것을 볼 때, 이 시기 실학자들은 사대부제나 신분제를 철폐한 신사제도의 특성을 알고 있었다고 보아야 한다. 그러나 실학사상은 귀천의 차별을 고수하는 방향으로 귀결되었고, 궁극적으로 근대적 신분해방으로 나아가는 동력이 되지 못했다.

(2) 실학은 근대적 토지개혁을 지향했나?

조선후기 토지제도에는 수조권을 중심으로 한 커다란 변동과 더불어 소유권에 입각한 토지집적이 성행했다. 이 두 변동의 영향으로 반계 유형원 같은 지식인들은 균전론을 말하거나 한전론을 말하고, 기자(箕子)와 기자정전(箕子井田)에 주목했다. 주자학 안에서 주자토지론에 대한 찬반이 갈리게 되는 것은 조선후기에 들어와 국가재조의 문제가 주요과제로 제기되면서부터다. 같은 당색 안에서도 주자토지론에 대한 찬반이 갈리는 가운데 반대론 즉 토지개혁론이 확산되었다.[66] 조선후기의 토지개혁 논의를 크게 세 단계로 정리하면 다음과 같다.

제1단계(16세기 말-17세기 초) - 율곡의 문인인 김장생, 정화(鄭曄) 등이 주자의 설에 충실한 토지론의 입장에서 개혁의 난행설(難行說)을 부각시키고 있었고, 서인·노론은 주자토지론에 찬성하는 입장이었다. 주자의 토지론에 이의를 제기한 것은 맹자의 정전제를 옹호한 한백겸이었다. 정치적 입장으로는 동인계가 정전제를 옹호하였고, 동인·남인에 의해 지지되고 발전되어 나갔다.

2단계(17세기 중엽-18세기 중엽) - 주자토지론에 대한 찬반이 치열한 시기다. 율곡의 학통을 이은 서인·노론의 송시열, 한원진 등과 남인의 유형원, 이익의 입장이 대립했다. 한원진은 우리 풍속은 양반·상한이 있어서 양반은 전주이고 상한은 전작자인데, 이 풍속은 고칠 수 있는 것이 아니기 때문에 풍속을 무시하는 정전으로 토지문제를 해결해서는 안 된다고 보았다. 토지겸병의 폐단이 있는 것은 사실이지만 개혁은 불가하며, 현재의 지주제 안에서 일정하게 제한을 가함으로써 토지겸병을 억제할 수 있을 것으로 보았다. 대안으로 대토지소유자들이 그들의 빈족에게 소유지를 분급케 하는 한전책을 제안했다. 그러나 당시는 궁방전, 오문둔전 등 지주제가 확대되는 가운데 사회모순이 심화되고 있었으므로 서인 일각에서도 토지문제를 개혁해야 한다는 견해가 대두되었다. 이들은 서인 안의 노장들과 당론을 달리하였고, 분당하여 소론(少論)을 형성하게 된다. 소론 인사 가운데 한태동은 정자의 방법을 따른 정전론을 주장했고, 박세당은 민에게 항산을 줄 것을, 정제두는 한전론을 제론했다. 이는 주자토지론과 대립되는 견해였으며, 노론의 영수 송시열의 견해와도 다른 것이었다.

주자의 토지론에 반대하고 조선의 농업문제를 해결하기 위한 토지개혁 방안을 제기한 것은 남인계의 실학파였다. 이들은 반주학적 입장에서 한백겸의 기전설(箕田說)을 토지개혁의 근거로 삼았다. 기전(箕田)을 통해서 은전(殷田)을 인정하는 것은 선성·경전의 이름으로 정당하게 주자의 정전 이해를 비판하는 것이었고, 토지개혁을 주장할 수 있는 근거가 되었다. 이 때문에 반주자학자들을 극렬하게 탄압했던 송시열조차 토지개혁론자들을 탄압할 수 없었고, 다만 지소인다(地少人多)해서 시행하기 어렵다는 입장이었다.

반주자학적 토지개혁론을 국가재조를 위한 하나의 정책방안으로까지 제시한 것은 반계(磻溪)였다. 그는 기전이 전(田) 자형인데 착안하여 전전제(佃田制)를 시행할 것으로 제시했다. 이는 신분제를 전제한 위에서의 균전적 토지분급제였다. 토지분급에 신분차를 두고 있다는 점에서 완전한 균전제가 아니었지만 이는 지주제를 부정하는 변혁의 논리라는 점에서 주자토지론을 지지하는 견해와는 다른 것이었다. 제자인 성호는 반계보다 더 철저하게 주자토지론을 비판했다. 성호는 한전법을 통한 균전제의 성취를 제시했는데, 토지소유에 일정한 기준을 정한 뒤 이 기준선을 초과하지 못하도록 매매를 조정하자는 것이었다.

제3단계(18세기 중엽-19세기 중엽) - 이 시기는 토지개혁 주장이 절정에 달하던 시기로, 농업생산력이 발전하고 상품화폐경제가 발전하는 가운데, 농촌사회의 분해가 한층 더 촉진되고 토지 문제를 둘러싼 사회모순이 더욱 심화되고 있었다. 이 시기에는 남인이나 소론의 인사들뿐만 아니라 노론에 속하는 인사들 속에서도 홍대용 같은 경우 주자토지론을 거부하고 토지개혁의 필요성을 강조했다. 남인계 인물로는 유정원, 정약용 등이 있었는데, 다산은 궁전론으로 불리는 새로운 방안을 제기했다. 이는 다른 토지론이 자립적 소농경제의 수립을 목적으로 하는 것이었음과 달리 토지국유화를 통한 마을 단위 공동농장의 설치, 농업생산의 집단화를 통해 농업문제를 해결하자는 구상이었다.[67]

실학자들의 토지개혁 방안은 토지국유제에 기초한 정전론(井田論) 방향으로 모아져 갔는데 이는 조선후기의 현실과는 동떨어진 반근대적 · 유토피아적 이상론의 논의가 되고 말았다. 반계가 대지주 토지겸병과 토지독과점을 막기 위해 주장한, 정전론의 변형태인 균전제론(均田制論)이나 한전제적(限田制的) 공전법도 기본 원리를 토지국유제에 둔 것으로 이미 토지사유가 거의 확립된 조선후기의 현실에서 본다면, 실현가능성이 없는 것이었다. 1518년 중종(13년) 당시의 실록을 보더라도 균전의 시행이 현실적으로 어려운 이유가 제시된 바 있다.

균전은 지금 시세에 시행할 수 없다. 자기의 것을 갈라서 남에게 주는 것은 원망이 될 뿐만 아니라, 빈민은 씨를 뿌릴 수가 없어서 부호들에게 도로 팔아넘기게 될 것이니 무익하다.[68]

유럽의 봉건적 종주권의 중첩적 양상과 달리 조선의 각종 토지는 상당부분 근대적 의미에 부합하는 배타적 토지소유가 이루어지고 있었으며, 거래 또한 마찬가지였다. 이는 봉건제적 신분제 요소가 토지거래에 직접적으로 영향을 미치지 못했다는 것을 의미한다. 양민은 물론 노비까지 토지의 소유주가 될 수 있었다. 이렇듯 조선후기에는 실학자들의 원시공산제적 토지 구상과 달리 토지 소유권이 근대와 흡사할 정도의 배타성을 가졌고, 농민들의 토지매매 또한 일상적이었다. 조선후기 대부분의 민란에서 지주제 철폐에 대한 요구가 등장하지 않았던 것은 이러한 상황을 고려하여 이해할 필요가 있다.[69]

조선의 건국 세력은 왕토사상에 입각하여 균전제를 시행하고 자영소농층을 확보함으로써 국역체제를 안정적으로 운용하고자 했다. 그러나 『조선왕조실록』에 따르면, 이미 1424년 세종 6년에 이르러 일반 민전의 매매를 허용하기에 이른다.[70] 토지매매의 허용은 건국세력이 구상했던 토지개혁구상(왕토사상에 입각한 토지공유제를 구현하고 균전제를 실시함으로써 자영 소농민층을 확보하고 이들을 생산의 기축으로 삼으려던 구상)을 포기한 것을 의미한다. 반면 처분권의 핵심인 매매, 양도가 가능해지면서 농민들의 토지소유권은 그만큼 강화되었다. 이어 토지분급정책은 1466년(세조 12년)의 과전법 폐지와 직전법 시행, 1566년(명종11) 직전법 폐지와 관수관급의 시행 등을 거치며 일변하였고, 관리들은 오직 녹봉만 지급 받게 되었다. 그 결과 과전이나 직전을 통해 전객, 곧 민전 소유 소농민들의 소유권 행사에 제약을 가했던 전주-전객제는 소멸되었다. 이에 따라 일반 민전 소유주는 토지소유권을 사실상 자유롭게 행사할 수 있었다.[71]

토지매매의 허용과 국가에 의한 토지분급제의 해체에 따라 민전 소유주의 토지소유권은 크게 강화되었다. 이미 개간·경작되었으며, 매매 양도까지 이루어지고 있던 토지를 양안(量案)상 무주지(無主地)라는 이유로 궁방(宮房)에 절수(折受)하는 등 국가권력에 의한 소유권 침해가 일부 잔존하고 있었지만, 이미 조선후기 토지소유권에는 근대적 토지소유와 흡사한 일물일권적 배타성이 확립되어 있었다. 소유권 행사는 신분과 무관하게 법적 보호를 받았다. 『속대전』에는 자손이 있는 노비의 토지를 노비주가 자기의 소유로 귀속시키는 것을 금지해 놓고 있어 노비의 소유권도 보장해 주고자 하였다. 이는 토지소유에 사실상 신분적 차별이 존재하지 않았음을 의미한다.[72]

조선후기 법제의 정비가 『경국대전』과 『속대전』의 두 기둥을 인정하는 선에서 이루어진 것을 본다면, 『속대전』에 이러한 내용이 규정되어 있다는 것은 상당히 의미가 있는 것이다.[73] 조선후기 노비 신분층의 토지 소유 사실을 알려주는 자료는 상당수 있다. 가령 「토지상납명문」(土地上納明文)이나 「토지매매명문」(土地賣買明文), 자손이나 가족에게 나누어 줄 재산을 기록한 문서인 「분재기」(分財記)와 같은 고문서류를 비롯하여 「군현양안」(郡縣量案)에 이르기까지 다양하다. 물론 노비 소유주인 양반들이 자기 대신 노비의 명의로 문서를 작성하고 양안에도 노비의 이름으로 등재하는 일이 흔했기 때문에 이 자료들을 그대로 신뢰하기는 어렵다. 하지만 실제 노비가 토지의 소유자일 경우 이를 알려주는 별도의 표시가 있었다는 사실은 당시 노비 토지소유의 실체성을 입증해 주는 것이다. 기상전답(記上田畓) 표기가 그것이다. 기상(記上)이란 용어가 토지매매문기나 분재기에 주로 사용되는 것은 전래전답(傳來田畓), 매득전답(買得田畓) 등의 용어와 함께 이 토지가 어떻게 하여 재주(財主)의 소유로 되었는지를 밝히기 위한 것이었다. 따라서 기상(記上)된 후 양전사업이 실시되어 양안상의 기주(起主)가 바뀐 후에도 소유권이 다른 가문으로 넘어가지 않는 한 기상전답(記上田畓)이란 용어가 계속 사용되었다.[74]

중농적 실학자들의 경우 근대 자본주의의 원형이라 할 수 있는 상품경제의 발달과 화폐유통을 반대하고, 토지제도 개혁에서도 근대적 소유 원리와는 거리가 먼 원시공산제적 정전제 또는 그 변형 토지제도에 입각한 반면, 중상적 실학자들은 상품화폐경제의 발달로 국가적 생산력을 극대화하려고 했다는 점에서 상대적으로 근대화의 공과가 더 큰 것으로 평가 받는다. 박지원을 위시하여 박제가로 이어지는 북학파가 그들이다. 그러나 정작 북학파들의 경우에도 신분해방론과 토지개혁론을 놓고 보면 앞선 실학자들과 별반 다르지 않다. 연암 연구자인 강명관은 유형원의 『반계수록』에 대해 "제도를 개혁함으로써 모순을 조정하여 사족체제를 안정시키려는 최초의 제안"에 불과하고, 연이은 실학의 제도 개혁안들은 "사족체제의 자기 조정 프로그램"이라고 평가한다. "이러한 개혁론은 사족체제의 지속을 의도하는 방식으로 축조되어 있기에 이른바 실학이 기반하고 있는 내재적 근대와는 아무런 상관이 없다"는 것이다.[75]

신분해방론의 관점에서 보자면, 북경과 열하로 연행(燕行)을 다녀온 북학파는 일찍이 중국에서 신분제가 타파되었다는 사실을 이미 잘 알고 있었음에도 불구하고, 누구도 신분제 타파를 주장하지 않았다. 박지원은 「호질」과 「양반전」을 통해 양반의 위선·허례·월권 등을 조롱하고 풍자했을지언정 정식으로 신분철폐를 제기한 적은 없다. 강명관에 따르면, "연암의 토지소유 상한제, 화폐개혁론, 북경에서 경험한 중국 기술과 제도의 응용, 『과농소초』에 보이는 새로운 농법의 제안은 연암만의 것이 아니라 조선후기에 광범위하게 제기된 사족체제의 자기 조정 프로그램의 일부다."[76] 박제가도 『북학의』의 어느 대목에서도 조선 신분제의 타파를 논하지 않았다.[77] 더구나 북학파의 대청·존화(尊華)사대주의[78]는 국가의 존망이 위태로운 상황에서 자칫 부외적 사대주의로 전락할 소지가 컸을 뿐만 아니라 근대적 민족국가(또는

국민국가) 건설에 배치되는 것이었다. 참고로 북학파의 대청·존화사대주의
는 당시 재조지은(再造之恩)의 명나라가 무너지고, 만주 오랑캐인 청나라가
번성하자 조선사대부들의 세계관적 혼란 상황에서 나온 논변이라고 할 수
있다. 그러나 다음의 『동경대전』 「포덕문」에서 보듯이 민의 영역에서는 세
계관의 선회가 뚜렷하게 나타나 있다.

> 서양은 전승하고 공취하여 이루지 않음이 없고 천하(중국)가 진멸하면 역
> 시 순망치한의 탄식(脣亡之歎)이 없을 수 없다. 나라를 도와 백성을 편안케
> 하는 보국안민(輔國安民)의 계책이 장차 어디서 나올까? [79]

위 「포덕문」에서 최제우는 보국안민의 계책을 염려하며 순망치한의 비유
를 들고 있는데, 이 순망치한의 비유를 유심히 보면 입술(脣)인 나라는 중국
이고, 우리나라는 이(齒)이다. 즉 '입술이 무너지면 이가 시리다'는 비유 속에
최제우는 무너지는 중국을 '입술'에 비유하고, 위험해지는 우리나라를 시린
'이'로 비유했다. 당시 위정척사파 최익현, 유인석 등의 순망치한의 비유에
서는 우리가 입술로 지칭된 것을 염두에 둔다면, 「포덕문」에 나타난 순망치
한의 비유는 조선이 중심이라는 세계관이 명확히 반영된 것이다.

2. 근대화 논의 검토

1) 민중사학

민중사학은 1970년대에 실천적 지식인들에 의해 발견(또는 발명)되어 1980
년 광주민중항쟁 이후 변혁운동과 결부되면서 1980년대 각광을 받은 민중

에 입각한 역사인식이다. 여기서 발명 또는 발견이라고 표현한 것은 "1970년대 이후 발전된 민중론은 민중 자체에 의해 스스로 형성된 개념이라기보다 진보적 지식인, 학생층의 실천운동을 위한 전략적 필요에 의해 발명된 분석적 개념"의 측면이 강하기 때문이다.[80]

민중사학은 명확한 하나의 사관 또는 역사이론에 근거한다기보다는 다양한 경향의 진보적 역사연구 경향을 포괄하는 것으로 이해할 수 있다. 김성보는 민중사학에 대해 "역사발전의 주체는 민중이라는 선언적 명제에 기초하여, 역사를 민중의 주체성이 확대되어 가는 과정으로 해석하고, 이를 토대로 민중이 주인 되는 사회를 건설하기 위한 변혁의 전망을 모색하는 실천적인 학문 경향"으로 규정한다.[81]

민중사학은 기존의 지배층 중심의 역사서술에서 벗어나 민이 역사발전의 주체라는 인식을 확산시키는 데 기여했다. 민중사학은 그동안 지배의 대상으로 여기던 '민중'을 역사의 주체로 인식함으로써 민중 주체성과 민중 지향성을 제기하였으며, 역사를 민중의 자기 해방 과정으로 인식함으로써 역사의 '진보'에 대한 강한 신념을 나타냈다. 무엇보다도 역사학의 존재 이유 혹은 역사가의 임무를 '민중해방에 기여하는 것'으로 설정함으로써 '학문의 실천성'을 역설했다는 점에서 시대적 의미를 갖는다.[82] 민중사학자들이 스스로에게 부여한 한국 역사학계의 의무는 한국사의 세계사적 보편성과 특수성을 밝혀내고 이를 토대로 한국사의 주체적인 발전과정을 체계화함으로써 일제가 심어놓은 식민사학을 극복하는 작업이었다.[83]

일제강점기에 정교하게 생산되고 보급된 식민사관을 극복하는 것은 해방 이후 한국 역사학의 숙명적 과제였다. 4.19혁명으로 문을 연 1960년대에는 식민사관을 극복하기 위한 역사학계의 노력이 본격화했고, 내재적 발전론, 자본주의 맹아론 등으로 구체화되었다.[84] 내재적 발전론과 자본주의 맹아론은 조선시대의 봉건성을 극복할 수 있는 근대적 맹아가 조선 내적으로 존재하고 있었다는 입장이다. 근대 이행기 변혁운동을 다룬 상당수 연구가 이 내재적 발전론과 자본주의 맹아론의 연장선에서 이루어졌다.

그런데 지난 수십 년 동안 진보적 역사학을 대변해 온 민중사학 연구는 침체에 빠진지 오래다. 한 역사학자의 자조 섞인 푸념이 식민사학의 대항마로 한 시대를 풍미하고자 했던 민중사학의 현주소를 잘 대변해 준다. "민중사학, 그것은 내게 첫사랑의 추억과도 같다. 첫사랑의 감정을 떠올리는 것은 가슴 설레면서도 먹먹해지는 아련한 아픔이다. 따라서 내가 왜 그의 곁을 떠났는지를 곰곰이 따져 보는 것은 간단하고 유쾌한 일이 아니다. 더구나 내 첫사랑은 아직도 많은 이들의 마음속에 연인으로 남아 있는 것 같지만, 실은 그 사랑을 열정적으로 가꾸고 또렷한 결실을 맺는 이가 별로 없기 때문에, 내게는 대단히 초라하고 외로운 모습으로 비춰지고 있다. 이처럼 초췌해진 내 첫사랑을 비판하는 것은 참으로 곤혹스럽다."[85]

민중사학이 한국 근현대사 연구에서 더 큰 성과를 이루지 못한 원인은 한국 사회에 1980년대 내내 몰아쳤던 서구의 급진적 혁명론의 열기에 편승해 서구 변혁론을 잣대로 한국의 역사 현실을 꿰어 맞추려고 한데서 비롯된 것으로 보인다. 특히 내재적 발전론과 자본주의 맹아론 모두 서구의 경험을 이념형적으로 전제하고 한국의 근대이행기 역사상과 민중상을 재구성하려고 시도했다. "서구의 근대를 따라잡아야 할 것, 반드시 거쳐야 할 것, 혹은 우리 역사 속에서 반드시 찾아내야 할 것"[86]으로 전제하고, 조선조 말, 대한제국 시기의 역사를 이 해답지에 맞추어 재단했다.

물론 민중사학의 대두로 인해 민을 역사의 주체로 삼아 새롭게 사료비판을 하고, 자료를 발굴하고, 인접 사회과학 분야의 연구에 자극을 주고, 근대이행기 역사상을 한층 풍부하게 해석할 수 있는 여지를 만들었다는 점은 부인할 수 없는 성과다. 그렇지만 민중사학이 우리의 역사적 사실관계와 특수성에 바탕을 두고 조선의 민중을 파악하고 이해하는 데까지 나아가지 못하는 관점상의 한계를 드러낸 것 또한 사실이다. 가령 19세기 동학농민혁명 과정에서 독특한 관민공치를 실현한 '집강소(執綱所)'를 계급론적 관점의 서구적 변혁론에 기계적으로 대입하여 재단하는 경우 등이 그렇다.

신용하는 「갑오농민전쟁과 두레와 집강소의 폐정 개혁」이라는 논문에서 집강소가 당시의 봉건적 지주제도를 폐지할 것을 전제로 했는가의 문제를 다루면서, "집강소가 지주제도를 폐지하려 했다는 문귀가 기록된 똑 떨어진 자료는 현재까지 발견되지 않고 있으나" 간접적인 자료들을 통한 추정으로 집강소가 지주제를 폐지하려 했다는 결론에 도달하고 있다. 신용하는 소작료와 관련한 분쟁이나 동학농민군이 전답문서를 빼앗고자 했던 기록 등을 농민군의 지주제 폐지 요구의 간접적 근거로 제시했다.[87] "지주제도 하의 영세소작경영(零細小作經營)을 지주제도를 폐지하여 '두레협업농장제도'를 추구할 경우 이때의 토지 소유는 지주의 소유가 완전히 두레 공동체의 단위인 마을의 공유나 국가의 소유로 간주되는 성격을 띠게 된다고 볼 수 있다. 이때에 집강소의 폐정개혁 요강의 '균작(均作)'의 개념이 정확히 파악되는 것이다." 신용하는 이 조항에서 정약용의 '여전제(閭田制)' 토지개혁론이 '연상'된다는 것을 근거삼아 다산의 토지제로 연결한다. 다산의 여전제는 생산수단으로서의 토지는 여민(閭民)의 공유로 되어 내 땅 네 땅의 구별이 없고, 생산은 '두레'에서와 같이 여민(閭民, 마을사람들)의 공동 노동과 공동 경작에 의거하도록 하였다고 밝히고 있다. 그런데 정작 '연상'을 통하여 '균작'과 연계한 여전제가 폐정개혁안의 '분작(分作)' 개념과는 맞지 않으니 다시 이것을 정전제(井田制)로 연결하여 해석하는 것이 합당하다고 주장한다.[88]

당초 폐정개혁안을 지주제 폐지로 해석하는 문제부터 추정으로 시작한

이 논의는 필자의 '자의적' 연상을 근거로 다산의 여전제로 수렴되고, 폐정개혁안의 '분작(分作)' 문구에 직면해서는 다시 정전제로 전환되고 있다. 그런데 정작 해결해야 할 더 심각한 문제는 앞선 실학 논의에서 살펴보았듯이 다산이 신분해방론자가 아니라는 데 있다. 신용하는 이 논리적 난관을 정면으로 돌파하려고 하지 않고, 현실적 한계를 이유로 들어 다산을 변론함으로써 이 난관의 봉합을 시도한다. "정약용의 정전제 토지개혁론에서는 토지 '경작'(인용자 강조)의 재분배는 시행되나 토지 '소유'의 재분배는 실시하지 않음으로써 지주제도 폐지의 문제를 미루어 두었다. 즉 그는 당시의 지주제도를 신랄히 비판하고 정전제에서도 원칙적으로는 토지국유를 전제로 하여 지주제도를 폐지할 것을 궁극적 이상으로 했지만, 그 당시의 정치사회의 형편으로서는 지주의 소유지를 매입하거나 몰수하여 정전제(井田制)의 원리에 의거해서 재분배할 엄두는 내지 못하고 우선 현실과 타협해서 지주제도를 묵인한 채 경작자만을 그의 정전제 토지 분배 원칙에 따라 재분배하려고 구상하였다"[89]는 것이다. 만일 이대로 경작자만을 대상으로 정전제를 시행하였다면 어떻게 되었을까? 결국 지주제도는 그대로 유지되는 것 아닌가?

이러한 무리한 연결을 시도하는 이유를 어디서 찾아야 할까? 아마도 그 이유는 근대이행기 '민'을 편향적 관점 속에 가두어 버린 서구중심적 역사인식과 더불어 토대환원론적인 접근방식의 폐단에서 기인한 것으로 보인다. 서구중심주의에 있었기 때문에 폐정개혁안에 없는 지주제 폐지 요구를 흔적이라도 있는 것으로 만들어야 한다는 강박관념이 우선시되었고, 이런 이유로 '연상'이라는 무리한 수단을 통해서라도 실학의 거두인 다산의 토지제도와 연계하며 정당성을 찾으려고 시도한 것으로 보인다. 그러나 결국 다산이 신분해방을 추구하지 않았기 때문에 발생하는 불일치에 대해서는 다산이 처한 현실정치의 한계적 상황을 들어 옹호함으로써 결국 논리적 악순환에 빠지게 되었다. 이렇듯 "동학농민혁명을 비롯하여 '근대이행기' 민중운동과 관련한 지금까지의 연구는 민중운동의 지향을 대체로 '반봉건 반외세'로 이해하였다. 이 가운데 '반봉건'에 대한 이해는 대체로 조선사회의 규정적 생산관계가 지주제이고, 그것을 해체하는 것이야말로 '반봉건'의 핵심이라는 점에 근거한 것이다. 곧 조선사회 '봉건성'의 핵심은 지주제에 있으며, 그에 따라 민중운동은 지주제를 중요한 모순으로 인식하였고 그것을 해체함으로써 '근대'를 지향"[90]했다는 것이다. 이와 같이 조선의 민중은 그 실체적 내용과 상관없이 근대지향적 테제에 갇혀 모순을 해결한 존재로 둔갑하고 만다.

그러나 실제 동학농민혁명을 포함하여 조선시대에 일어난 민란의 구체적 내막은 이러한 편향적 서구중심주의의 근대화 가설과는 판이하게 달랐다. 1862년 임술민란 당시 처음부터 빈농에 가까운 초군들이 주도한 사례가 많았던 충청지역의 경우 반토호 투쟁이 다른 지역에 비해 고양되었지만, 지주제를 반대하는 구호는 없었다. 또 민란의 대체적인 전개과정을 볼 때 요호부민이 주도한 초기 단계와 달리 진행과정에서 점차 요호부민은 탈락하고 빈농층이 중심이 되어 폭력투쟁을 전개하는 것이 일반적이었지만, 이때도 지주제에 반대하는 구호는 제기되지 않았다. 민란이나 동학농민혁명에서 제시한 요구조건에도 지주제 반대와 관련된 요구는 확인되지 않는다. 개성민란이나 동학농민혁명에서 토지소유 문제와 관련된 요구가 일부 나타나지만, 이 역시 지주제 철폐와는 거리가 멀었다.[91] 오히려 근대적 함의에 정확히 부합하는 소유권에 대한 부당한 침해로부터 자유로운 사적 소유권의 보장에 대한 요구가 많았다.

그러면 당연히 이런 질문이 가능하다. 지주제 폐지 요구가 주요 의제가 아니었던 조선후기의 민란은 전부 반근대적인 반동복고 운동인가? 역사학자인 배항섭은 이러한 양상은 기왕의 서구중심적 사관으로는 이해할 수 없다고 말한다. 이것은 일종의 "이율배반성"의 한 단면으로서, 조선후기 토지 소유권 양상에 대한 이해를 전제할 필요가 있다. "동학농민혁명에서는 한편으로 토지소유권의 확보를 목적으로 한 요구조건이 제시된 반면, 다른 한편으로 지주제 폐지를 전제로 한 토지개혁 방안이 구상되고 있었다. 서로 다른 두 가지 종류의 토지소유 관련 요구가 제시되거나 구상되고 있었던 것이다. 단순히 비교해볼 때 하나는 사적 소유권을 온전히 지키려는 것이었고, 다른 하나는 토지의 사적 소유를 철폐하려는 것이었다. 이런 이율배반적인 현상은 '근대이행기' 민중운동이 지주제 철폐를 통해 근대를 지향했다거나, 혹은 그 반대로 반근대를 지향했다는 기왕의 이해 가운데 어느 쪽으로도 온전히 설명하기 어렵다."[92] 이러한 민중의식은 엘리트들의 그것과 다른 것이었고, 서구중심적 · 발전론적 시각으로는 포착할 수 없는, '근대'나 '반근대' 너머의 고유한 영역과 성격을 가지고 있었음을 의미한다.[93]

이렇듯 1980년대 변혁운동론과 결합하며 발전을 모색한 민중사학이 1990년대 초를 고비로 급격하게 퇴조하게 된 것은 외형적으로 1980년대 말부터 1990년대 초 사이에 벌어진 동서냉전의 종식과 현실사회주의권의 몰락이 원인이라고 할 수 있다. 21세기에 접어든 이후에도 민중사학이나 민중사관에 관한 논의를 찾아보기 쉽지 않다. 20세기 사학사에서 과거사로 언급되고 있을 뿐, 민중사학에의 열정적 추구를 발견하기는 어려운 상황이 되었다.[94] 민중사학이 침체하게 된 근본적인 이유는 서구중심주의에 입각한 변혁사관을 중심으로 하고 있었기 때문에 한국의 민이 갖는 특성을 본질적으로 파악하고, 민주화를 거쳐 변화 발전해 나간 원동력을 규명하는 데 실패했기 때문이라고 할 수 있다.

2) 내재적 발전론 대 식민지근대화론

일제가 열등적 · 패배적 역사관으로 정립해 놓은 식민사학의 핵심은 '당파성론', '타율성론', '정체성론' 등이다. 당파성론이란, 일종의 대체역사서로 보급된 선조 8년부터 영조 31년까지 당쟁의 대요를 다룬 이건창(李建昌)의 『당의통략(黨議通略)』을 일제가 계획적으로 악용해 조선을 부패하고 무능한 사회로 묘사하고 체계화한 것을 말한다. 이 당쟁사관은 이후 근대 식민지 교육과 함께 급속히 확산되었다.[95] 타율성론과 정체성론은 식민사학을 미화하는 데 동전의 양면처럼 동원된 논의다. 일본의 경제사학자인 후쿠다 도쿠조(福田德三)는 한국 사회를 1,000년 전의 일본과 비교하며 정체된 사회로 규정했다. 후쿠다는 자력으로 근대화할 수 없는 한국이 취할 수 있는 길은 일본에 동화되어 일본의 힘으로 경제발전을 기해야 한다고 주장함으로써 일제의 식민통치를 미화하는 식민사학의 기반을 마련했다. 이 논리는 시가타 히로시(四方博)로 이어져 더욱 정교해졌다. 시가타는 각종 통계수치를 내세워 한국은 자생적으로 근대화를 달성하는 것이 불가능했다는 논리를 만들었다. 시가타는 개항 당시 한국에는 자본주의를 일으킬 만한 요소가 전무하고 그것을 저해하는 요소만 존재하기 때문에 일본의 자본과 기술의 주도로 한국에 자본주의가 성립되는 것이 최선이라고 주장했다.[96]

그러나 해방 이후 식민사학이 바로 청산되지 못했다. 이승만 정권에 의해 친일청산이 좌절된 상황에서 한동안 일제강점기에 대한 연구 자체가 금기시되었다. 친일세력이 반공을 내세워 한국사회의 기득권층으로 군림하는 현실은 사학계에도 영향을 미쳐 일제강점기에 대한 연구를 회피하게 만든 것이다. 그런 가운데 일부 연구자들은 한국역사가 내재적으로 근대사회로 발전하고 있었다는 문제의식을 중심으로 1960년대부터 본격적인 연구를 시작했다. 이 연구경향을 통칭 내재적 발전론, 또는 식민지근대화론자들이 지칭하는 바에 따르면, 수탈론이라고 한다.[97]

내재적 발전론은 한국사회가 식민지화 이전에 이미 자생적으로 근대적 생산관계를 만들었으며, 이 근대적 생산관계들이 자리 잡기 전에 일본의 제국주의적 침략으로 식민지화하였다고 보았다. 또한 일제강점체제 하의 민족차별과 수탈로 자생적 이행의 가능성이 차단되고, 자율적 문명화가 압살된 것으로 파악한다. 큰 틀에서 식민사학의 극복이라는 목적은 공유하고 있지만 내재적 발전론 내적으로는 마르크시즘부터 민족주의 관점까지 다양한 이론적 관점이 공존한다. 내재적 발전론의 효시로 1930년대 마르크스주의적 관점에서 조선후기 자본주의 맹아의 가능성을 추적한 백남운[98]을 꼽기도 한다.[99]

내재적 발전론의 문제의식을 역사학계에서 본격화한 것은 김용섭의 농업사연구가 대표적이다. 김용섭은 자신의 농업사연구가 "우리나라의 중세사회의 해체과정을 농업·농촌·농민에 관하여 그 내적 발전과정이란 입장에서 파악하려는 것"이라고 밝히고 있다.[100] 강만길은 내재적 발전론의 입장에서 상공업사를 연구했다. 큰 틀에서 보면, 대한제국이 근대화 정책으로 성과를 내고 있던 중 빠른 근대화 성공을 우려한 일본의 침략에 의해서 좌절되었다는 이태진의 견해도 내재적 발전론의 범주로 볼 수 있다. 내재적 발전론은 조선후기 사회에서는 농업·수공업·상업·광업 등 모든 생산분야에서 생산력이 증대하였으며, 그 속에서 경영형 부농의 출현, 수공업에서의 선대제의 출현, 상업자본의 발달, 광업에서의 임노동관계의 출현 등과 같은 '자본주의의 맹아'를 찾아냈다.[101]

반면 1980년대 중반부터 경제사학계를 중심으로 내재적 발전론을 민족주의적 감상주의에 입각한 '수탈론'으로 규정하고, 실증적 자료에 입각하여 한국의 근대화를 엄정하게 논증해야 한다는 논의가 등장했다. 흔히 '식민지근대화론' 또는 '19세기 위기론'[102]이 그것이다.[103] 식민지근대화론은 내재적 발전론이 한계에 직면한 19세기 조선의 단절적 역사해석을 비판하고, 19세기 조선의 역사상과 역사적 위치를 17·18세기 이래 20세기에 이르는 한국사의 거시적 흐름 속에서 파악해야 한다고 주장했다. 식민지근대화론(또는 '19세기 위기론')은 조선의 19세기를 말 그대로 위기의 세기로, 내부적 동력에 의한 근대 이행의 가능성이 부재했을 뿐만 아니라 외세의 작용이 없었더라도 조선왕조는 자멸할 수밖에 없는 위기 상황에 처해 있었다고 본다. 이 식민지근대화론자들이 인식하는 식민시기의 요체는 일본에 의한 정치적·경제적 관리와 자본주의 근대의 이식에 의해 '19세기의 위기'가 극복될 수 있었고, 본격적으로 근대경제가 시작되었다는 데 있다.[104] 대표적인 식민지근대화론자인 이영훈에 따르면, 조선의 경제는 "18세기 중엽을 정점으로 한 다음, 1830년대까지 완만한 정체상태를 보였으며, 1840년대부터는 경제체제의 안정성을 상실하였다. 이후 1850년대 중반부터 대략 40년간, 즉 1890년대 중반까지는 심각한 위기의 시대였다."[105]

식민지근대화론은 일제의 식민사관이나 내재적 발전론과의 차별성을 강조한다. 대표적인 식민사관 논지인 '조선사회정체론(朝鮮社會停滯論)'이 "조선왕조 5백 년에 걸친, 약진도 없고 변화도 없고 언제나 동일하기만 했던 의미의 정체를 운운"하는데 이것은 명백히 잘못되었다는 것이다. 식민지근대화 논자들에 따르면, 이 '조선사회정체론'은 조선의 19세기를 고양기인 17-18세기와 동일시하는 비역사적 방법론에 기초한 오류를 범했다. 또한 1950년대 이후 남북한에서 공히 지배적 사조를 이루어 온 '내재적 발전론'은 식민사관과는 정반대의 문제점을 가지고 있다.[106] 식민지근대화론은 한국의 식민시기에 자본주의가 성장할 수 있었던 것은 일제의 시혜 때문이 아니라 전근대 한국 사회에 소농사회의 발전과 같은 내적 역량이 있었기 때문에 가능했다고 본다. 기본적인 논지는 다음과 같다. 조선에서 17세기 이후 18세기 중반까지 약 1세기는 직계가족의 성립기였는데, 이 시기는 상당한 번영의 시대였으며, 1830년까지 소농사회의 안정 기조는 유지되었다. 이러한 안정이 유지될 수 있었던 것은 환곡제도와 같은 국가 주도의 도덕경제였다. 그러나 18세기 후반 이후 소농사회는 생산적 토대에서부터 정체와 위기를 겪기 시작했으며, 조선사회는 파국적 위기에 직면하게 된다. 이러한 위기를 극복할 수 있었던 것은 식민지 자본주의 발전에 의해서였다. 조선 총독부가 혁신의 주체가 되어 전통 소농사회를 자본주의와 순조롭게 접합할 수 있도록 제도의 혁신을 수행했기 때문이라는 것이 기본 골자다.[107]

이영훈은 1990년대 후반 이후 꾸준하게 진행되어 온 조선후기의 각종 장기경제지표들에 관한 추계작업을 모아서 한국 중세사회에 맬더스적 순환이 있었다고 주장한다. 인구와 생산력 사이의 상호작용을 통해 인구증가와 감소가 반복되는 맬더스적 순환이 서구 중세사회에서 관찰되는데, 한국은 18세기 후반부터 이 순환의 하강국면에 접어들었다는 것이다. 이러한 생산력 정체의 원인으로는 수리시설의 황폐화 같은 생산력 기반의 붕괴와 더불어 국가 재분배체제 운영능력의 상실과 같은 제도적 요인을 들고 있다. 결과적으로 조선이 이러한 정체를 극복하지 못하고 식민지가 된 것은 조선 정부가 새로운 균형을 만들어낼 제도의 창출에 실패했기 때문이라고 본다.[108]조선 후기에 대한 식민지근대화론의 이러한 인식은 19세기 후반 자본주의적 생산관계가 발전한다고 본 내재적 발전론의 견해와 상반될 뿐만 아니라 식민화의 원인을 일본제국주의의 침략성에서 구했던 것과도 배치된다는 점에서 매우 논쟁적인 주장으로 받아들여졌다.[109]

1860년대부터 본격화한 위기의 와중에서 사회는 분열하고 정치는 통합력을 상실하였다. 보기에 따라 위기는 1905년 조선왕조의 멸망이 어떤 강력한 외세의 작용에 의해서라기보다 그 모든 체력이 소진된 나머지 스스로 해체되었다고 해도 좋을 정도로 심각한 것이었다. 이 새로운 19세기의 역사상은 1950년대 이래 그들의 전통사회가 정상적인 경로로 발전해 왔으며, 그들의 역사가 왜곡된 것은 제국주의의 침입 때문이라고 굳게 믿어 온 한국의 많은 역사학자들을 당혹하게 만들고 있다. 한국의 역사학은 커다란 위기에 봉착해 있다. 역사학만이 아니라 한국인들이 자신의 정체성 확인과 관련하여 지난 50년간 구축해 온 모든 방면에서의 언설체계(言說體系)가 근본적인 재구성을 요구하는 도전에 직면해 있다.[110]

이와 같은 식민지근대화론의 '19세기 위기론'에 대해 배항섭은 "조선왕조 500년을 지탱해 온 조선사회의 여러 측면들이 완전히 붕괴해 버려 자멸의 길을 걷는 19세기 상을 그리고 있다는 점에서 정체성론자들과 차이가 없으며, 한국사의 전근대와 근대의 관계가 극단적일 정도로 단절적"이라고 비판한다.[111] 또한 '19세기 위기론'에서 말하는 위기라면 "모든 문명국가가 겪었을 법하다. 따라서 유독 조선의 19세기에 대해서만 소농사회가 이루어 놓았던 '발전'과 '안정'을 모두 '말아먹고' 급기야 체제가 자멸할 정도의 재앙적 위기에 처했다고 과장하는 것은 무리수일 수밖에 없다." 식민지근대화론에 대한 배항섭의 비판 요지는 '19세기 위기론'이 조선의 19세기 사회경제적 측면을 간과하거나 외면하고 있다는 것에 있다. 이러한 한계는 식민지근대화론이 내재적 발전론과의 차별성을 강조하고 있지만, 그 저변에 내재적 발전론과 마찬가지로 서구중심적·근대중심적(특히 토대환원론적) 편향이 자리하고 있는 것에서 연유하는 것이다.[112]

다른 한편, 논쟁적 주장과 별도로 식민지근대화론의 실증적 연구가 역사학에 기여한 성과에 대해서는 학술적 업적으로 평가해야 한다는 입장이 대두되었다. 식민지근대화론 연구가 역사 통계자료를 발굴, 분석하여 식민지 시기 조선의 국내총생산(GDP) 등 장기경제통계를 추계한 것과 실증연구의 엄밀성을 역사학의 방법론으로 제기한 것은 그 자체로 역사학에 실증성을 도입하는 유용한 성과로 평가하자는 것이다.[113] "일제시기 경제적 실태와 관련한 통계적 연구는 '수탈'이라는 추상적 개념에 의존하지 않고 통계적으로 실증 가능한 방식으로 접근"[114]해야 한다는 실증성의 강조 이후 논쟁의 초점은 식민지근대화 주장에 대한 실증적 검토와 비판[115]으로 이동하여, 식민시기 경제성장이나 생활수준 향상이 통계자료에 부합하는가, 적절한 추계를 통해 통계자료를 생산했는가의 문제가 관심사로 대두되었다. 대표적인 식민지근대화론자 중 한 명인 김낙년은 "종래 우리나라의 연구 중에는 통계자료에 대한 충분한 음미도 하지 않은 채 곧 바로 민족주의적인 결론으로 빠져버리는 경우가 많다. 논쟁을 하는 경우에도 구체적인 근거를 제시하기보다는 추상적인 논리를 앞세워 마치 공중전과 같은 양상으로 전개되는 경우가 적지 않다"[116]고 실증연구의 중요성을 강조하고 있다.

반면, 이기훈은 이와 같이 실증을 강조하는 식민지근대화론의 방법론적 편향을 문제 삼았다. "식민지근대화론자들은 실증이라는 이름으로 그들 자신들이 추계하여 '생산한' 수량적 증거 뒤에 자신의 주관적 판단을 감추고 있"다는 것이다.[117] 식민지근대화론의 수량적 증거는 대체로 '통계의 원자료 수치를 그대로 채용한 것', '1차 자료를 활용하여 추계한 집계통계', 그리고 누락된 것을 보완하는 '추정치'의 세 가지이다. 이 자료들을 국민계정체계(System of National Accounts) 틀에 근거해서 '포괄적이고 체계적인 증거'로 주장한다. 김낙년은 국민계정체계가 UN이 권고하는 보편적 기준이라고 주장하는데, 문제는 국민계정체계 자체가 정치적이고 경제적인 구조에서 벗어난 중립적 기준으로서 보편적으로 사용할 수 있는 틀이라고 할 수 없다는 데 있다. 이 틀은 국민계정체계에 적합한 특정의 '직접관측' 통계 숫자와 집계통계에 특권을 부여하고, 식민시대의 중요한 1차 자료라 할 수 있는 신문 자료들을 참고하지 않는 등 다른 증거들을 배제함으로써 경험의 범위를 선택적이고 인위적으로 만들었다. 더 근본적인 문제는 식민지근대화론자들이 의존하는 수량적 증거들은 식민시기의 자료 비대칭성 문제를 해소하지 않은 채 활용하고 있기 때문에 결정적인 오판을 야기할 수 있다는 데 있다. 식민지 시대의 통계가 풍부하다고 하더라도 식민통치 권력은 자신들의 통치에 필요하지 않은 숫자, 불리한 숫자는 만들지 않거나 원안을 공개하지 않는다. 그러므로 식민지 시기 조선 민중의 압박과 차별과 수탈과 고통을 나타내는 숫자들은 거의 존재하지 않는다. 통계숫자는 여러 가지 해석의 기본 자료이지만 그 자체가 이미 해석을 내포하고 있는 것이다. 식민지근대화론자들이 내세우는 '통계적으로 실증 가능한 방식'은 그들의 관점, 이론적 가정 안에서만 '실증'일 뿐이며, 그것조차도 식민통치기구가 특정의 의도와 목적으로 생산한 통계숫자에 갇힌 또 다른 추정이라고 해야 한다.[118]

이기홍의 논지에 따르면, 식민지근대화론이 내재적 발전론을 비판하는 핵심 논제인 '수탈'에 대한 입장에서 오히려 식민지근대화론의 실증 우위 연구의 한계가 드러난다. 김낙년은 식민지 시대 쌀의 수출(이출)은—수탈이 아니라—시장경제체제에서 이루어진 '자발적 거래의 결과'라고 주장한다. 시장경제가 성립된 곳에서는 정치체제와는 무관하게 거래 당사자의 자발성과 거래를 통한 상호의존이 존재한다는 것이다. "식민지 지배는 강제성을 수반하지만, 이를 일상의 거래가 이루어지는 경제 영역으로까지 확대할 필요는 없으며, 식민지성은 주권침탈과 지배체제를 유지하는 강압과정에서 전형적으로 드러난다."[119] 따라서 식민지 지배와 저항이라는 정치적 차원의 민족문제를 경제 영역에도 그대로 투영하여 설정하면 경제변화를 실증적으로 설명하기 어렵다는 것이 식민지근대화론의 기본적인 입장이다.[120]

그러나 식민시기 연구에서 간과하지 말아야 할 것은 "식민지 수탈을 수량화하는 것, 수탈제도들이라는 블랙박스를 여는 것 그리고 식민지 시대에 그것들의 역할을 파악하는 것에 대해서는 아직 제대로 작업이 이루어지지 않았다"[121]는 점이다. 아마도 이것은 식민통치자들이 식민지 수탈의 증거를 통계적으로 생산하지 않았고, 또한 연구들이 수탈의 기제를 밝혀내지 못했기 때문일 것이다. 따라서 공식적으로 남아 있는 자료들이 수탈의 사실을 은폐하고 있다는 의심에서 출발할 필요가 있다. 가령 차명수는 국민계정, 인구, 신장, 임금 등의 추계치가 증가한 것은 경제가 성장했다는 주장의 확증이라고 주장한다.[122] 그러나 식민지근대화론자들의 주장과 같이 국민계정추계에 따라 경제가 성장했다는 것을 인정한다고 하더라도 그것이 곧 수탈이 없었다는 주장에 대한 확증일 수는 없다. 생산이 증가한 만큼 임금을 지불하지 않은 경우에도 수탈은 수탈인 것이다. 그럼에도 식민지근대화론은 수탈이라는 선험적인 민족주의적 논리에 따른 역사서술과 경험적 증거는 배치된다고 단언한다. 식민통치기구가 특정한 의도를 가지고 생산한 수량적 증거는 식민지 경제의 실상을 부분적으로만, 많은 경우 왜곡하여 보여줄 뿐이라는 것, 그러므로 실상을 파악하기 위해서는 식민지 상황의 여러 요인들과 가능성들을 고려하여 식민지 통치기구가 남긴 공식적인 수량적 증거를 해체하여 재구성하고 재해석할 필요가 있다. 그 뿐만 아니라 숨은 기록까지 찾아내는 연구, 관찰 가능한 것들을 수량화한 통계수치를 넘어 기저에서 작동하는 식민지의 수탈구조들이나 제도들과 그것들의 효과를 포착하는 연구가 필요하다.[123]

3장

18-19세기
정치구조의 변화와
'민'

1. '민'과 정치

1) 민유방본의 정치적 전통

동양적·한국적 정치사상의 기저를 이루는 '민유방본', 즉 '민본론'의 핵심원리가 상호성에서 기원하기 때문에 정치권력의 정통성 역시 정치권력과 민(民) 사이의 역동적 상호작용을 배경으로 파악할 필요가 있다. 주지하다시피 조선에서의 '국민 형성'은 인민주권론을 선언함으로써 왕권신수설을 혁명적으로 쳐부수는 단절적 정치발전을 기해온 서양과 다른 특별한 정치(사상)적 행로를 밟아 왔다. 그것은 조선과 동아시아의 모든 유자(儒者)가 닳도록 암송한 유학경전 속의 '민유방본론(民惟邦本論)', '민귀군경론(民貴君輕論)', '백성자치론' 등의 민본적 요소 때문이었다.[124]

한국의 정치전통에서는 민유방본에 내재한 정치적 폭발력에 무감각할 정도로 익숙해졌지만, 왕권신수설에 기초해 있던 서양에서는 민유방본과 더불어 전개되는 맹자의 역성혁명론을 심각한 위협의 대상으로 간주했다. 심지어 번역조차 삼갈 정도였다. 실제로 1662년부터 공자 경전의 라틴어 번역서[125]들이 발간되기 시작한 반면, 『맹자』 경전은 번역 대상에서 줄곧 제외되다가 18세기 초에야 노엘(François Noël)의 경전번역집 『중국제국의 고전6서(Sinensis imperri livre classici sex)』(1711)에 겨우 포함되어 유럽에 소개되었다.

조선에서 가장 빈번히 강론된 것은 『서경』이 전하는 "백성은 나라의 근본이니 근본이 공고하면 나라가 강녕하다(民惟邦本 本固邦寧)"[126]라는 우(禹)임금의 '민유방본' 훈계와, "백성은 가장 귀하고 사직은 그 다음이고 임금은 가장 가볍다(民爲貴 社稷次之 君爲輕)"는 맹자의 '민귀군경론'(民貴君輕論)[127]이었다. 또한 공자가 『예기』에서 '백성자치론'('백성은 임금을 표준으로 자치한다')으로 구체화한 민본주의적 자치·자안·자현 개념은 조선의 지배권력 뿐만 아니라 백성들도 공히 입에 달고 살았던, 말 그대로 생활세계 속의 정치이념이었다.

공자는 『논어』「안연」 편에서 "군자의 덕은 바람이다. 소인의 덕은 풀이다. 풀은 이에 바람을 가하면 반드시 모두 눕게 된다(君子之德風 小人之德草 草上之風必偃)"고 하여 바람과 풀에 빗대어 치자와 피치자의 관계를 설명한 바 있다. 여기서 피치자, 즉 '민'이 풀과 같이 바람에 눕는 계기에 주목할 필요가 있다. '민본' 정치를 펴는 군자의 '덕'이 관철될 때라야 풀이 자연스럽게 바람에 눕는 것과 같은 이치로 민은 군자의 덕치에 호응한다. 군자가 인정(仁政)을 펼 때 군자와 민, 다시 말해 '바람과 풀'의 공감대가 만들어지는 것이다. 따라서 군자의 통치가 '인정'에 기반한 민본정치인지, 덕치가 관철되는 통치인지 여부는 치자가 자의적으로 판단하거나 윽박지를 수 있는 성질의 것이 아니다. 덕치 또는 인정의 정치를 판단할 수 있는 핵심 준거는 '민심의 바다'에 있고, 백성(民)에 의한 인정과 공감대 형성, 즉 상호성의 원리를 전제하는 것이다.[128]

공·맹이 강조하는 민본론의 정치적 중핵은 이 상호성에서 찾을 수 있다. 『서경』의 "백성은 나라의 근본이고 근본이 단단하면 나라가 안녕하다"[129]는 명제나, 『중용』의 "민중을 얻으면 나라를 얻고 민중을 잃으면 나라를 잃는다"[130]는 가르침은 모두 백성과 정치권력 또는 국가의 상관성을 바탕으로 하는 것이다. 맹자의 '민귀군경(民貴君輕)'론은 상관성의 척도가 백성임을 명확하게 밝히고 있다.

> 백성은 가장 귀하고, 사직은 그 다음이고, 임금은 가장 가볍다. 이런 까
> 닭에 들녘의 백성을 얻으면 천자가 되고, 천자를 얻으면 제후가 되고, 제후
> 를 얻으면 대부가 된다. 제후가 사직을 위태롭게 하면 바꿔치고, 희생이 살
> 찌고 곡식 차림이 깨끗하고 때맞춰 제사를 지내지만 가뭄과 물난리가 난다
> 면 사직을 바꿔친다.[131]

맹자는 백성이 상관성을 거두어들이는 경우, 즉 민심을 잃은 군주는 군주
의 자리에서 쫓겨난다고 강조하며, '온 나라 백성의 인정', 즉 '민심의 바다'
의 주체인 '민'과의 상호성을 강조한다. 이 상관관계에서 백성은 '온 나라'이
자 '천하'에 비유된다. 맹자는 "천하를 얻는 데는 도가 있다. 천하의 백성을
얻는 것이 천하를 얻는 것이다. 그 백성을 얻는 데는 도가 있다. 백성의 마음
을 얻는 것이 백성을 얻는 것"[132]이라고 강조하며, 백성의 마음, 즉 민심을 얻
는 것이 곧 천하를 얻는 것이라고 말한다. 또한 "하늘은 우리 백성이 보는 것
을 통해 보고 하늘은 우리 백성이 듣는 것을 통해 듣는다"는 '민심즉천심론
(天視自我民視 天聽自我民聽.)', '천심·민심동위론(天心民心同位論)'[133]은 민본정
치관의 대표적인 테제들이다. 이와 같이 공·맹의 민본론은 정치적 공공성
의 발현을 결코 군주라는 특정 개인에게 한정하지 않았고, 만인의 인정, 온
나라의 인정이라는 전제를 바탕으로 하고 있다.[134]

상술한 『서경』의 민본론, 『중용』의 민중국가론, 『맹자』의 민귀군경론, 민
심즉천심론, 역성혁명론 등에서 확인되는 바와 같이 유학적 민본론에서 통
치자와 피치자의 관계는 상관적이다. "통치자와 민은 존비의 차별이 있으나
그들의 관계는 노예주와 노예가 아니다. 오로지 노예주를 위하여 존재하는

노예와 달리 민은 통치자의 보호대상이다. 피통치자 계층인 민이 있어야 통치계층이 존재할 수 있는 상대성 때문이다."[135] 이 상호성을 매개로 민을 단순히 고립된 객체가 아니라 국가와의 상관성 속에서 분석할 수 있다.

이러한 해석은 유교적 정치질서나 민본주의의 단편적 이해에서 나타나는 오해, 즉 민을 '객체적 요소로서 복종의 의무만 부과되어 있는' 대상으로만 보는 편견을 넘어서는 것이다. 유교적 정치관에서 민본주의의 주체는 군주이며, 백성은 정치의 대상이라는 인식이 팽배했다. 그런데 시대사적으로 보면, 비단 조선만이 아니라 17세기 명 말을 전후한 중국에서도 이런 유교의 '민본주의'에 획기적인 변화가 나타난다. "명 말에 나온 민본적 언론은, 시비(是非)는 민간 혹은 지방의 공론 속에 있다. 황제나 관료는 민중의 시비에 따라야 한다고 '공론'의 존중을 주장한 것이다. 즉 그것은 질서 형성의 주체는 백성 쪽에 있다는 말이고 원리적으로 정치의 주체가 백성 쪽에 있음을 말한다."[136] 공론의 중심축은 민간 쪽에 자리하고 있으며 황제와 정부는 이에 따라야 한다는 것이다. 더 이상 백성은 본래 정치행위의 주체가 그의 안위를 일차적 목적으로 삼는 그러한 정치행위의 대상이 아니다. 백성이 정치의 주체로 등장하게 된다는 것이다. 17세기 명 말에 '만인의 사(즉 사의 종합으로서의 공)'가 '천하의 공을 표방하는 조정의 대사(大私)'에 맞서는 구도가 형성된다.[137] 이제 참된 공은 조정의 전유물이 아니라 민과의 상호성 속에 위치하게 된다.

2) 상호성 원리에 기초한 국가와 민의 관계

(1) 19세기 민의 성장을 어떻게 이해할 것인가?

한 국가의 정체(政體, regime)란 지배권력을 중심으로 한 위로부터의 성격

규정뿐만 아니라, 동시에 사회경제적 구조의 반영이자 피통치자들인 민과 지배권력의 상호관계를 반영한 것으로 이해할 필요가 있다. 보통 '정체'는 주권과 통치권의 구분을 전제로 통치권의 소재에 따라 통치형태를 나누는 개념이다. 그러나 주권과 통치권의 구분은 관념적으로 가능할지 모르지만, 역사적·경험적 국가에 적용하기는 사실상 불가능하다. 보통 개념적으로 주권은 단일하여 나눌 수 없는 것이고 통치권은 나눌 수 있는 것이라고 주장하지만, 스파르타·로마공화정·근현대영국군주정·일본군주정 등의 역사와 경험 속에서는 주권도 통치권의 분할에 따라 군왕, 원로원(의회), 민회(국민) 등 사이에 분할된 경우가 허다하고, 따라서 주권과 통치권의 구분을 전제로 한 전통적 국체·정체 구분이 무용지물이 되기 때문이다.[138]

정체와 달리 국체(state form)는 흔히 주권의 소재에 따른 국가형태(군주주권국가, 귀족주권국가, 국민주권국가)[139]로 정의하지 않고, 국가의 주력생산자[근본 또는 방본; 邦本]로서 민의 정치사회적 차별 형태 또는 차별 여부에 따른 것으로 정의한다. 이렇게 정의할 경우 국체는 역사상 주력생산자 대중[방본]을 가부장 또는 국가의 소유물로 예속시킨 고대의 '노예제국체'[노예주국가], 중세의 '신분제국체'[양반국가 또는 반상(班常)차별 국가], 신분차별 없는 근세 또는 근현대의 '국민국체'['백성의 나라'로서의 '평민국체']로 나타난다고 할 수 있다. 이러한 국체의 정의를 활용하는 이점은 근대 전환기의 특징적 양상을 드러내기가 용이하다는 데 있다. 이 국체 개념을 통해 '양반국가[신분제국체]'와 '평민국가[국민국체]'의 전환의 변곡점으로서의 함의를 포착해보자. 영조·정조·순조·고종시대의 '민국' 용례와 논의에 따를 때, 민국은 백성의 나라로서 백성과 나라가 일체인 탈신분제적 '국민국가'를 지향하는 것으로 해석할 수 있다.

이러한 국체와 정체의 개념적 구분을 염두에 두고, 조선의 정체를 파악해 본다면 우선 조선의 정체는 대부분의 오해와 달리 결코 획일적이지 않다는 데 그 특징이 있다. 그리고 이 정체와 조응하는 민의 영역 또한 단절적으로 볼 것이 아니라 연속적 맥락에서 파악할 필요가 있다. 정치적 주체의 맥락에서 본다면, 군주-사대부-민의 정치적 역관계 변화를 연속적으로 검토할 필요가 있다는 말이다. 조선초기 민유방본은 분명 조선의 '민'을 지배 정당성을 위한 수사적 도구로 활용하였다. 하지만 18세기 이후 민의 신분해방과 정치적 영향력의 실체화 덕분에 분명 조선초기의 민본담론과는 질적으로 다른 맥락의 민본관이 형성되었다. 그 결과물이 소위 탕평군주들의 '민국' 정체라고 할 수 있다. 이 변화의 결과는 이전 정체와 질적으로 구분되는 현저한 특징을 나타낸다. 이러한 변화 과정과 그 결과를 무시하고, 조선의 민본론을 질적으로 차이가 없는 것으로 이해할 경우 19세기 정치적 주체로 등장하는 민의 출현은 맥락 없는 우연적인 사건으로 설명될 수밖에 없다.

최근 한국학 연구의 가치가 강조되는 분위기에서 '시민사회'나 '민주주의' 같은 사회과학적 핵심 개념들의 한국적 뿌리 찾기가 한창이다. 송호근의 『인민의 탄생』(2011), 『시민의 탄생』(2013), 최정운의 『한국인의 탄생』(2013) 등이 대표적이다. 그 필요성에 비추어 본다면 다소 뒤늦은 감이 있지만 한국적 맥락의 기원과 형성을 고찰하는 사회과학적 접근이라는 점에서 환영할 만하다. 그런데 한 가지 우려스러운 것은 사회과학적 이론을 바탕으로 조선 정치사를 접근하는 최근 연구성과들조차 기존 조선정치사 연구의 한계를 답습하는 경향이 있다는 사실이다. 기존 조선정치사 연구의 한계란 '국가'와 '민'을 단절적으로 분석하는 경향을 말한다. 이들은 조선이라는 국가는 고정시켜 둔 채 특정 시점(주로 19세기)에 민을 능동적 주체로 부각시키는 방식을 취한다.

송호근은 조선을 '지배계급의 국가'라고 단언한다. "국가와 지배계급이 한

몸이었기에 국가의 붕괴와 함께 지배계급도 동시에 무너질 수밖에 없는 구조를 가진 나라가 조선이었다"[140]는 것이다. '민본의식'에 대한 이해 역시 마찬가지다. "대개 임금은 국가에 의지하고, 국가는 민에 의지한다. '민은 국가의 근본이며 군주의 하늘'이란 믿음에 바탕을 둔 조선초기의 민본의식은 조선후기에 이르기까지 질적 변화를 거의 겪지 않은 채 지속되었다고 보는 편이 옳을 것이다."[141] 스타인버그(David I. Steinberg) 같은 서양의 한국 연구자들도 조선에 대한 이러한 획일적 이해 또는 선입견을 공유한다. 스타인버그가 이해하는 조선은 '통제된 유교 전제주의 국가'다.[142] 역사학자 오수창이파악하는 조선 정체 역시 이러한 논점의 연장선상에 있다. 오수창은 "민국개념으로 대표되는 영조대의 정치사상이 조선초기 이래의 민본주의의 범위를 벗어난 새로운 것이었는지 확신할 수 없다"[143]고 말한다. 또한 오수창은 19세기 세도정치기를 조선의 "정치구조와 운영 등의 모든 면에서 붕당정치-환국-탕평정치로 이어지는 계기사적 귀결"[144]로 파악한다. 조선시대에 정치적 자율성을 가진 '공민사회'가 존재했다고 일찍부터 주장해 온 조혜인은 이러한 견해들을 '오해된 동양적 전제주의(oriental despotism)에 사로잡힌' 편견이라고 일갈한다.[145]

조선 정체가 획일적이었다는 이해를 전제로 하는 논의들 중 상당수가 조선의 19세기를 해석할 때는 적극적이고 능동적인 정치적 주체로 '민'을 호출하는 유사성을 보인다. 조선의 정체를 '획일적 통제국가'로 파악하는 입장에서 19세기 민은 어떻게 정치적 주체로 호출될 수 있는가? 송호근은 이탈과 저항이라는 독특한 방식으로 역사와 인민의 접속을 시도한다. "조선의 역사는 군주-관료-재지사족으로 구성된 통치집단의 역사였다. 인민은 통치자들이 역사를 만들어 가는 데 필요한 질료였다. 질료는 결코 행위자가 될 수 없었다. 이러한 인민이 역사와 접속할 수 있었던 것은 이탈과 저항이라는 독특한 방식을 통해서만 가능했다"[146]는 것이다. 여기서 인민의 이 이탈과 저항을 가능하게 만든 동력이 궁금해진다. '필요한 질료에 불과했던 민', '행위자가 될 수 없는 민'이 어떻게 이탈과 저항을 감행할 수 있었을까? 송호근은 "지배구조가 느슨해진 틈을 타서 통치구조로부터 (인민의-인용자) 이탈이 가능했고", "유교적 통치구조가 와해되고 균열된 시점에서 근대가 발아되기 시작"했다고 말한다. 송호근은 이렇듯 19세기 민이 역사와 접속할 수 있었던 계기, 즉 이탈과 저항의 계기를 사회구조적 변화에서 찾는다.

단선적 조선 정체의 이해 전통을 고수하는 오수창도 19세기 민을 중심으로 조선시대사 분석의 중요성을 강조한다. "이제 정치사 탐구의 주된 과제는 국왕이든 붕당이든 그 논리가 좌초된 지배층 중심 또는 세도정치 중심의 설명에서 벗어나 민(民) 일반의 정치적 인식과 동향에 대한 접근이 되어야 하는 시대가 된 것이다."[147] 그리고 "조선후기의 정치사상은 핵심 주체의 변천에 따라 변화되어 왔다. 17세기에는 관인을 중심으로 한 사족들이 붕당으로 결집해 정치적 경쟁을 벌이던 붕당정치가 그 시기 정치의 특징이었으며, 19세기에는 민 일반이 국가권력과 직접 대면하는 상황이 그 시기 정치의 핵심을 이루고 있었다."[148]

19세기에 민의 출현을 단절적으로 파악하는 이 논의들은 조선의 정체를 일관되게 군주-관료-재지사족의 통치로 파악하고 있기 때문에 민의 이탈과 저항이라는 단절적 계기 외에는 민의 성장과 출현을 설명할 수 있는 지렛대가 없다는 한계가 있다. 최소한 군주-관료-재지사족의 정치적 역관계가 변화한 맥락이나 시대적 변화상의 반영 없이 19세기 민의 전면적 부상을 설명하기는 곤란하다. 19세기에 민이 어떻게 정치의 핵심으로 등장하게 되는지 그 배경에 대한 구조적 설명이 필요하다는 것이다. 이 문제를 모호하게 처리함으로써 위 두 논의에서는 19세기 민의 호출이 우연적·단절적으로 규정되고 말았다. 송호근도 지적하고 있듯이 "동학농민혁명은 참여한 농민들이 분명 착취기제로 변한 유교적 통치체계에 근본적 변혁을 요구하였다는 점에서 근대를 재촉한 일대 사건"[149]이었다. 그렇다면, 조선의 정체와 민은 긴밀하게 상호작용하는 관계였다고 보아야 할 것이다.

유교적 통치구조가 제 기능을 하지 못하고 착취기제로 변화하는 시점과 민의 정치적 성장과 출현의 시점은 상호 교차한다. 시간이 흐른 자연적 결과를 원인으로 삼아 지배구조의 변화를 설명할 수는 없다. 기존의 성리학적 통치구조가 민의 삶과 사회구조적 변화를 포용할 수 없게 되면서, 즉 민의 인내가 도달할 수 있는 임계점에서 민은 근본적 변화를 촉구했고, 통치질서의 변화를 재촉했다. 무엇이 이 새로운 시대를 예비했는가, 하는 것이 중요하다. 이 경험들이 응축되고 발화하는 가운데 점차 새로운 시대를 만들어가는 동력으로 작용했을 것이다.

『한국인의 탄생』은 아예 시대적 단절을 위해 홉스가 고안한 자연상태 개념을 활용한다. 최정운은 한국인의 자연상태를 1900년대 초반의 신소설을 소재로 하여 설정한다. 홉스적 자연상태와 같은 단절적 상황을 조성하기 위해 왕조 말기의 조선사회를 파멸적 상태에 놓인 사회, 즉 지옥으로 상정하고, 대한제국 시기를 사실상의 '국가부재' 상태로 규정한다. 동시에 최정운은 이 시기를 강한 조선인을 만들어내기 위해 분투했던 주체적 시기로 파악할 것을 주장한다.[150] 이 파멸적 상태의 지옥으로부터 만들어지는 강함의 실체는 무엇일까? 이렇듯 519년 조선정치사와 한국인의 탄생 사이에 놓인 단절을 통해 만들어진 한국인이 한국민의 뿌리를 제대로 설명하고 있다고 선뜻 동의하기 어렵다.

조선후기 '민'의 정치적 역할 확대는 조선 정체의 변화과정 속에서 연속성을 가지고 분석할 필요가 있다. 근대의 '민'은 조선시대의 정치적 배경과 사건사, 그리고 일상사 속에 이미 배태되어 있었을 뿐만 아니라 사회경제적 구조변화 과정을 거치며 성장해 왔기 때문이다. 그리고 민의 영역은 "지배이념이나 체제로부터 자유로울 수 없었지만, 다른 한편 지배 엘리트와는 구분되는 독자적인 문화영역이나 의식세계를 가지고 있었다"는 점에 주목할 필요가 있다.[151] 국가와 민의 상관성을 견지하며 조선정치사를 일관된 연속성의 맥락에서 분석하기 위한 개념틀로 필자는 '공공성(公共性)' 개념을 제안한다. 이 개념은 지배권력과 민의 상관성을 효과적으로 조망할 수 있는 유용한 분석틀을 제공해준다.

공공성 개념의 이점은 다음 몇 가지로 정리할 수 있다. 첫째, 조선정치사를 국가와 민의 유기적 연관 속에서 조망할 수 있게 해 준다. 나중에 상세히 설명하겠지만 공공성은 국가와 민의 상관성을 전제로 성립하는 개념이기 때문에 국가와 민의 동학(dynamics)을 매개하기에 적절한 개념이다. 둘째, 공공성 개념이 서구에서 많이 활용되기는 했지만 그 개념의 핵심은 동양적 차원에서 더 풍부히 논구될 수 있고, 동양적 정치관과 조응시킬 수 있는 개념이다. 공공성의 분석틀로 조선정치사를 분석하는 것은 '서구중심성' 또는 '근대지향성'의 한계를 벗어나 조선시대의 지배권력과 피치자의 관계를 조망하는 것이며, 동양적 정치관 속에서 공공성을 이해할 경우 조선 정치담론의 핵이라 할 수 있는 '민본론'을 바탕으로 '민(民)'을 분석의 중심축에 놓을 수 있게 된다.

이 공공성 개념이 조선정치사 분석에 생경한 것은 아니다. 조선정치사와 관련한 기존 연구들을 검토해 보면, 그동안 공(公) 개념, 공론(公論), 공익(公益), 공사(公私) 개념 등과 같이 공공성의 핵심 개념들이 활용되어 왔음을 알수 있다.[152] 주지하다시피 조선의 건국은 권력의 공공성 천명으로 시작되었다고 해도 과언이 아니다. 조선 건국의 주도세력은 고려 말기의 정치를 '사견(사욕)에 의한 정치'로 규정하고 조선 건국의 정당성을 권력의 공공성 회복에서 찾았다. 이 공공성 개념은 공(公)을 공유한다는 전제 하에, '공·사 비교', '은폐, 폐쇄와 대비되는 공개성', '부분에 대립되는 전체성, 전원성', '편파성에 대립되는 공평성', '언어적 측면의 공론장 보장', '공공의식' 등과 같이 그 의미가 다의적으로 파생된다.

　서구도 마찬가지이지만 고려 말기와 같은 '타락한 세습군주정'의 경우 천하의 공이 세도가에 의해 사유되는 공공성의 전도현상이 일어난다. 이러한 경향은 19세기 세도정치기와 같은 조선의 타락한 세습군주정의 경우도 마찬가지다. 고려를 대체한 조선의 건국은 국가공공성의 파괴 상태로부터 군주와 사대부가 공을 공유·공용하는 일종의 귀족제적 형태로 국가공공성을 혁명적으로 회복한 일대 사건이었다. 이 단계에서 민은 아직까지 공공성의 실체적 대상이 아닌 통치대상에 불과했다. 서구역사를 보아도 '왕과 귀족들의 국가'에서의 귀족정의 불완전한 국가공공성은 점차 군주와 민의 관계로 전환해 간다. 이것이 근대화 과정이다. 세계사적으로 대략 18세기를 그 전환기라고 본다. 조선도 예외가 아니다.

　상술했듯이 18세기 민국의 등장은 군주와 사대부의 관계가 군주와 백성을 중심으로 하는 관계로 전환되고, 새로운 정치적 공공성이 공유·창출되는 것을 주요 내용으로 한다. 민이 정치적 공공성의 담지자로 등장하는 것은 (백성을 상징하는 군주가 존재할 수도 있고 없을 수도 있다) 국민국가 형성의 단계로 진입하기 시작한 것을 의미한다. 군주와 귀족정의 결합이 더 이상 국가공공성을 창출할 수 없는 단계에 이르렀을 때,—즉 조선의 17세기 붕당정치의 폐해가 심해진 상황이 이에 해당한다.—'국가공공성의 위기'를 돌파해야 하는 정치적 전환 국면이 전개된다. 조선은 이 위기를 극복하기 위해 지금까지 정치와 분배의 과정에서 배제된 영역을 수혜대상으로 끌어안고 국정에 참여시킴으로써 정치구조를 혁신하여 국가공공성을 재창출하는 방향으로 나아갔다. 실제 역사 속에서 국가공공성은 이러한 국가형태의 변동을 통해 변화·발전해 왔다.[153]

이러한 문제의식을 바탕으로 다음과 같은 윤곽을 그려 볼 수 있다. 조선초기에는 민본주의를 정치적 정당성을 위한 도구적 담론으로 활용하면서 '군주와 사대부'가 조선의 공공성을 공유·공용하였다면, 중기를 거치며 기왕의 공공성을 담보하던 군주와 사대부 관계에 균열이 발생하고 국가공공성의 위기가 도래했다. 이는 곧 기존의 정치적 레토릭으로 활용하던 민본주의를 실체화하지 않으면 안 될 정도의 중대한 변화로 이어졌다. 탕평군주에 의해 주창된 '민국' 정체 시기 '민본주의'는 이전의 수사적 도구로 활용된 '민본주의'와 질적으로 다른 실체를 갖는 것이었다. 우연히 성군의 시대가 도래해서 '민국'이 슬로건으로 제창된 것이 아니라 이 시기의 민은 이미 정치적 공공성 창출의 주체로 포용하지 않으면 안 될 만큼 성장해 있었다는 말이다. 이러한 맥락에서 민국 등장의 배경에 대한 이태진의 설명에 주목할 필요가 있다.

> 민국이념은 군주 측만의 발상이라기보다 서민대중 사회의 성장을 군주 측에서 수용한 것으로, 그 때문에 큰 위력이 기대된다. 19세기에는 동학에서 보듯이 이미 서민대중이 곧 우리가 유교윤리의 주체가 되어야 한다고 소리를 높이고 있다. 군주도 소수의 사대부 양반보다 서민대중의 지지를 얻어야 왕실이 보전될 수 있다는 것을 알고 있었다. 이것이 군주들로 하여금 민국이념을 선양하는 데 직접 나서게 했던 것이다.[154]

민국이념의 등장을 탕평군주의 치적으로 보는 것이 아니라 서민대중 사회의 성장을 군주 측에서 수용한 결과로 보고, 그 때문에 큰 위력이 기대된다는 것은 민의 실체적 등장을 염두에 둔 평가다. '민'이 '민국'의 정치적 공공성을 떠받치는 '실체적' 한 축으로 부상하기 시작했다는 의미로도 해석할 수 있다. 황태연은 여기서 한 발 더 나아가 "민국정체를 소민의 신분상승과 신분해방이라는 사회적 변화를 수용한 탕평군주들의 자기성찰적 측은지심과 시혜적 선의(善意)에서 나온 것으로만 볼 것이 아니라, 세습군주정을 부정하는 혁명적 '근대정치사상' 및 왕조교체를 지향하는 민중적 개벽사상의 도전에 대항하여 역동적으로 왕조를 지키려는 예방혁명적 국가혁신체제로도 간주해야 한다"고 말한다. 예방적 혁신이란 급진적 민중혁명을 예방하기 위한 왕정 측의 민본주의적 자기 변혁을 뜻하는 것이다. 즉 "민국정체는 단지 '수용'과 '시혜'의 측면만이 아니라, '대항적·반격적' 자체혁신의 측면도 있다는 말이다."[155] 군주-사대부의 낡은 패러다임은 이미 한계에 도달했기 때문에 이 예방적 혁신을 단행할 수밖에 없었다는 것이다.

19세기 세도정치기에 접어들면서 국가공공성을 지탱하던 군주와 민의 관계에 균열이 발생하는데, 이는 결사체의 확대, 공론기제의 다변화, 신분상승 등으로 더욱 성장해 가는 민과는 반대로 군주가 점차 국가공공성의 또 다른 한 축을 담당하지 못하게 되는 단계에서 시작된 것이다. 군주의 영향력을 사적으로 대체한 세도가문의 '반동정체'가 개시되면서 '민'은 18세기 민국 정체에서보다 훨씬 더 적극적이고 능동적인 공공성의 담지자로 조선정치사의 전면에 부상했다. 19세기 후반 동학농민혁명에서 주창된 척왜양(斥倭洋), 보국안민(保國安民)의 기치는 반동정체가 국가공공성을 담보하지 못하는 국가공공성의 비상상황에서 기왕의 '민본', '민국' 사상을 재전유하여 조선의 국가공공성을 바로 세우기 위한 민의 능동적이고 적극적인 공공성 창출 노력이라고 평할 수 있다.

(2) 정치적 공공성 개념을 통한 국가와 민의 상관성

　기존 조선정치사 연구에서 '공' 개념을 바탕으로 한 연구를 연구주제 및 대상을 중심으로 나누어 보면 다음과 같다. 첫째, 공적-사적 영역, 공익-사익의 구분 등을 제시하며 주로 제도적 측면과 통치층, 또는 특정 군주 시대를 다룬 연구들이 있다. 이 논의들은 주로 군주와 사대부를 중심으로 통치권력 행사의 성격이 공적이냐, 사적이냐 여부를 대립시키는 방식으로 공적 특성을 설명한다. 조선에서 군-신 간의 관계 정립을 둘러싼 '공'의 각축은 건국 시기부터 쟁점이었다. 특히 제가(齊家) 또는 가(家)와 결부하여 공공성 문제를 다룬 논의들이 대표적인데, 유교적 공공성을 표방한 조선시대의 정치에서 이 문제는 "군-신 간의 치열한 긴장관계를 초래하는 원인"이기도 하였다.[156]

　이 단계는 앞서 살펴본 군주-사대부 사이에서 '공'을 둘러싼 각축이 중심이다. 세종시대, 인륜을 기초로 한 '가(家)'의 논리로 효령대군을 처벌하지 않았던 사건이 대표적이다. 군주와 사대부 사이에서 긴장이 형성된 배경은 비록 군주라 하더라도 가(家)의 논리가 국가적 공공성과 구별되는 사적, 인륜적 차원으로 해석되는 경향이 강했기 때문이다. 사대부들과 국가공공성을 공유·공용하는 단계에서는 이 가(家)의 논리가 국가의 공적 질서와 충돌하는 경우에 국가적 공공성의 저해 요인으로 다루어졌다.[157] 이와 같이 공사의 대비를 통해 공공성에 주목하는 연구[158]는 조선 통치층의 사유 양식과 공론의 성격을 분석하는 데 유용하다.

　둘째, 조선의 대표적 사상가의 논지를 바탕으로 한 공공성 관련 연구를 들 수 있다. 조선의 공공성 논의와 관련하여 자주 거론되는 학자들은 퇴계(退溪, 李滉, 1501~1570), 율곡(栗谷, 李珥, 1537~1584), 혜강(惠岡, 崔漢綺, 1803~1879) 등이다. 김병욱은 퇴계의 '자체(自體)' 개념을 공개념과 관련지어 검토하였는데, '자체'는 공개념을 통해서 '타체'와 하나가 될 수 있으며, '자체'의 내적인 변화과정을 주재하는 것이 공개념이라고 밝히고 있다.[159] 율곡의 군자관 및 백성관을 공공성 개념과 연계하여 다루기도 하였다. 오문환은 율곡이 제시한 군자의 상은 정치적으로 사적 이익을 떠나 보편적 공공성[至公]을 구현하는 인격체지만 실제 정치 현실에서 이 군자의 상이 한계에 직면하는 상황에서, 이에 대한 대안으로 율곡이 백성을 중시하여 정치권력을 도덕화하는 측면에 주목한 바 있다.[160] 혜강 최한기에 대한 연구는 '기학(氣學)'에 제시된 최한기의 공공성 개념을 주로 다룬다. 김봉진은 혜강이 공 또는 공공성을 '운화기에 승순함', 즉 사람들이 하늘의 운화하는 기(氣)의 리(理)를 받들어 따름으로써 개개인의 기를 서로 살려 나가면서 함께 협동하여 공공성을 산출하는 것으로 해석한다.[161] 구자익은 경제적인 문제를 '사회적인 것'으로 제기하고, 개인의 해방이 사회참여와 공공성을 요구한다는 최한기의 논의에 주목하여 공공성 개념을 층위적 차원에서 검토하기도 하였다.[162] 조선시대 정치사상가들에게서 나타나는 공공성 관련 논의들은 당시 시대정신을 반영하는 중요한 저술들로서 그 시대적 배경과 함께 검토할 경우 조선의 국가공공성을 이해하는 데 중요한 자양분을 제공해준다.

셋째, 민의 사회적 저항(또는 운동), 공론장 등을 중심으로 공공성을 다룬 연구들이 있다. 조선시대 '민란'에 관한 연구를 포함하여 주로 '민'에 초점을 맞춘 연구들이 대부분 이에 속한다. 특히 동학 연구 중 동학의 인간상에 대한 해석, 조직적 측면에서 공동체 '접'과 사회참여 통로인 '포'에 관한 연구, 새로운 '관민공치'의 실험적 경험이었던 집강소, 동학사상의 근대성에 대한 고찰, 동학농민혁명의 주요 담론 분석 등 최근 들어 다양한 측면으로 논의가 확대되고 있다.[163] 19세기에 들어 민중운동이 빈발하고 동학농민혁명으로 진전되어 가는 과정에서 아래로부터 형성된 '민중공론'이 '향중공론'은 물론 사림공론과도 대립 · 경합해 나가는 모습, 그것이 조선의 정치문화나 "공론

정치"에 어떠한 변화를 만들어 가는가 등에 관한 연구들도 공공성의 개념과 상당히 밀접한 연관을 갖는 연구들이다.[164]

지난 2007년 학술지 『시민과 세계』가 한국의 정치사회적 좌표를 공공성 담론에 잇대어 대거 5편의 논문으로 '주제기획'을 했다. 이 기획의 첫 번째 의도는 공공성이라는 화두를 끄집어내서 대한민국 헌법 제1조가 규정하는 민주공화국이라는 실종된 국체의 의미를 다시 묻겠다는 것이다. "회갑 60년을 맞은 이 나라는 여기에 사는 사람들에게 무엇인가, 우리를 이 땅에서 더불어 살게 하는 자로 묶어 주는 공유가치는 무엇인가" 묻고 싶다는 것이다. 둘째로는 공공성 담론이 저항적 진보담론에서 구성적 진보담론으로 새롭게 재구성될 필요가 있다는 취지였다. 이 논문의 권두언은 "공공(公共)이라는 말이 복지라는 말보다 더 국민 대중에게 낯설뿐더러 호소력과 공감대가 약한 것이 엄연한 현실"인데 여러 이유가 있겠지만 가장 중요한 이유는 "공적 권력의 타락" 때문이라고 진단한다. "공권력, 공기관들이 저지른 비리, 불의와 폭력의 역사, 따라서 그에 대한 아주 뿌리 깊은 불신 때문"이라는 것이다. 따라서 공적인 것이 곧 "국가독점적인 것, 관주도적인 것이라는 생각 또한 아주 뿌리 깊다"고 말한다.[165]

이 논의는 공공성 개념과 관련하여 중요한 두 가지 문제를 제기한다. 첫 번째는 대한민국의 국민으로서 공유·공용하는 가치는 무엇인가를 묻는다. 두 번째는 공공성 개념 전도의 책임을 묻는다. 그 책임의 주체는 공권력을 통해 국가독점, 관주도적인 것을 공공의 것으로 윽박질러 온 지배권력이다. 21세기 대한민국의 정치사회적 좌표를 모색하고자 제출된 이 공공성 개념을 둘러싼 논의들이 조선시대 정치사를 분석하는 데에도 유효하다. 물론 군주-사대부의 국가공공성 창출 패러다임이 한계에 봉착한 상황에서 논의를 출발하는 조선시대의 국가공공성 범주보다는 최소한 몇 단계 진척된 논의

이기는 하다. 그 간극에는 군주-사대부가 국가공공성을 공유·공용하던 단계를 넘어 군주-백성이 국가의 공공성을 창출하기 시작한 18세기, 국가공공성 창출의 한 축인 제도 영역이 파탄상황에 이르자 비제도적 영역에서―주로 조선의 민이―국가공공성 창출의 짐을 짊어져야 했던 19세기, 그리고 국민이 국가 공공성의 주체로 올라선 '민주화'된 정치질서들이 그것이다. 그렇다고 오늘날 논의되는 공공성 개념과 조선시대를 분석하는 공공성 개념이 다른 것은 아니다. 필자가 보기에 그 공통의 핵심은 이 시대적 간극을 관통하는 '만인의 인정이라는 공감대'에 있다.

'공공성'은 서구적 개념이라는 인식이 강하다.[166] 그만큼 서구학계에서 근대를 전후한 이론화 과정에서 공공성이 다양한 개념으로 파생되어 활용되어 왔기 때문일 것이다. 그렇다고 공공성 개념이 우리에게 본래부터 없었던 개념은 아니다. 근대를 거치며 서구 이론들을 무차별적으로 수용하는 과정에서 공공성 개념이 서구 개념으로 알려졌고, 상대적으로 동양에서 공공성 개념의 쓰임새가 적었던 것이 이유라면 이유일 것이다. 먼저, 우리에게 익숙한 서구적 함의에서 공공성 개념을 정의해볼 필요가 있다. 공공성의 의미가 어떻게 파생되었고, 활용되었는지, 그 함의는 무엇인지 살펴보자.

'공공성'의 영어식 표현은 사적인 것과 구분되는 publicness나 publicity로 public의 의미이다. public은 공공, 공중, 국가 또는 사회, 공개, 공립, 대중의 의미까지 광범위하게 함축하는 개념이다. 서구 학계에서 이 공공성 개념을 많이 활용한 아렌트나 하버마스의 연구가 주목을 받은 후 공공성의 의미로 'Öffentlichkeit'가 많이 쓰인다. 사전적 정의에 따르면, Öffentlichkeit는 사람들, 국민, 공중을 의미한다.[176] Öffentlichkeit는 아렌트와 하버마스의 제기 이래 그 의미도 공개성, 여론, 공론 등의 의미로 변화하면서 정착했다. 하버마스의 Öffentlichkeit는 영어로 공공영역(public sphere)으로 번역되거나 때로는 공공성(publicness)으로 번역되어 왔다. 일본에서는 Öffentlichkeit를 '공공성(公共性)'으로 옮긴다. 하버마스는 Öffentlichkeit를 국가와 사적영역으로서의 사회 사이에서 양자를 매개하는 공공영역으로 정의한다. 하버마스는 Öffentlichkeit를 주로 공론장의 의미로 사용하지만 때때로 공공성 혹은 여론의 의미로 쓰기도 한다.[168]

이러한 공공성의 의미요소들은 동아시아의 내생적 개념들로 충분히 풀어낼 수 있다. 우리의 내생적 개념으로 풀어보아도 공공성 개념의 어원적 의미는 publicness나 publicity, Öffentlichkeit와 크게 다르지 않다. 아니 오히려 정치사상적 맥락에서는 서구적 개념보다 훨씬 풍부한 의미를 담고 있기도 하다. 서구적 공공성 개념에서는 보이지 않는 용례로 동양적 함의에서 공공성은 백성과 임금과 관리가 천하라는 공을 공유(共有)·공용(共用)했다는 의미로까지 확장될 수 있다. 공자는 대동시대에 "대도가 행해질 적에 천하는 공(公)이었고, (이 공을 운영할) 현인과 능력자를 선출해 썼다(大道之行也 天下爲公 選賢與能)"고 말했다.[169] 여기서 이 '공'을 운영할 '현인과 능력자를 선출해 썼다'는 것은, 천하에 군림하는 '현명한 임금'은 세습제가 아니라 민심에 기초한 '선양제(禪讓制)'를 통해[170] 천여(天與)·민선(民選)했다는 것과, 이 임금을 보필하여 실무적으로 치국을 담당하는 유능한 관리들은 공정한 절차로 선발해 썼다는 것을 아울러 뜻한다. 이 구절은 천하라는 '공'을 ① 백성, ② 현명한 임금, ③ 유능한 관리, 이 3자가 공유·공용했다는 의미를 담고 있다.[171] 이러한 공공성 개념은 서구 정치사상에서는 찾아보기 어려운 동양적 공공성 개념의 특징이자 장점이기도 하다.

공공성 개념의 어원적 의미를 우리 내생적 개념들을 활용하여 좀 더 구체적으로 분석해 보자. '공(公, 공변될 공)'은 '사(私)가 없이 공평하다', '드러내다', '숨기지 않고 나타내다', '공적(公的)'이거나 '여러 사람에게 관계되는 일'

등을 뜻한다. 이러한 의미는 관무(官務), 관청, 마을, 임금, 천자, 제후까지 확대된다. 반면, 공(共)은 함께, 모두, 규칙, 법도 등을 뜻한다. 이렇듯 다양하게 확장될 수 있는 공(公)과 공(共)이 결합한 '공공성' 개념은 정의에 따라 다양한 의미를 함축한다. 이 공(公)과 공(共)이 합쳐진 공공성의 사전적 의미는 "사회 일반의 여러 사람 또는 여러 단체에 두루 관련되거나 영향을 미치는 성질"을 말한다. 이러한 다양한 의미 가운데서 공공성 개념의 요체를 추출해 보면, '중요 결정이 사회를 대상으로 공개되고, 공유되고, 인정되는 성질'이라는 점, 즉 '만인의 공유·인정'이라고 할 수 있다.

『조선왕조실록』을 보면, '공공' 개념이 오래전부터 사용되고 있음을 확인할 수 있다. 이미 태종조부터 공공이란 용어가 등장한다. 실록에서 공공은 공(公)을 공유(共有)·공용(共用)하고, 공지(共知)·공론(共論)하는 의미로 사용되었다. 조선초기에는 주로 법의 공공성을 언급하는 용례가 많다면, 중기 이후부터는 '만인의', '온 나라'의 의미로 사용되는 경우가 많았다. 가령 태종조에 대간이 상언한 내용 중에 "법(法)이란 것은 천하(天下)가 공공(公共)한 것이므로, 한 사람이 사사(私私)로 할 수 있는 것이 아니며(法者, 天下之所共, 非一人之所得私)"와 같이 '공공'의 사용례가 확인된다. 태종 16년 권완·유사눌의 죄를 청하면서 대사헌 김여지가 "법이란 것은 공공(公共)의 그릇이니, 전하께서 사사로이 할 수 있는 것이 아니(法者, 公共之器, 非殿下所得而私也)"라고 상소하였다. 세종조에 대사헌 이지강(李之剛)도 "법이란 천하고금이 공을 공유·공용하는 방도이지, 전하가 사유·사용하는 것이 아닙니다(法者 天下古今所公共, 非殿下得而私也)"라고 상소한다. 여기서 '공공'은 명확히 군주 개인이 사적으로 좌지우지할 수 있는 범주와 구분되는 뜻을 갖는다.

선조조 36년 간관이 이준의 종들의 잘못을 아뢰며 "당초에 신들이 논계할 말은 실로 공공(公共)의 분개에서 나온 것인데(當初臣等之論, 實出公共之憤)"라

고 '공공의 분개'를 언급하는 대목은 '만인의' 지탄이라는 의미로서의 '공공'
이다. 영조 1년 좌의정 민진원(閔鎭遠)은 "신 등이 온 나라 공공의 의논으로
써 빈청에 모여 진계(陳啓)하였는데도 윤허를 받지 못하고 있습니다(臣等以
一國公共之論, 會賓廳陳啓, 而未蒙兪音)"라고 아뢰었다. 영조 16년에 탕평을 굳
게 할 것을 청하는 부사직 오광운의 상소에서도 이런 의미 맥락에서 '공공'
이 쓰이고 있다. "제(齊)나라에서 공리(功利)를 숭상하자 주공(周公)이 오히려
후세에 반드시 찬탈하는 신하가 있을 것이라고 했는데, 더구나 역(逆)이라는
글자로 당론(黨論)을 희롱하는 도구로 삼고 있는 것이겠습니까? 대저 시비는
불변의 도리를 지니고 있는 천성에 있는 것이므로 본디 옮기거나 바뀌는 물
건이 아닌 것이고, 또 조정에서 정할 수 있는 것이 아닙니다. 그러므로 정인
(正人)·군자(君子)는 시비라는 두 글자를 내어 놓아 천지 사이에 그대로 있
게 한 다음 공공의 의논에 맡기는 것입니다. 따라서 조정에서 취하여 결정
을 내릴 필요가 없는 것입니다. 그것을 조정에서 취하여 결정하려 하는 자
는 모두 득실(得失)에 대해 승부를 다투는 사람들인 것입니다." 영조 23년 지
평 신회가 상소하여 언관을 격려 진작하고 유건기에게 견삭(譴削)할 것을 청
하는 내용이다. "합사(合辭)는 온 나라의 공공의 논의입니다(合辭是一國公共之
論). 이미 멈추었다가 다시 발론하여 해가 지나가도록 그치지 않는 것은 실
로 엄히 징토(懲討)하는 의(義)가 됩니다." 영조 47년에는 정언 안정대가 한
필수 등에 대해 상소하면서 "안정대의 소장은 당론에 말미암은 것이 아니
고, 온 나라의 공공의 논의를 채집한 것이었다(實採一國公共之論)"고 아뢰고
있다. 이처럼 '공공' 개념은 조선후기에 이를수록 조정이나 당론으로 어찌할
수 없는 만인의 인정, 만인의 지탄, 온 나라 등의 의미로 쓰였다.

공공성은 최근 국가와 관련된 공적·제도적 속성으로 자주 활용되기도
한다. 공공성을 이러한 의미로 사용하기 위해서는 『실록』에서 확인한 바와

같이 '만인(백성 또는 민)'에 의해 '인정'되는, '온 나라'의 '전체적 대표성'이라는 전제가 뒷받침되어야 한다. 여기서 공공성의 핵심은 특정 주체나 세력이 강권적 억압으로 획득할 수 있는 것이 아니라는 데 있다. 따라서 공공성이란, 국가독점적인 것 또는 관 주도적인 것과는 거리가 멀다. '온 나라', '만인의 인정'으로서의 공공성은 민심과 유사하다. 민심이란 국가 차원에서 관리하는 '공감적 만인관찰자'로서의 공감대 또는 공감장을 말하는 것이다. 이 민심은 하버마스가 정의하는 언어적 소통을 매개로 이루어지는 공론이나 공론장보다 훨씬 크고 넓은 범주다. "언어적 의사소통에 의해 이루어지는 공론과 공론장은 그때그때의 바람에 의해 '민심의 바다' 위에서 일어나는 물결이나 파도와 같은 것이다. 물결과 파도가 바람에 일더라도 둘 다 바다의 위에서 일어나는 현상이다 … 민심과 공론은 상호작용한다. 공감대로서의 민심은 공론을 고요히 장기적으로 규정하고 지도한다."[172]

이렇게 본다면, 공공성의 핵심은 '만인에 의한 인정(또는 공감)'에 있고, 국가나 특정 계층의 독점이 아닌 상호성을 전제로 성립하는 것이다. 다시 말해 국가공공성이란, 지배 정당성과 결부된 문제이기 때문에 피지배층과의 상호성을 중심으로 파악될 수 있는 것이지, 군주 또는 특정 세력이 자의적으로 대표할 수 없다는 말이다. 따라서 공공성의 본질구성적 함의는 특정 개인과 소수 집단이 사적으로 소유하는 것과는 거리가 멀고, 오히려 다수의 구성원이 공통적, 보편적으로 인정하고, 공감하는 성질이라고 보는 것이 타당하다. 이러한 취지에서 공공성은 구체적 거소(居所)로 특정되는 것이 아니라, 상호성을 중심으로 한다. 이 상호성의 원리를 바탕으로 유학적 정치원리의 근간을 이루는 민본론을 검토할 경우, 민유방본을 모토로 한 조선정치사에서 상당히 의미 있는 변화들이 포착될 수 있다.

2. '민'의 정치적 역할 변화

1) 정치적 공공성의 시대적 전환과 민

(1) 조선초기 : 정치적 공공성과 민의 도구화

조선초기 '민'은 명확하게 농민이나 피지배층을 지칭하는 개념으로만 사용된 것은 아니다. 첫째, 유교적 민본론에 기초하여 왕을 포함한 광의의 민으로 쓰인 경우가 있었다. 『태종실록』에는 인간 일반을 지칭하는 민의 의미가 다음과 같이 제시되어 있다. "천지가 민을 낳음에는 본래 양천(良賤)이 없었다. 일반 천민(天民)을 가지고 사재(私財)로 여겨 부조(父祖)의 노비라 칭하고 서로 쟁송함이 끝이 없어 골육이 상잔하고 풍속이 패상(敗傷)함에까지 이르니 가히 마음 아픈 일이라 하겠다."[173] 하지만, 인간 모두를 의미하는 이 광의의 민을 민본사상에서 말하는 민의 범주로 보기는 어렵다.[174] 둘째, 조선전기의 '민인' 개념은 왕을 제외한 일국의 모든 백성 또는 수령방백이 다스리는 특정지역 내의 모든 지방백성을 지칭하는 말로 사용되고, 특정한 통치권 내의 피지배자 일반을 지칭하는 개념으로 쓰였다.[175] 셋째, '천'과 상관성을 갖는 '민'에 때로 군주가 포함되기도 하지만 '민'은 대부분 피통치자 일반을 지칭하는 경우가 많았다. 민인(民人), 민서(民庶) 등과 같이 하나의 무리로서 '민(民)' 일반을 통칭하는 경우와 달리 『실록』에서 확인되는 바에 따르면, 조선시대 민본적 공공성을 강조할 때에는 민이 특정하게 피통치자 계층으로 지칭되었다.

주지하다시피 조선왕조는 유교적 군주국가로 출발하였고, 태조대부터 민유방본을 왕조의 기본입장으로 천명하였다.[176] 조선의 건국기, 전제개혁 시기부터 제시된 이 민본사상은 '조선건국기-붕당정치기-민국정치기-세도정치기'를 거치며 조선의 국가공공성을 관통하는 핵심담론으로 기능해 왔다. 그런데 조선초기 표방된 민본사상에서 '민'은 공맹 정치사상의 상호성 측면으로 파악되는 백성(民)과는 거리가 있다. 조선초기의 '민'은 상당히 유약한 존재로 묘사되었다. 조선초기 민은 갓난아이와 같이 보호 받아야 하는 소민, 적자(赤子)로서 자주 등장한다. 태종 3년(1394) 6월의 교서에 나타난 '임금-수령-백성'의 관계가 이를 잘 보여준다. "인군(人君)은 부모이고, 백성은 적자이고, 군수는 유보(乳保)라고 하였습니다. 부모가 그 자식을 기르지 못하므로, 이를 기르는 자는 유보이고, 임금이 그 백성을 스스로 어루만지지 못하므로, 이를 어루만지는 자는 군수입니다."[177] 또한 『문종실록(文宗實錄)』에 따르면, 문종이 즉위년(1450)에 은산 현감 김귀손(金貴孫)에 이르기를 "수령의 임무는 백성을 사랑하는 것이 중하게 되니, 그대는 나의 마음을 본받아 소민을 자식처럼 사랑하라"[178]고 하였다.

통치자와 '민'의 관계를 유학적 민본론의 관점에서 보면, '민'은 일방적인 지배의 대상이나 왕과 경대부를 위해 존재해야 한다는 취지와는 거리가 멀다. 그 이유는 동양정치사상에서 '민(民)'은 당초 '천(天)'과의 '상관성' 속에서 제기되었기 때문이다. 반면, 조선초기의 '민'관을 이러한 공맹사상의 '상호적' 민본관의 측면에서 검토해 본다면, 군주 중심의 역할이 기형적으로 강조된 측면이 강하고 상대적으로 '민'은 유약한 보호의 대상으로 나타난다. 이를 조선의 정치적 공공성의 차원, 즉 민본론 고유의 의미를 바탕으로 본다면, 조선초기 '민'은 군주-사대부로 대표되는 지배권력의 정당성 확보를 위한 수사적, 도구적 차원에서 수단적으로 호명되고 있었다.

(2) 붕당정치기 정치적 공공성의 작동원리

14세기 이후 농업기술의 획기적 발달을 배경으로 중앙의 대지주와 더불어 향촌 사회 지주들이 수적으로 확대되었다. 16세기 들어 조선의 향촌사회에서는 지주층의 지식인화가 대폭적으로 이루어지면서 향당(鄕黨)이 결성되었다.[179] 이 향당을 배경으로 중앙에 진출한 자들이 학연을 매개로 붕당을 형성하였다. 붕당정치는 '군·신 공치주의'를 특징으로 한다. 이는 송대 신유학 특히 정·주 성리학의 영향을 받은 것이다. 군주가 학식 있는 신하들과 함께 강학하는 '경연제도'가 그 제도적 특징 중 하나이다. 국가적 공공성과 결부하여 이 붕당정치를 검토해 보자면, 붕당의 정당성은 "공도를 실현하기 위해 노력하는 자들의 붕당이 우세하면 정치는 바르게 될 수 있다"는 차원에서 찾아진다.[180]

붕당정치는 17세기 초 인조반정을 계기로 안정적인 기반을 확보하였다. 공도(公道) 실현을 소임으로 자처하는 붕당들이 그 실현을 위해 서로 비판하며 공존하는 것에서 붕당정치와 공론의 공공적 의의가 도출된다. 물론 붕당정치가 국가적 공공성에 공치적으로 복무하는 동안에는 이 순기능적 요소가 제대로 작동하였다.[181] 17세기 후반까지 붕당에 의한 공론정치는 사대부의 여론 결집을 전국적 차원에서 이룰 수 있는 수준까지 올려놓았다고 평가되기도 한다. 특히 이 공론은 사림에게만 한정되는 것이 아니라 지역 민인들의 분위기, 삶의 조건에도 직접 영향을 미쳤다는 점에서 조선의 공공성 형성에 중요한 기제로 작동했다고 할 수 있다.[182] 이 단계의 국가공공성은 세습군주정의 1인 독점적 공공성 창출 단계와는 질적으로 구분되는 것이다. 군주와 사대부의 공치를 통한 공공성 형성이 그 특징이다. 고려 말기의 '타락한 세습군주정' 당시 천하의 공을 세도가가 독점하던 단계와 비교해 본다면, 붕당정치기 국가공공성 형성의 작동원리는 분명 타락한 세습군주정 단계와는 명확하게 구별되는 진일보한 국가공공성의 창출 기제였다고 할 수 있다.

그러나 장장 100여 년 동안 조선의 정치사에서 중요한 역할을 담당한 붕당이 공도 실현에서 벗어나 점차 일당 전제적 성향을 강하게 보이기 시작하면서 군주-사대부 사이의 공치에 균열이 발생했다. 붕당끼리 격렬하게 대립하는 17세기 말에 이르러서는 당초의 붕당정치는 그 의의가 퇴색하고, 국가공공성에 심각한 균열이 일어난 것이다.[183] '공론'이 공론으로서 기능하지 못하고 '당론'으로 변질되었고, 타협 없는 당파의 충돌은 군주와 사대부 사이의 공치를 통한 공공성 창출 기제를 무력화시키게 되었다. 그 폐해는 전국적으로 확대되었고 심각한 사회 제 관계의 붕괴 현상을 초래했다. 이중환은 『택리지』에서 18세기 초까지 이어진 붕당정치의 폐해에 대해 "신임년 옥사이래 … 시골까지 하나의 전쟁터였다"고 말한다. 또한 "사대부가 사는 곳 치고 인심이 고약하지 않은 곳은 없다. 당파를 만들어 죄 없는 자를 잡아들이고, 권세를 부려 평민을 침해한다. 자신의 행실도 단속하지 못하면서 또 남이 자기를 논하는 것은 미워하고 모두들 한 지방의 패권 잡기만 좋아한다. (다른 당파와는) 한 고장에 함께 살지 못하며 마을끼리도 상상할 수 없을 정도로 서로 헐뜯는다. 원한이 나날이 깊어져 서로 역적이라는 이름을 덮어씌웠는데 그 영향이 아래로 시골까지 미쳐 하나의 전쟁터가 되었다. 서로 혼인만 통하지 않는 것이 아니라, 서로 용납하지도 않는 형세가 되었다"[184]고 당시 붕당의 폐해로 인한 국가공공성의 파탄 상황을 논구한 바 있다.

　　17세기 말부터 각 정파들은 붕당정치의 공존 원칙을 무너뜨렸다. 붕당 간의 격렬한 정쟁은 심지어 서로 다른 왕위 계승권자를 내세우면서 대립하기까지 하여 왕실의 권위가 크게 손상되는 지경에 이르렀고, 군주가 이를 더 이상 방치할 수 없는 상황을 초래하였다.[185] 당론에 입각하여 군주를 새로이 세울 수 있다는 데까지 나간 상황에서 군주와 사대부의 공치를 통한 국가공공성 창출은 불가능해졌다. 영조는 이 상황에 대해 "세 당파가 각자 스스로 군주를 택하였다"[186]고 개탄한 바 있다. 100년을 이어 온 붕당정치는 점차 '공치'의 견제역할에서 벗어나 스스로 "하늘의 뜻"을 자처하며 공공성을 당파의 이익을 위한 도구로 활용하기에 이르렀고, 상대 당파를 비법적으로 죄인으로 만들어 살육하는 지경에 처했다. 영조는 이러한 상황에 대해 "우리 나라는 사대부 때문에 망한다"[187]고 통렬하게 비판하였다.

붕당정치기에는 '가(家)'의 공공적 역할이 중시되었으나 결국 사대부가의 공공적 역할 수행이 자기 붕당 중심으로 기울면서 붕당정치는 점차 정치적 공공성 구현으로부터 멀어지는 길로 나아가고 말았다. 정치적 공공성을 창출하는 기제가 붕괴할 경우 '만인의 인정'을 기반으로 해야 하는 국가정책의 신뢰 상실로 이어지고, 국가는 위기상황에 직면하게 된다. '민심의 바다' 위에서 공론이 공론으로서의 권위를 상실하는 것이다. 영조는 이 민심의 바다와 교감하며 새로운 공공성 창출의 가능성을 모색해야 하는 국가 공공성의 위기에 직면했다. 소민보호의 임무를 방기하고 당쟁을 일삼는 붕당 사대부들에 대한 질책의 강도는 혹독할 정도로 강했다. "제나라 위왕(威王)이 아대부(阿大夫)를 팽형에 처한 고사가 이미 있는데, 날마다 당습(黨習)을 일삼고 소민을 돌보지 않으니, 그 죄는 제나라의 아대부보다 심하다. 실로 장차 대궐문에 임해 백관을 모아 큰 거리에서 팽형(烹刑)[188]하여 백성들로 하여금 모두 당인들의 고기를 보게 해야 마땅할 것이다."[189] 결국 나라를 지키기 위한 보국(保國)의 비책을 모색하는 주체는 '소민'으로 향하기 시작했다.

(3) 탕평정치기 : 민국정체와 민국이념
'민국' 이념이 제기되는 18세기에 이르면, 조선의 국가공공성 창출 메커니즘에 중대한 변화가 일어난다. '민'이 조선초기 정치권력의 정당성을 위한 수사적 도구의 지위에서 벗어나, 정치권력이 그 실체를 인정하지 않을 수 없는 단계로 성장하기 시작한 것이다. 영조 4년 3월 10일 『승정원일기』에는 기존 '민'을 바라보던 시각과 현저히 다른 차원의 '민'관이 나타나 있다. 이것은 조선초기의 민관에서는 볼 수 없었던 내용이다. '하늘을 두려워하고 백성을 공경해야 한다'는 외천경민(畏天敬民)의 민관이 그것이다.[190] 그 뒤에도 조선초기에 많이 회자되던 적자', 보민론과 달리 경민 개념이 자주 쓰인다. 영조 51년 3월 인천 유학 이한운(李漢運)의 상소문은 당시 사대부들의 백성관이 조선초기의 민관 즉 적자, 보민의 백성관과 상당히 달라졌음을 보여준다. 백성과 하늘의 공경이 결합되고 있는 것이다. 이학운은 영조에게 이렇게 상소를 올렸다. "엎드려 바라옵건대 전하께서는 먼저 백성을 공경함으로써 하늘을 공경하는 근본을 삼으십시오."[191] 요컨대 이러한 변화는 백성을 파악하는 방식이 이전과는 분명하게 달라졌음을 보여주는 것이다.[192]

이와 더불어 18세기 군주들은 즉위 초부터 '백성은 나와 한 핏줄'이라는 '민오동포(民吾同胞)'론을 강조하였다. 균역법 실시 때, 성균관 유생들에게 군역을 지우는 것이 명분을 어그러뜨린다는 반대에 직면하여, 영조는 다음과 같이 하유하였다. "너희들은 유생에게 호전을 부과하는 것을 불가하게 여길 것이나 위로 삼공(三公)에서부터 아래로 사서인(士庶人)에 이르기까지 부역은 고르게 해야 하는 것이다. 또 백성은 나의 동포이니 백성과 함께 해야 한다. 너희들 처지에서 백성을 볼 때에는 너와 나의 구별이 있을지 모르나, 내가 볼 때에는 모두가 나의 적자(赤子)인 것이다"[193]라고 강조하였다.

이처럼 18세기는 "군주가 사·서의 구분보다, 동포니 동류니 대동이니 '균'을 내세우면서 백성에게 좀 더 다가가려"[194] 한 시기이다. 조선초기의 적자, 보민 단계와 비교하여 보면, 민의 지위가 격상되고 있음을 확인할 수 있다. 물론 당시 『실록』의 기록을 살펴보면, 기존의 적자, 보민 단계와 단절적인 차별화가 진행된 것은 아니었다. 위 영조의 하유에 나타난 바와 같이 적자로서의 '민' 개념이 동포론의 '민' 개념과 혼재되어 사용되었다. 하지만 그 의미는 확연히 구분되는 것이다. 영조가 백성에게 반포한 각종 유시의 제목들에서 '적자'론이나 '보민'론의 흔적이 거의 사라지고, '민인'이 자주 쓰이는 것을 볼 때, 점차 '민'의 의미가 전환되어 가는 것을 확인할 수 있다. 민인 개념의 부상은 대체로 숙종 이후 탕평군주들이 국가를 재조하는 과정에서 국가 개념으로 '민국'이 부상하는 것과 거의 일치한다. 특히 '민인' 개념에서 상하의 계층성이 결정적으로 무너지기 시작하는 것은 영조대부터다.[195] 조선 초·중기의 민본주의적 양태와 비교하여 본다면, 민국정체기 민본주의의 특징은 민을 위한 정책들이 좀 더 실질적 차원에서 전개되고 있다는 점이다. 이 차이는 중요한 전환을 의미하는 것이다. 특히, "18세기 탕평군주들의 소민보호 의식은 소민을 괴롭히는 제반 행위를 범죄행위로 간주하고 있다는 점에서 특징적이다. (이러한) 18세기 탕평군주들의 새로운 차원의 소민보호 의식은 더 넓은 영역으로 확대되어 발동되었다."[196]

이 새로운 차원의 소민보호정책의 도입은 중요한 정치적 의미가 전제되어 있다. 이 시기 소민보호정책의 도입은 유난히 뛰어난 성군의 등장과 함께 역사적 우연이 결합된 산물이 아니라 민 영역의 정치사회적 변화와 호응하는 정책이라는 차원에서 주목할 필요가 있다. 이 시기 소민을 위한 가시적 정책의 도입은 군주나 사대부 일방으로부터 도출된 시책이 아니라 민과의 상관성 속에서 선택된 불가피한 측면이 강하다는 말이다. 민국이념은 붕당정치 시기 군주와 공치의 파트너십을 형성했던 사대부, 즉 사림의 붕당이 공공성으로부터 멀어지고, 그 폐해에 대한 민의 압력이 증대하는 과정 속에서 제기되었다. 17세기 말 사림의 당파싸움은 국가적 공공성과는 거리가 먼 파당적 이해를 위한 것이었고, 민의 수탈로 이어졌다. 이에 민은 직접적인 저항을 시작했다. 이러한 상황에서 "탕평군주들은 계속되는 변란과 민란 속에서 나라를 지키기 위한 혁명적 방책으로 사대부를 등지고 소민보호를 기치로 '소민의 나라', 즉 '민국'을 전면에 내세우기 시작한 것이다."

황태연은 민국정치의 노선이 '반(反)사대부 부민한량(富民閑良)노선'도 아니고 '반사대부 중민(中民)노선'도 아닌, '반사대부·소민(小民)노선'이라는 점에 중요한 의미를 부여한다. '소민'은 사대부의 대민(大民)·대가(大家)와 준양반층(유학으로 신분상승한 상민층 또는 중인층)을 제외한 상민·노비·기타 천민 등을 지칭하는 것이고, '민국'은 '백성의 나라'였지만, 특히 '소민의 나라'였던 것이다. 민국정체의 핵심내용은 영조의 뚜렷한 "반사대부·소민노선"[197]으로 압축된다. 이 반사대부·소민노선의 제기 배경과 의미를 반추해 본다면, 민국이념은 조선초기 민을 단순한 수사적 차원의 담론 수준에서 거론하던 추상성이 아니라 국가공공성을 사수하기 위한 군주의 '혁명적' 방책으로서의 실체성을 갖는 것이라고 해석할 수 있다.

(4) 세도정치기 : 정치적 공공성 작동원리의 붕괴와 민의 대두

18세기 사회경제적 구조 변화로 '민'의 외연이 확장되고, 민이 정치적 실체로 등장했으나 민국 정치사상이 순탄하게 발전한 것은 아니다. 정조의 급작스런 죽음 이후 그 뒤를 이은 군주들은 모두 나이가 어렸다. 19세기 초-중엽 순조, 헌종, 철종이 재위한 시기(1800-1863) 국왕의 국정 주도력은 극도로 위축되고, 안동김씨, 풍양조씨 등 세도가문으로 불리는 노론에 속하는 외척 가문들이 정치를 좌우하였다.[198] 이 시기는 "보수반동의 역사"[199] 또는 광범한 민란을 초래하여 국가 공공성을 파탄시킨 "반동정체"[200]로 규정할 수 있다.

세도정치 시기 이 소수 벌열 가문은 탕평정치에서 크게 높아진 왕실의 권위를 역이용하여 권력의 독과점 구조를 확고히 하였다. 국정 운영의 중요 기구와 이에 소속된 관원들의 충원도 세도가문에 의해 구조적으로 독과

점 되었다. 관직에 진출할 수 있는 문과 급제자는 서울에 거주하는 일부 가문 출신, 즉 경화벌열(京華閥閱)에 집중되었다. 중앙정치 참여층이 경화벌열로 압축되고 중앙 관료와 지방 사족 간에 존재하였던 경-향의 연계가 단절되면서 전통적인 사림 계층의 학문적, 지역적 연계망을 통한 공론 형성이 거의 불가능하게 되었다.[201] 국가공공성을 구현해야 할 제도영역이 총체적 파탄 상황에 직면한 것이다. 이 상황은 군주-사대부의 공공성 창출 기제가 무력화되었던 당시보다 상황이 훨씬 심각했다. 군주-민의 공공공성 창출 기제의 한 축인 군주의 역할이 무력화되었을 뿐만 아니라 국가사무를 담당할 인재 선발과정 등 국가의 공적 제도영역이 사적 이익을 위해 활용되면서 총체적으로 국가공공성이 파탄 상황에 접어든 것이다. 반면, 세도정치기에 민의 영역은 18세기 보다 훨씬 더 확장되고 성장해 있었고, 대외적으로는 조선을 둘러싼 열강들의 각축이 본격화되었다.

국가공공성이 '만인에 의한 인정'이라는 공감대를 현저하게 이탈할 경우 군주는 공공성의 발현 주체가 되지 못하고, 역으로 국가공공성에 의한 비판 대상이 된다. 민심의 바다가 용납할 수 있는 상황을 넘어서면서 민의 정치적 저항이 격렬해지게 되고, 그 저항의 준거가 이 정치적 공공성의 파탄으로부터 형성되어 나온다. 이는 17세기 말 붕당정치의 파탄에 따른 국가공공성 창출 기제의 붕괴 사례에서도 확인된다. 군주와 붕당의 공치가 국가공공성을 창출하지 못하고 현저하게 이탈하자 군주와 민이 '민국' 사상을 이끌어 내었고, 국가공공성 기제를 새롭게 재구성하였다.[202] 세도정치 시기 정치권력은 독점적으로 유지되고 관직 진출마저 특정 가문에 집중되는 등 국가공공성이 치명적 위기에 봉착했다. 이미 18세기 신분상의 범주가 넓어지고 그 실체가 더욱 명료하게 드러난 '민'은 이 시기에 야담이나 소설 등에서 '관권'과 대립하거나,[203] 1811년 '홍경래의 난'과 같이 국가권력과 직접적으로 대립하기도 한다.[204] 19세기 세도정치 시기 민은 정치적 공공성 확보에 실패한 정치권력을 대신하여 직접 척왜양, 보국안민 등의 국가적 과제를 해결하겠다는 기치를 내걸고 저항을 시작하였다. 이러한 저항의 물결이 곧 19세기 말 동학농민혁명이다.

2) 민의 정치적 위상 변화

(1) 조선 초·중기 '민'의 범주와 공공성

조선 초·중기 '민인' 개념은 왕 이외의 피지배자 일반을 지칭하기도 하지만 관인이나 양반 등의 지배층은 물론 천인신분과도 구분하여 직역상 농공상에 종사하는 양민의 뜻으로 널리 사용되는 상하의 계층성을 띤 개념이기도 하였다.[205] 그렇다면, 피통치자로서 민의 구체적 범주는 어떻게 특정될 수 있는가? 크게 보아 민은 신분, 직업, 역에 의해 구분할 수 있다. 신분상으로는 양인(良人)과 천인(賤人)으로 구별할 수 있는데, 이 경우 서인(庶人), 평민, 상인(常人) 등으로 구성되는 양인이 천인과 구분되는 의미에서 민(民)에 포함된다. 이렇게 본다면 일단 민은 관인층(官人層)을 제외한 양인 일반을 지칭하는 것이라고 할 수 있다.[206]

그러나 다른 한편, 민은 관인층을 제외한 양인 일반의 범주로만 한정되었던 것이 아니라 공노비까지 포괄하여 폭넓게 사용되기도 하였다. 당시 공노비도 민으로서 민본정책의 대상이 되고 있다는 사실은 『예종실록』의 다음 내용으로 확인할 수 있다. 노비신공과 관련한 혜택의 대상을 정확히 '민'으로 지칭하고 있다.

(호조에서 아뢰기를) 무자년(1468, 세조 13년) 8월 28일에, 명하여 병술년

(1466, 세조 11년) 이상의 여러 관사(官司)의 노비신공(奴婢身貢; 노비가 신역 대신에 바치던 공물) 중 거두지 못한 것은 견감(蠲減)하고, 이미 거둔 물건은 견감하지 말도록 하였습니다. 이로 인하여 여러 고을의 수령(守令)들이 이미 거둔 포물(布物)을 남용(濫用)한 자는 모두 그 문적(文籍)을 빼 버리고 도리어 거두지 않았다고 하니, 견감한 혜택이 백성(民)에게 미치지 못하여 매우 옳지 못합니다.[207]

이와 같이 조선의 민본사상에서 민은 신분이나 직업 또는 역에 의해 구분되는 특정 계층만을 지칭한 것이 아니라 관인층을 제외한 모든 사람을 지칭한다. 즉 양인이든 천인이든, 또는 농민이든 상인이든 관계없이 관인층에 의해 통치의 대상으로 인식된 모든 사람이 민본사상에서 말하는 '민(民)'의 범주에 포함된다.[208] 그러나 이렇듯 폭넓은 '민'의 범주가 곧 민의 계층적 성격까지 무효화하는 것은 아니었다. 조선전기에 민은 관인이나 양반 등의 지배층은 물론 천인 신분과도 구분하여 직역상 농공상에 종사하는 양민의 뜻으로 많이 활용됨으로써 상하의 '계층적' 성격이 강하게 반영되어 있었다. '민(인)' 개념에서 상하의 계층성이 결정적으로 무너지기 시작하는 것은 조선후기 국가재조 과정에서 비롯되었으며, 그 시기는 영조대부터다. 정조 9년에는 노비추쇄자에게 상을 주는 법을 혁파하고, 그 다음해에 추쇄관을 혁파하여 노비들의 생활을 안정시킴으로써 노비도 백성으로 인정받을 수 있었다. 순조 즉위년(1800)에 반포한 윤음에는 사농공상의 백성과 노소, 군인뿐만 아니라 그동안 천민에 속했던 승려와 노비도 백성에 포함됨으로써 민의 계층성은 거의 무너지게 되었다.[209]

(2) 탕평정치기 '민(民)'관의 변화

조선의 18세기는 중세적 신분질서인 양반 중심의 지배체제가 무너지면서 근대화가 시작되는 조선의 전환기이다. 양반층의 급증과 평민층 및 천민층의 감소라는 신분 사회 붕괴 현상이 나타나고 '군주-민'의 상관성이 명료하게 제기된다. "18세기를 거치면서 '준(準)양반' 또는 중인으로 분류되는 신흥양반층이 대폭 늘어나 양반층이 전체 가호(家戶)의 30% 정도로 늘어나고, 19세기 (중반)에 이르면 대부분 가호의 호주들이 유학(幼學)을 칭하는 상황이 그려진다."[210] 양반의 비중이 확대되는 것과 더불어 노비의 수도 급격히 줄어든다. 16-17세기에 노비 수는 대부분의 지역에서 전 가호의 30% 이상을 차지한 것으로 파악되고 있다. 그런데 18세기에 들어와서는 10% 미만으로 크게 줄어든 가운데 시간이 지날수록 급격히 감소하는 추세를 보였다. 노비의 다수를 차지하는 외거노비는 거의 소멸하다시피 한다. 17세기까지 노비는 추쇄법에 묶여 도망갈 곳이 없었다. 그런데 18세기에는 이 법이 폐지되었을 뿐만 아니라 도시가 발달하면서 이들의 노동력을 필요로 하는 신흥 상공업자들이 다수 등장하여 상황이 크게 바뀌었다.[211] 게다가 18세기의 사회경제적 구조는 집약농업과 유통경제의 발달로 중간계층이 성장한 것이 특징이다. 또한 전문 기술자인 중인층뿐 아니라 신중간계층 및 농촌 지식인들의 신분 상승운동이 나타났다.

앞서 살펴보았듯이 18세기 이전 시기 '민'은 피치의 대상이자 민유방본의 수사적 도구로 활용된 측면이 강했다. 그러나 숙종 때부터 거론되기 시작한 '민국' 이념은 추상적 '민'이 아니라 실체화된 '민'을 대상으로 표출되었다. 18세기 들어 본격적으로 제기된 '민국' 이념에는 "양반 관료보다는 소민의 중요성이 더 강조되고, 실제 소민 보호의 수단이 더 구체화되는 변화가 나타났다."[212] 영조시대의 양역 문제나 구황대책, 균역법의 적극적인 추진은 실체화된 민의 성장을 바탕으로 한 국가시책들이다.

다른 한편, 18세기 민국정치 시기의 특징적 양상은 민서들의 공론적 영향력이 새롭게 확대되었다는 점에서 찾을 수 있다. 실제 군주는 당인들의 의견을 구하는 대신 직접 민과의 접촉 범위를 넓혀 갔다.[213] 단적인 예로, 정조 재위 24년간 77회에 걸친 행차에서 접수된 상언과 격쟁이 무려 4,427건에 달하였다.[214] 정조는 민의가 상달될 수 있는 통로를 적극 제도화하여 사회문제를 파악하는 한편, 이로써 새로 성장하는 사회세력을 체제 내로 흡수하여 사회를 안정시키려 하였다. 특히 서얼층을 위시한 중간계층 대책, 노비해방 문제를 생각한 고공법 정비, 수원성 건설에 모군을 써서 유이민 안집책까지 고려한 시책들이 대표적이다.[215] 다른 한편, "'공론' 및 '향중공론' 형성에 기반 역할을 한 사랑방 모임, 시사·강학의 전통은, 18세기 전후 시기가 되면 중간계층 및 상층 민인들에 일반화되었고, 위항문학, 평민문학, 여류문학으로 확산되면서, '이가환(李家煥)의 문화(文華), 박지원(朴趾源)의 신체(新體)'같이 양반문화의 평민화 현상과 상호 교류를 불러왔다."[216]

이상에서 살펴본 바와 같이 민국정치는 유학적 군주제의 공공성, 즉 민본주의를 회복하고 이를 '민국' 이념으로 실체화하여 관철하려는 정치적 시도였다. 18세기의 특징적 양상은 민의 신분적 지위와 범위가 확대되었을 뿐만 아니라 국가정책적으로 민본을 강화하는 실효적 정책을 추진함으로써 '민'을 실체화했다는 점이다.

(3) 세도정치기 : 민에 의한 정치적 공공성 표출

19세기 조선은 사회 전반적으로 모순과 부조리가 만연함으로써 국가공공성이 파탄 상황에 빠지게 된다. 국가공공성이 '만인에 의한 부정' 단계에 이르러 제도 영역(군주와 관료)을 중심으로 전혀 대응책을 강구할 수 없는 상황에 이른 것이다. 상호성의 맥락에서 본다면 민이 조정을 국가공공성의 발현 주체로 인정하지 않는 상황이 전개된 것이다. 1862년 농민항쟁 때의 일이다.

　　임금을 대리하여 임금의 윤음을 선포하는 선무사마저도 민들에게 모욕당하고 협박당하는 상황이 전개되었다. 경상도 선무사 이삼현은 4월 말-5월 상순에 선무의 길에 나서서 성주, 상주, 선산 등의 지역에서 고을의 읍폐를 개혁하는 완문을 써주고 가라는 민들에게 길이 막혀 간신히 탈출하다시피 벗어났으며, 전라도 선무사 조구는 부안과 금구에서 민들에게 크게 곤욕을 당하고 가는 곳마다 민들에게 가로막혀 선무도 제대로 하지 못하였다. … 민들은 관민(官民)관계의 측면에서 자신들의 행위의 의미를 언어로 표현하지 못했지만 상대는 그 메시지를 전달받았다. 동헌이라는 (대민통치가 행해지는-인용자) 존엄한 공간에서 우러러 보아야 할 수령을 끌어내려 패대기치고 의관을 찢었다는 것은 조선사회를 지탱해 온 '上下·中外의 紀綱名分'을 전복하는 행위였다. 조선사회에서 관민·반상(班常)의 위계관계가 문제로 되어 감을 민이나 관이나 양반이나 인식하기 시작하였다."[217]

　　적어도 관의 입장에서 민은 이제 '관을 부모처럼 여기며, 관을 사랑하고 친애하는 본성을 가진' 존재로 볼 수 없다는 사실이 명백해졌다.
　　19세기 세도정치의 폐해로 인한 관료집단의 부패와 사회경제적 수탈현상은 조선의 제도영역이 공공성을 담보할 수 없는 심각한 이격을 표출한 것이자 새로운 공공성의 담지자로 '민'을 등장시키는 결정적 계기가 되었다.[218] 19세기 민란을 촉발하게 된 중요한 요인 중 하나는 전정(田政), 군정(軍政), 환정(還政)의 삼정(三政)문란이다. 1811년 12월 평안도 가산에서 일어난 홍경래의 난은 부패한 관권에 대한 지방민 최초의 대규모 저항이었다. 19세기 지방 사회에는 수령과 이·향, 즉 이서와 향임이 결합한 수탈체제가 형성되어 삼정을 문란케 했고, 그 위에는 세도가문이 장악한 중앙권력이 자리하고 있었다.[219] 삼정문란과 더불어 민란의 촉발 배경을 살펴보기 위해서는 향회를 통해 작위적으로 마련된 향중공론, 혹은 사안과 관계되는 당사자들의 참여나 그들의 의지가 사실상 배제되거나 억압된 채, 강요된 절차에 따라 관권의 강제에 의해 조작된 향중공론이 공론으로서의 의미를 전혀 가질 수 없게 되는 측면에도 주목할 필요가 있다. 대민(大民)들에 의해서 작위적으로 만들어진 향중공론을 바로잡을 시스템이나 계기가 부재할 때 나타난 최후의 수단이 민란이다. 민란이 준비되고 전개되는 과정에서 향촌사회의 민란은 전혀 다른 방식으로 전혀 다른 계층에 의해 형성되어 갔다. 소민들까지 참여하여 관권의 부당함과 그 교정을 논의하는 향회로 형식과 내용면에서 커다란 변화가 일어났다. 무엇보다 관권에 의해 강요된 공론이나 대민이 주도한 향중공론에 반대한 주민들이 별도의 집회를 통해 공론을 형성해갔다. 이들 집회는 민회(民會), 민소(民所), 민회소(民會所), 리회(理會), 면회, 읍회 등으로 불렸다. 향회라는 명칭을 쓰기도 했으나 참가층이나 성격 면에서 이미 기왕의 향회와 다른 것이었다.[220]

이와 같은 제도영역의 공공성 파탄 상황과 더불어 외세에 의한 압력, 서학의 동점 상황에 대한 대응으로써 1860년 수운 최제우는 경상도 경주에서 동학을 창도한다. 동학농민혁명은 1892년 10월부터 1893년 4월까지 충청도 공주, 전라도 삼례, 서울 광화문, 충청도 보은과 전라도 금구 원평을 무대로 전개되었던 집단적이며 공개적인 시위운동으로부터 1894년 1월 10일 전라도 고부 농민봉기, 3월 21일 전라도 무장에서 일어난 제1차 기포, 9월 전라도 삼례의 제2차 기포를 거쳐 1895년 1월에 이르기까지 조선 전역에서 전개되었다. 동학농민혁명은 조선후기 빈발했던 수많은 민란의 연장선 위에서 종래의 민란을 집약하는 성격을 갖는다.[221] 또한 세도정치에 소수의 가문이 국가공공성을 독점함으로써 공공성 창출기제가 파탄에 직면의 상황에서 동학농민군이 정치적 공공성 창출의 주체가 되었다.

4장

18-19세기
사회구조의 변화와
'민'

1. 근대적 인민과 주체의 이해

조선시대 정치영역에서의 민의 위상과 역할의 변화는 사회영역에서 민의 영역 확장과 신분질서의 변화상과 맞닿아 있다. 따라서 정치구조적 변화와 더불어 민의 관점에서 사회구조적으로 어떠한 변화가 나타났는지 검토할 필요가 있다.

1) 자발적 결사체

흔히 시민사회는 서구적 전통의 산물로 알려져 있다. 18-19세기 조선의 사회구조적 변화를 민의 관점에서 독해하기 위해 그동안 조선시대 연구에서 많이 활용되지 않았던 시민사회 개념을 활용하려는 이유는 세 가지이다. 첫째, 많이 알려져 있지 않지만 조선시대에도 시민사회(또는 시민사회의 기능을 하는 영역)가 존재했는지 여부를 둘러싼 논쟁이 전개된 바 있고, 이 논쟁이 조선시대 사회구조적 영역의 특성을 이해하는 데 시사하는 바가 크기 때문이다. 둘째, 시민사회 자체가 근대사회를 총체적으로 분석하기 위한 영역적·분석적 특성을 내장하고 있을 뿐만 아니라 근대사회의 주체를 드러내기 용이한 분석틀이기 때문이다. 셋째, 한국적 시민사회의 기원과 형성에 대한 탐구를 가로막는 서구 중심적 편견[222]을 비판하기 위해서다.

한국 사회에서 시민사회 논의는 1987년 6월 민주화 이행기를 거치며 활성화되었다. 당초 시민사회론은 한국적 기원과 형성에 대한 관심보다는 1980년대 후반-1990년대 초반 새로운 진보적 패러다임을 위한 만능열쇠로 여겨졌다. 특히 한국 민주주의의 공고화를 위한다는 명목으로 하버마스(J. Habermas)나 그람시(A. Gramsci) 등의 서구 진보적 시민사회론이 각광 받았고, 이 논의들을 한국적 맥락에 부합하도록 해석·수용하는 연구가 주를 이루었다.[223] 상대적으로 한국의 시민사회 형성에 관심을 둔 연구는 드물었다.[224] 대부분의 시민사회 논의는 서구 계급이론의 시각으로 조선시대를 재단하거나 서구적 근대제도의 이식을 당연하게 전제함으로서 실질적으로 우리 근현대의 사회구조 변화에 대한 연구라기보다는 암묵적으로 조선과의 단절을 전제하는 경향이 강했다.

조선정치사를 배경으로 시민사회의 존재를 본격적으로 제기한 것은 조혜인의 공민사회 연구다.[225] 조선의 16세기에 국가로부터 자율적인 영역, 즉 공민사회가 존재했다는 문제제기 이후 스타인버그(Steinberg), 던컨(Duncan) 등 한국학에 관심이 많은 서구학자들이 반론을 펴면서 논쟁이 시작되었다.[226] 물론 여기서 전제는 시민사회 개념을 일정 정도 조선시대에 부합하도록 확장적 맥락에서 활용하는 것이 조선시대 분석에 유용하다면, 활용할 필요가 있다는 것이다. 김영민은 "부르주아의 정치적 파워의 성장을 반영한 민주적 결사 영역과 같은 시민사회의 관습적 정의를 기계적으로 받아들여 조선에 부르주아가 존재했느냐고 묻기보다는, 부르주아와 비교의 맥락을 형성할 수 있는 정치 행위자는 누가 있었는지를 물어야 한다. 그리고 그들이 국가권력에 순응했는지 저항했는지 이분법적으로 묻기 이전에, 정치 행위자의 정체성을 재구성하고 그들의 정체성이 허용하는 행동의 반경은 어떤 것이었는지를 묻는 것이 필요하다"[227]고 밝힌다.

그럼에도 불구하고 근대적 시민이 아직 출현하기 이전의 조선시대에 시민사회 개념을 적용하는 것이 타당한가에 대한 물음이 제기될 수 있다. 이 오래된 논쟁에 휘말릴 경우 논지의 본말이 전도될 수 있기 때문에 여기서 필자가 활용하는 시민사회 개념과 그 내용을 미리 언급해 두고자 한다. 조선시대를 둘러싼 기존 시민사회 논쟁을 다루는 경우 불가피하게 인용부호를 붙여 시민사회를 활용하되, 필자의 분석 내용에서 이 시민사회는 영역적 의미가 아닐 경우 대부분 결사체(association)를 지칭하는 것이다.[228]

결사체적 행동을 시민성(civicness)의 준거로 삼은 토크빌(Tocqueville), 직능단체들을 대표하는 조합들(corporations)에 주목한 헤겔(Hegel), 직업집단(occupational groups)의 역할에 주목한 뒤르켐(Durkheim) 등이 거론한 바와 같이 결사체는 봉건적 질서가 근대로 전환하는 문을 개방시켜 주고, 지탱해 주는 경첩의 역할을 한다.[229]

워렌(Warren)에 따르면, 결사체는 '국가로부터 자율적이면서, 결속력을 갖고 사회적·공적 역할을 하는 (사적)결사체'에 부합하는 가족이나 친구집단과 같은 제1차 결사체는 물론 시민단체, 스포츠클럽, 종교단체와 같은 제2차 결사체를 포함한다. 이 제2차 결사체에는 이익집단이나 전문가 집단이 속하기도 한다. 또한 결사체는 구성원들에게 공유된 목표, 규범, 문화적 유사성, 구성원들의 자발적 노력에 의한 목표달성 등을 특징으로 한다.[230] 조선시대 민의 영역을 검토하는 데 있어 이 '결사체' 개념을 활용할 경우 양반사회뿐만 아니라 각종 계(契)나 동학의 접과 포와 같은 단위 등 민의 영역에서 발견되는 다양한 공동체들을 포괄하기에 용이하다.[231]

송호근은 '개화기 인민'에 주목하는데, '개화기 인민'이란 "근세의 끝자락이자 새로운 시간대가 이어지는 지점에 놓인 인민"이다. 송호근은 이 개화기 인민을 '근대적 인민'으로 개념화하는 데 자발적 결사체 개념을 활용한다. "모든 인민이 다 그랬던 것도 아니고, 시민사회의 속성을 충분히 갖추지도 않았지만, 봉건체제로는 도저히 감당하지 못하는 질적으로 새로운 조직이 태어난 시간대였기 때문이다. 자발적 결사체(voluntary association)가 그것을 입증한다."는 것이다. 조선시대에 향촌에 산재했던 동계(洞契), 송계(松契), 학계(學契) 등 촌계류(村契類) 등을 결사체라고 볼 수 있다. 그런데 이 전통적 계 조직은 사적 이익과 연관된 채 공동체 범위를 벗어나지 못하고, 조선사회 전체의 보편적 이익과는 연관이 없었던 반면, 1894년을 전후하여 생겨나기 시작한 자발적 결사체는 조선의 지배구조와 지배이념으로는 도저히 파악할 수 없는 자율적 조직이고, 사적 이해관심과는 무관하게 국가적 차원의 공익과 명분에 기여하려는 목적을 향해 진군한다는 점에서 질적으로 구별될 수 있다. 이런 조직을 스스로 결성하거나 자율적 참여가 권장되는 사회는 분명 근대 사회임에 틀림없다. '사회'라는 근대적 개념이 도입되지도 생겨나지도 않았던 당시 상황에서 자발적 결사체가 결성되었다는 사실은, 당시의 인민은 통치대상으로서의 인민이 아니라 주체로서의 인민, 즉 근대적 인민이었음을 말해 준다.[232]

이 '자발적 결사체' 개념을 통해 송호근은 1894년을 근대적 인민의 출현기로, 1860-1894년의 기간을 인민들이 기존의 봉건제적 질서에서 떨어져 나와 개별화되는 기간으로 파악한다. 이 형성단계에 인천구락부(1891년), 독립구락부(1894)라는 2개의 자발적 결사체가 결성되었다. 1894년 이후 자발적 결사체 출현이 가파르게 증가한다. 독립협회가 결성된 1896년에 6개, 1898년 9개, 1904년 11개, 을사늑약이 체결된 1905년을 기점으로 1905년 19개, 1906년 33개, 1907년 79개, 1908년 81개로 급증한다. 송호근에 따르면, 1894년 이후 자발적 결사체가 급증하는 현상이 '인민의 분화 · 동원'을 입증하는 증거로 충분하다.[233] 이 논거는 앞서 살펴본 '식민지근대화론'의 전제, 즉 일제 강점기 이전 조선의 19세기는 '자멸의 세기'였다는 대전제와 배치된다.

그렇다면, 근대 인민이 출현하게 된 계기와 동력은 무엇인가? 송호근은 이 자발적 결사체를 조직하고, 한국의 근대를 추동한 인민이 "지식국가의 통치의 삼중구조('종교적 의례', '향촌지배', '교육'을 말함-필자)가 약화되자 얼떨결에 낯선 미지의 세계로" 떨어져 나온, 즉 우연적 계기로 출현한 근대의 주체로 이해한다. 이 계기가 우연적인 이유는 조선의 지배계급은 19세기 후반까지 유교적 이상국가라는 초기의 목표를 버리지 않았으며, 인민 대중 역시 그것을 대체할 수 있는 근대적 형태의 어떤 것도 기획하지 못했다고 본다.[234] 이 인민들이 농업 생산력의 발전, 장시 형성, 신분제의 이완, 상공업의 발달 등 내적 변동의 요인들이 제공하는 예기치 못했던 길을 따라 서서히 유교 정치의 바깥으로 걸어 나왔다는 것이다.[235] 송호근은 '인민을 근본으로 삼아' 인민 위에 군림하는 것을 유교정치의 본질로 파악한다.[236]

그동안 이 같은 조선의 유교정치에 대한 편향적 이해들이 난무했다. 앞선 장에서 민유방본의 상관성 원리를 염두에 둔다면, 조선의 유교정치가 내재하고 있는 에토스를 이렇듯 단순하게 평가해서는 안 된다. 그 하나가 성리학적 지배질서로 대표되는 조선의 통치 이념으로서의 유교정치라면, 또 다른 하나는 아래로부터 민의 삶과 종교, 가치관 속에 자리하고, 오랜 기간 조선의 민과 함께 호흡해 온 또 다른 유학정치관, 즉 해방적 '대동사상'[237]의 흐름이 그것이다. 유교적 대동세계의 이상은 천하의 공공성이 사회적 약자를 배제하지 않고 포용하는 원리로 이해할 수 있다. 고아나 과부는 물론이고 노인들도 그 세계에서는 결코 소외되지 않는다. 공자가 이상사회로 보았던 천하위공의 대동세계는 '유학'이라고 하면 조건반사적으로 국가에 대한 충성이나 멸사봉공 혹은 가부장적 권위주의에 찌든 가족 이기주의를 떠올리는 것이 얼마나 일면적인가를 보여준다.[238]

이와 같이 분명 성리학적 지배이념과 다른 차원에서 민의 영역을 관통하는 장구한 흐름과 내용이 존재했다. 조선시대 민의 결사체 영역을 관통한 이념의 정수가 바로 이 대동사상, 개벽사상의 해방이념이라고 할 수 있다.[239]

2) 조선시대 시민사회 논쟁

조선의 16세기에 시민사회(공민사회)가 존재한다는 논문이 게재되자 같은 저널(Korea Journal)에 스타인버그가 반론을 제기하면서 조선시대 시민사회의 존재 여부를 둘러싼 논쟁이 시작되었다. 이미 1992년부터 조선의 정치사회에 주목해 온 던컨(John Duncan)은 조혜인과 스타인버그의 논지를 각기 비판하며, 조선시대 시민사회 부재론에 대한 자신의 입장을 시장경제의 사회적 분화과정을 중심으로 피력하였다.[240] 그 후 조혜인은 '유교적 정통주의'를 들어 '조선사회가 다원주의 사회가 아니기 때문에 공민사회가 존재할 수 없다'는 스타인버그의 주장에 "다원주의는 공민사회 개념의 본원적 요소가 전혀 아니"라고 반론을 제기하였다. 조혜인에 따르면 "다원주의는 근대 공민사회 개념이 사용 정립되고 많은 시간이 흐른 후 그와는 다분히 상치되는 전통으로 출현한 개념"이다.[241] 최근 이 논쟁에 개입한 김영민은 '시민사회'를 논구하는 역사학과 사회과학의 관점 차이를 분석적으로 검토하고, 좀더 진전된 조선시대 시민사회의 이해를 위해서 '양반', '유교', '공사관념', '국가론'을 제대로 이해할 필요가 있다고 밝히고 있다.[242]

조선시대 '시민사회'의 존재여부를 둘러싼 일련의 논쟁에서 확인된 쟁점은 다음과 같다. 첫째, 시민사회 개념 정의와 관련한 문제다. 조혜인은 "국가권력으로부터 자율적일 수 있는 공간이 해당 사회에 있느냐" 여부를 '시민사회' 정의의 핵심으로 삼는다.[243] 스타인버그는 "자율적이고 자발적이면서 공동의 관심사를 가지는 개인들의 사적 결사체이고 상당 기간 동안 자신들의 목적을 이루기 위해 함께 행동하며 집단 결속력을 유지하면서 정체(regime)의 교체가 아니라 사회적 또는 공적 정책의 변화를 꾀하는 조직"이라고 정의한다.[244] 이 두 개념 정의를 통해 확인할 수 있는 바는 조선시대 시민사회를 논구하기 위해서는 '국가로부터 자율적이면서, 결속력을 갖고 사회적·공적 역할을 하는 결사체'라는 조건을 충족시킬 수 있어야 한다는 점이다.

시민사회의 개념 정의와 관련해서는 이와 같이 일정한 합의가 가능해 보이지만, 조선시대에 자율적 영역이 존재했는지 여부를 둘러싼 두 번째 쟁점은 타협점을 찾기 어려워 보인다. 재야사림(士林, backwoods literati)이 충분히 중앙정치권력에 대해 자율성을 유지하며 정치사회적 견제 역할을 했다는 조혜인의 해석과, 비록 자율적 측면이 일부 있다 하더라도 성리학이라는 지배이념의 강한 통제를 받았기 때문에 시민사회로 볼 수 없다는 스타인버그의 반론이 정면으로 충돌하였다. 던컨은 스타인버그의 주장을 지지하는 입장에 가깝다. "'사림'(양반)이 국가로부터 자율적이었거나 충분한 긴장을 유지했다고 보기 어렵고, 조선이 서구의 시장경제가 가져온 사회적 분화과정을 겪지 못했기 때문에 시민사회가 존재한다고 보기 어렵다"는 것이다.[245] 스타인버그는 '다양성'을 시민사회의 중요한 특징으로 간주한다. 그가 보기에 조선은 다양성이 존재하기 어려운 통제된 사회다.[246] 따라서 조선이 완벽한 통제사회였는가의 문제가 쟁점으로 남는다. 조혜인의 지적과 같이 던컨과 스타인버그의 견해가 '오해된 동양적 전제주의의 편견'이라면 몰라도 만일 그렇지 않다면 완벽히 통제된 조선에서 자율적 시민사회 영역을 운운하는 것은 시대착오적이기 때문이다.

조선시대 시민사회 논쟁이 시사하는 바는 다음과 같다. 첫째, 조선시대의 시민사회를 논구하기 위한 명료한 개념적 합의가 필요하다는 점이다. 시민사회 개념과 관련하여 조혜인과 스타인버그의 공통분모를 추출하면, 시민사회는 '국가로부터 자율적이면서, 결속력을 갖고 사회적·공적 역할을 하는 (사적)결사체'로 정의할 수 있다. 이 개념정의에 따르면, '공민사회'를 조선의 시민사회로 간주한 조혜인의 분석은 주체적·시기적으로 확대될 필요가 있다. 이 개념정의에 따르면, 조선시대 시민사회의 주체를 굳이 공민으로 제한할 필요가 없기 때문이다. 더군다나 18세기 이후 다양한 신분적 변동이 진행된 조선후기 '민'의 결사체 영역까지 시민사회의 범주로 포착할 수 있기 때문에, 조선 시민사회를 재야사림을 주체로 한 공민사회로 제시하는 것은 제한적 공민사회로 조선의 시민사회 전체를 과대 대표하는 셈이 된다.

둘째, 조선사회가 일관된 성리학적 지배이념으로 완벽하게 통제된 사회였는지 여부다. 이는 국가로부터 자율적인 영역이 존재했는지 여부의 실체적 내용에 관한 것이다. 통치이념으로서의 성리학적 이념으로부터 자율적인 사상적 분기가 일어났고, 성리학적 지배이념으로부터 자율성을 갖는 민의 이념적 지향이 존재했는지를 검토할 필요가 있다는 말이다. 조선의 민은 분명 성리학적 지배이념과 다른 민의 해방적 이념의 토대 위에 존재했을 뿐만 아니라, 이미 16세기경부터 성리학 중심의 지배이념과 궤를 달리하는 사상적 분기가 진행되었다는 것이 필자의 가설이다. 조선후기에 접어들수록, 이러한 흐름은 상당히 광범위한 양상으로 확대되었다.

주지하듯이 시민사회 개념은 근대화의 산물이다. 시민사회의 태동은 서양과 동양에서 통용되는 근대의 출발이다.[247] 근대화는 정치, 경제, 사회, 문화 등 다양한 영역의 상호 유기적 연관 속에서 관철되어 왔다. 특정 시점에 일제히 '근대'가 개시된 것이 아니듯이 근대화는 전근대적 요소들과 상당기간 혼재된 채 과도기적 양상을 거쳐 왔다. 시민사회 개념 역시 이러한 시대사적 맥락을 반영하고 있다. '근대' 시민사회의 전통을 '중세'의 '길드(guild)'

로부터 찾는 시도가 이러한 근대적 전환기의 과도기적 특성을 반영하는 것이다.[248] 또한 시민사회의 어원적 뿌리를 찾기 위하여 societas civilis까지 거슬러 올라가기도 하고, 고대 그리스의 polis로부터 그 원형을 거론하기도 한다.[249]

다른 한편, 시민사회의 주체와 관련해서도 이러한 과도기적 시대상을 주목할 필요가 있다. 시민사회의 주체는 표면상 사인(私人)이냐, 공민(公民)이냐의 문제로 드러난다. 이는 곧 시민사회를 사적 영역으로 이해하느냐, 공적 영역으로 이해하느냐 여부와 관련된 것이기도 하다. 헤겔은 각각의 영역에서의 주체를 다음과 같이 구분한다. 즉 가족에서는 가족원, 시민사회에서는 시민(Bürger), 정치적 국가에서는 공민(Staatsbürger)이 그 주체들이다. 헤겔의 시민사회(bürgerliche Gesellschaft)는 개인적인 요구와 이익이 타인과의 관계를 지배하는 인간의 사회적 삶의 국면을 나타낸다. 녹스(Knox)는 헤겔의 시민사회 주체를 개인적인 요구와 이익, 즉 사적 요구를 추구하는 부르주아지라고 정의한다. 녹스에 따르면, "(헤겔의-인용자) 시민사회를 움직이고 있는 것은 개인주의와 이기심이며, 시민은 엄격한 의미에서 그 자신의 행복을 위한 수단으로서 타인과 관계를 맺는 사람이다."[250] "이것은 경제적 생활 영역이며, 그 사회의 조화는 정치경제학의 법칙으로 표현되고, 그 사회의 내용은 이기적 목적의 추구이다."[251] 헤겔의 이 시민사회(bürgerliche Gesellschaft) 개념은 오늘날 공적 영역을 구성하는 시민사회(Zivilgesellschaft 또는 Zivile Gesellschaft)와 구분되는 사적 영역을 지칭한다.[252]

시민사회의 주체와 관련한 사인(bourgeois)과 공민(citoyen)의 구분은 중요한 차이를 야기한다. Civil이 Bürger(bourgeois)와 Staatsbürger(citoyen)의 양의적 의미를 갖기 때문에, Civil Society는 bürgerliche Gesellschaft와 Zivilgesellschaft 또는 Zivile Gesellschaft의 두 가지 개념적 의미를 내포한다.

부르주아지가 사적 이해에 입각하여 사회 속에서 생활하는 사인(私人)을 지칭한다면, '공민(公民)'은 국가의 일반적 이해에 입각하여 정치사회 속에서 공적 생활을 영위하는 정치적 양식을 지닌 구성원을 지칭한다. 조혜인 교수가 포착하고 있는 조선시대 재야사림을 주체로 한 공민사회가 바로 이 후자에 해당한다고 할 수 있다. 조혜인은 civil society를 공민사회로 번역하는 것이 의미에 부합한다고 단언한다. "아리스토텔레스의 koinonia ploitike, 즉 polis적 공동체를 키케로가 societas civilis, 즉 civitas적 사회로 번역할 때, 그리스어 polis와 라틴어 civitas는 당연히 둘 다 정확히 국가 또는 국민 내지 공민을 의미하는 말로 대응"[253]시키고 있기 때문에, Civil society를 시민사회 대신 공민사회로 번역하는 것이 바람직하다는 것이다. 공민이 공적이 개념을 더 많이 담고 있고, 시민이라는 개념은 도시라는 공간에 결박되어 있다는 이러한 개념 접근에 대해, 정상호는 "이 공민사회 주장은 인민들의 투쟁, 치자와 피치자 간에 역동적으로 만들어지는 역사를 간과하고 있다"는 비판을 제기한 바 있다.[254]

'재야사림'을 국가로부터 자율성을 갖는 조선시대 공민사회의 주체로 파악하는 것과 이 공민사회가 곧 조선시대의 결사체 영역이 갖는 근대적 함의까지 대표할 수 있는가는 또 다른 차원의 문제다. 민이 정치사회의 주체가 될 수 있는 권리적, 제도적 또는 현실적 미성숙 단계에서 공적 영역으로만 자율적 결사체를 개념화할 경우 18세기 이후 조선에서 확장되는 '재야사림'이 아닌) '민'의 자발적 결사체들은 이 공민사회 범주로 포착될 수 없다. 이 문제는 근대적 전환기라는 맥락에서 중요한 논점을 내재한 것이기도 하다. 재야사림의 공민사회가 활성화된 시기는 조선의 16세기-17세기 중반이다. 아직 조선에 봉건제적 신분질서가 견고하게 유지되고 있는 상황이다.

칼 마르크스(Marx)가 헤겔(Hegel)의 신분제 의회를 중세적 딜레마에서 헤어 나오지 못하는 것으로 비판한 맥락의 핵심, 즉 신분제 체계와 대의제 체계를 구분했던 비판의 핵심을 견지하며 위 문제를 검토할 필요가 있다.[255] 18세기 민의 자발적 결사체는 아직 근대적 대의제 체계로까지 발전하지 못한 상황인 반면, 공민사회는 봉건적 신분질서 위에 서 있는 일종의 봉건질서의 정치적 파트너였다는 점이 이 두 영역의 결정적 차이다. 두 영역의 충돌은 필연적이며, 조선의 18세기 민국정체는 국가공공성의 주체로 재야사림이 아닌 '민'을 차출했다. 16세기 '공민사회'와 18세기 이후 민의 자발적 결사체는 완전히 시대사적으로 결이 다른 영역적 특성을 갖는 것이다. 이러한 맥락의 고려 없이 공민사회의 범주를 "국가의 권력으로부터 자율적일 수 있는 공간이 해당 사회에 있느냐 여부"[256]로만 이해할 경우, 이 공민사회가 근대적 전환기에 그 영향력이 소멸해 가는 영역이라는 사실을 간과하는 것이다.

다른 한편으로 국가로부터의 자율성을 핵심으로 삼는다면, 굳이 민의 자발적 결사체가 조혜인의 시민사회 범주에서 제외될 이유는 더욱 없어진다. 오히려 공민이라는 주체적 제한으로 인해 공민사회는 시기적·주체적으로 18세기 조선의 정치사회적 변동을 반영하지 못하고, 결과적으로 16-17세기 붕당정치기에 한정된 접근으로 귀결되는 한계가 있다. 18세기 이후 이 공민사회는 이전에 비해 그 정치적 영향력이 현저히 약화되었을 뿐만 아니라 상당한 정도의 내부적 변화를 보이고 있기 때문이다.

앞서 살펴본 스타인버그의 시민사회 개념은 "자율적이고 자발적인 공동의 관심사를 가지는 개인들의 사적 결사체"이자 "공동의 목적을 달성하기 위해 행동하며 공적 정책의 변화를 꾀하는 조직"이기 때문에 사인과 공민의 영역을 포괄하는 데 있어 상대적으로 용이하다. 즉, 조선사회 민의 자발적 결사체 영역까지를 포괄할 수 있는 확장적이고, 유연한 개념 정의가 되는 것이다. 그러나 스타인버그는 순종(conformity)과 정통(orthodoxy)이 팽배한 조선사회라는 편견에 사로잡혀 있기 때문에, 조선사회를 기본적으로 정해진 틀을 벗어날 수 없는 통제된 사회로만 해석한다는 점에서 문제가 있다.[257] 스타인버그의 단편적 이해와 달리 18세기 조선의 정치사회는 '민국' 이념이 본격 대두되었을 뿐만 아니라 사회적으로 양반 중심의 신분질서가 무너지기 시작한 중요한 변동기였다. 앞선 논의들에서 살펴보았듯이 대다수 논의들이 근대적 역사의 여명을 이 시기로부터 찾는다. 근래 역사학에서는 이 시기에 사족(士族) 중심의 향촌(鄕村) 지배체제가 새로 신분을 향상시킨 향임층(鄕任層)으로부터 도전을 받았다든가, 정치적으로 군주들이 전제적인 성향을 보이면서 사대부보다 민을 더 의식하기 시작하였다는 견해들을 제시하고 있다. 18세기 민은 신분상승의 동향과 함께 사회적 입지에도 적지 않은 변화를 일으키고 있었다. 18세기 향촌사회는 지주제와 신분제, 국가의 군현제적 향촌통제책과 공동체적 질서의 변화가 강하게 나타난다.[258] 준양반의 지위를 획득한 부류는 각기의 지위에 걸맞은 사회적 역할을 추구하고 있었다.[259] 물론 사상적 측면에서도 '순종'과 '정통'이라는 획일성은 조선의 18세기와 거리가 멀다.

조선시대 공민사회의 존재를 강력하게 제기한 조혜인은 사대부 사회를 한마디로 "선비가 공론의 과정을 통하여 아래로부터 이끌어가던 사회"로 정리한다. "재야 사대부들은 서원, 향청 외에도 각종 향약과 실로 다양한 차원의 계 등 흔히 공동체를 지향하는 결사체 조직에 기반을 두고 정부 밖 '향촌사회'의 자치를 이끌고 있었다 … 선비의 일부는 조정으로 진출하여 정부를 운영하는 담당 집단이 되었다. 이들의 관료집단은 … 스승과 동문으로부터 발해지는 공론에 입각하여 아래서 위로 이어지는 정치과정을 정부 내에서 이끌었다." '사림'은 정치사회 영역에서 이들 전초 집단을 통해서뿐만 아니라 '상소'라는 일상적인 상향적 교신활동을 통하여 정부 밖 사회로부터 시작하여 정부를 움직여 가는 기둥이었다. 조혜인은 붕당을 "선비의 거국적인 내적 토의과정에서 나누어지게 된 정치적 분립체"로 파악하고, 나아가 "오늘날의 정당에 해당하는 것"으로까지 해석한다.[260]

　조선정치를 사림들에 의한 견제와 균형의 정치로 해석하고, '재야사림'을 공민사회의 주체로 해석하는 이 견해는 16-17세기 붕당정치기의 특성을 국가로부터 '자율적인' 영역에서 찾는다는 점에서 의의가 있다. 조선 정치사회의 이 자율적 영역의 존재가 붕당정치기 군주와 사대부의 공치를 가능케 한 배경이기도 하다. 그러나 조선 정치사회 전반의 다층적 이해를 위해서 이 공민사회 해석은 재야사림이라는 한정된 주체의 측면에 구속될 필요가 없으며, 더불어 시기적·범주적으로도 확장될 필요가 있다. 첫째, 시기적으로 붕당정치의 폐해가 만연했던 17세기 후반의 조선은 사회적으로 신분구조상의 변동이 전개되기 시작했을 뿐만 아니라 18세기 영·정조를 중심으로 한 탕평정치와 민국정체가 주창되면서 정체(政體)의 변화가 초래되었다. 이러한 변화를 반영하지 않고 조선의 정치사회를 사림정치로만 한정할 경우, 국가로부터 자율적인 결사체 영역이 확대되는 조선의 18세기 변화상을 포착할 수 없다. 특히, 양반사회 내부의 변화는 공민사회의 주체로 지목된 '재야사림'의 변화와 직결된 문제이기도 하다. 18세기에 접어들어 향촌의 '향약'과 '서원' 중심의 사림정치가 퇴행하고, 민의 자율적 결사체가 확대되는 측면은 조선시대 정치사회 변화를 읽는 중요한 포인트가 된다.

　다른 한편, 필자가 국가로부터 자율적인 결사체 영역을 '민의 영역'을 중심으로 검토하려는 이면에는 조선사회가 성리학적 지배이념이 일관되게 관철된 사회가 아니라 이념적으로도 이 지배질서와 구분되는 민의 자율적 흐름이 존재했다는 것을 제시하기 위해서다. 조혜인은 조선사회를 "성리학이라는 이념이 분화된 국가와 공민사회의 경계를 넘어 그 모든 당사자들을 지배하면서 동시에 그들이 같이 받드는 그 이념 밑에서 그렇게 협력하도록 만들고 있었다."고 이해한다.[261] 이러한 이해는 조선 전체를 일관된 성리학적 지배가 관철된 것으로 귀결시킴으로써 결국 스타인버그의 '순종·정통' 중심의 일원적 조선 이해와 궤를 같이 하는 것이다. 이러한 획일적 통제사회로 조선을 해석할 경우 자율적 영역이란 내용상 공무를 담당하는 정부 영역과 구분되는 비관료적 정치사회가 있는지 여부를 묻는 것에 불과하다.

2. 민의 영역에 나타난 사회구조적 변화

1) 향촌사회의 구조 변화 : 향회와 두레

15세기 말에서 18세기 중반까지 조선은 여러 가지 측면에서 매우 혼란하고 변화무쌍한 시기였다. 15세기말부터 시작된 민중신앙적·사상적 분기는 조선 통치권력의 기반이었던 성리학적 지배이념과는 전혀 다른 궤적으로 뻗어 나갔다. 임진왜란과 병자호란의 대전란, 그리고 소빙기(1490-1750) 대기근의 지속, 15세기 말 연산군 때의 홍길동, 16세기 중후반 명종 때의 임꺽정, 17세기 말엽 숙종 때의 장길산 등 의적들의 활동, 불만유생들의 광범한 산재, 각종 도참설적 이상사회론, 새로운 정치사상의 대두 등으로 조선의 왕권이 크게 동요했다.[262]

18세기를 전후해서는 '민'의 삶의 영역인 향촌사회에서도 실질적인 변화가 나타났다. 그 변화는 이제까지 단순한 보호의 대상, 지배의 대상으로만 여겨져 온 민이 자신의 의지를 관철시킬 수 있는 새로운 공론 구조를 창출하는 수준의 것이었다. 16-17세기까지 재지사족들이 장악하고 있던 향촌사회 권력은 신분적 권위의 상징인 향안(鄕案)을 모체로 한 향회(鄕會)와 유향소

(留鄕所)를 통해 수령권과의 유착 또는 길항적 관계 속에서 유지되고 있었지만, 18세기에 접어들면서 향촌사회는 기존 재지사림의 신분적 변화와 더불어 자발적 결사체가 확대되었을 뿐만 아니라 그 주체도 '민' 일반으로 넓어지는 구조적 변화가 나타났다. 이러한 변화는 앞선 '민과 정치' 장에서 살펴본 바와 같이 군주 입장에서 민국이념으로 호응하지 않을 수 없을 만큼 강력한 민압(民壓)으로 작용했다.

이 민압의 이면에는 여전히 천하가 하늘과 백성의 공유물이므로 백성이 현능자들 중에서 군주와 관리를 뽑아 써야 한다는 정여립 이래의 역성혁명적 정씨왕조설이 자리하고 있었던 것으로 보인다. 1739년 영조 15년 실록(8월 6일 기사)에 『정감록』이 처음 등장한다. 특징적인 점은 문인방 역모사건(정조 6년, 1782)에서 보듯이 기왕의 역모사건과 달리 평민지식인들이 주도적인 역할을 담당하고 있다는 점이다. 특히 『정감록』을 포함한 각종 예언서에 의존하는 경향이 두드러졌다는 사실이다. '문인방역모사건'과 같이 서북의 평민지식인들이 반역 사건의 주역으로 떠오른 것은 18세기 후반의 새로운 변화였다.[263]

18세기 영·정조는 새로운 정체, 즉 '민국정체'의 구축을 모색하면서 백성들의 이 전반적인 신분상승·신분해방의 흐름을 반영하지 않을 수 없었다. 탕평군주들은 전통사대부들의 기득권에 시달리는 '소민(小民)들'(농민, 해방노비, 천인)의 보호를 국가의 제일임무로 보고 왕의 이 신왕정을 따르는 세신(世臣) 또는 왕신(王臣)들과 같이 가지만, 그러나 당습(黨習)에 젖은 붕당류의 기존 양반사족들은 제치고 그 우월권을 박탈하는 방향에서 체제를 재정비했다.[264]

17세기 말부터 18세기를 경유하며 신분제에도 변화가 시작되었고, 그 변화는 치열한 갈등을 표출할 만큼 표면화되어 나타났다. 이는 단적으로 향촌사회의 향권(鄕權)이 향전(鄕戰)이라 불릴 만큼 치열한 각축전 속에 있었다는 사실로 알 수 있다. 향전이란 조선후기 향촌사회에서 여러 세력들이 향권을 두고 벌이는 갈등을 의미하는 말이다. '전(戰)'으로 지칭할 정도였으니 그 갈등의 치열함을 짐작할 수 있다. 향전(鄕戰)이 중앙정부 차원에서 거론되기 시작한 것은 17세기 중반인 1660년 현종 1년부터다.[265] 『조선왕조실록』을 살펴보면, 1680년 숙종 6년과 10년에 각각 1번씩 향전에 관한 기록이 다시 등장한다.[266] 향전에 관한 기록이 급격히 증가하기 시작한 것은 영조 집권 직후인 1725년 을사년부터다. 영조집권 51년인 1775년(을미년)까지 향전에 관한 기록이 총 12회 등장한다. 정조 집권기 동안에는 5회, 순조 집권기에는 2회로 향전에 관한 기록이 점차 줄고 그 이후에는 보이지 않는다.

중앙정부 차원의 조세제도 변화도 향촌사회의 변화를 만드는 중요한 요인이었다. 1712년(숙종 38년)에 군역의 문란을 시정하기 위해 「양역변통절목」이 반포되면서 향회·향안을 통한 재지사족의 향촌지배체제는 기존 질서와 다른 변화에 직면했다. 「양역변통절목」이 오랜 군역 논란을 마무리 짓는 의미를 지녔다면, 동시에 향촌사회 운영과 관련해 향촌사회의 교화업무를 이전처럼 사족들에게 맡기되, 부세행정은 이향층에게 맡기는 이정법(里定法)의 수립은 향회의 구성을 변화시키는 조치였다. 1713년(숙종39년) 비변사 운영제도를 개혁한 「비변사팔도구관당상·유사당상제」는 지방행정에서 사족의 영향력을 배제하고 수령에게 절대권을 보장하는 제도였다.[267]

이렇듯 조선후기 행정체제 개편과 조세정책의 변화도 향회의 성격을 변하게 만든 요인이라고 할 수 있다. 조선후기에 들어와 지방의 면·리까지 중앙의 통제 아래 두려는 조선정부의 정책에 따라 향촌사회의 제반문제에 강력한 힘을 행사했던 사족 중심의 향회는 중앙정부를 대표하는 수령과 어떤 식으로든 관계를 가져야만 했다. 잡세(雜稅)의 수취도 민의 의사를 무시한 채 관권의 전횡만으로 이루어질 수 없는 구조였기 때문에 형식적으로라도 납세자의 동의를 얻어야 했다. 이렇듯 향회가 부세문제와 관련이 높아지자 수령의 관여를 배제할 수 없었을 뿐만 아니라 역할 자체도 교화(敎化)에서 부세문제로 강조점이 옮겨 갔다. 이는 구성원의 변화로 이어졌는데 기존 양반 중심의 향회에서 점차 향임(鄕任)·이임(吏任)·장교(將校) 등이 주요 성원으로 참여하는 형태로 변했다. 지역에 따라 양반 중심의 향회가 지속적으로 유지되는 경우는 수령과 갈등을 빚기도 했으며, 이런 경우 수령은 별도의 향회를 소집하기도 했다. 향회의 입장과 수령의 입장이 배치되는 경우 수령은 향회원이 아닌 민을 동원하는 방식으로 민의를 조정하기도 했다.[268]

향촌사회 변화의 추이를 살펴보기 위해서 재지 양반층으로서의 '유(儒)', '향(鄕)'에도 주목할 필요가 있다.[269] 향촌사회의 기존 지배층인 사족(士族)의 후예로서 유(儒; 儒林)에 도전하고 있던 향(鄕; 鄕品)층이 조선후기 향촌의 신분구조 변동을 이해하는 척도가 될 수 있기 때문이다. 재지의 지배신분층을 지칭하는 용어로서 유향(儒鄕) 또는 유(儒)와 향(鄕)이 사용되기 시작한 것은 17세기 이후이고, 특히 18세기에 들어오면 거의 하나의 용어로서 굳어져 사용된다. 16세기에는 사족(士族)과 양반(兩班)이라는 말이 같이 쓰이는 가운데 주로 사족이 일반적으로 쓰였다면, 17세기를 경유하며 사족이나 양반이란 용어가 지속적으로 쓰이는 가운데 그것과는 별개로 유향이 쓰였다는 사실은 향촌사회에 새로운 신분적 변동이 있음을 의미하는 것이다.[270]

조혜인이 공민사회로 파악한 사림, 즉 재지지배층은 16세기 이래 향안을 중심으로 자신들의 결속을 강화하는 한편, 향회 및 유향소를 매개로 향권을 장악하고 신분적 이해를 관철시켜 왔다. 물론 때로 관(官; 守令)과 갈등을 겪거나 타협하기도 하였으나 이 신분적 권위는 거의 절대적인 것이었다. 향안(鄕案)에는 전직 조관(朝官)이나 관품(官品)을 가진 자만이 참여한 것이 아니라 부·모·처(父·母·妻) 삼향(三鄕)에 신분적 하자가 없는 자는 이들 향원 (鄕員)들의 허락 하에 입록할 수 있었고, 그 폐쇄성은 국가의 사판(仕版)에 비할 바가 아니었다.[271] 그런데, 18세기에 들어 이러한 향촌사회에서 유림과 향족의 대립이 본격화되기 시작했다. 유림은 향교나 서원을, 향족은 향소(향청)을 소거처로 하였다. 「승정원일기」에 따르면, 이들 사이의 갈등을 중앙정부에서는 관권에 도전하는 행위 또는 탕평정국 하에서 당론을 조장하는 정치적 문제로 파악할 정도였다.[272]

18세기에 들어와 유향은 재지 양반집단을 지칭하는 것이었고, 사족의 후예인 유림과 향족을 표현하는 것이었다. 그리고 그 내부에서는 여전히 자신의 과거와 관련하여 사족을 자처하는 일군의 집단이 중앙정계와 연계되고 있었던 세력과 함께 자신들을 그들과 구분하고 있었다. 전통적인 사족 내지 유림들은 향족 내지 향품이 자신들의 밑에 있어야 할 것으로 생각했다.[273] 중앙정치에서 영조대에 서얼허통(庶孼許通)과 서얼통청(庶孼通廳)을 확대하여 서얼의 국정 참여 수위를 대폭 높인 조치도 향촌사회의 갈등을 격화시키는 원인이었다. 경상도의 서얼 유생 김성천 등 3천여 명이 서류(庶類)를 통청한 후에도 향안에 등록하는 것을 허락하지 않는다는 상소를 올리자 영조가 그들의 뜻을 슬프게 여겨 특별히 비답을 내려 허락했다. 그러자 채제공이 "영남의 향안(鄕案)은 방한(防限)이 매우 엄하여 비록 조정의 명령이 있더라도 영남 유생들은 반드시 순종하지 않을 것입니다. 이럴 즈음에 소란할 계제(階梯)가 생길까 염려됩니다."라고 아뢴 바 있다.[274]

또한 매향(賣鄕) 또는 매임(賣任)으로 인한 신분 상승계층이 발생하는 것이 문제로 불거졌다. 이 매향 문제는 단지 향촌사회의 문제만이 아니라 정조 4년에는 중앙정부에서 정식으로 문제가 될 정도였다. 지역에 따라 사정은 조금씩 차이가 있었지만 일정한 부를 축적한 자들이 그 자신의 요구에 의해서,

또는 수령의 강요에 의해서 새롭게 향회에 참여하는 등 향촌의 지배구조가 이전과 질적으로 달라진 것이다.[275]

17세기까지 유향이 병칭되는 경우는 드물었으나 18세기에 들어오면 '향'이 직임의 의미를 넘어 신분적 의미로까지 사용되기 시작하였다. 이 과정에서 신구 세력 간의 갈등이 야기되지 않을 수 없었다. 이러한 사실은 향촌사회에서 신분제적 사회 운영 원리가 붕괴되어 나가고 있었다는 점을 잘 보여주는 것이다.[276] 특히 19세기 민장(民狀)에 나타난 바에 따르면, 토지소유권의 일물일권적 성격이 강화된 사실이 확인되고 있다. 18세기의 전환기적 양상을 거쳐 19세기 향촌에서 토지소유권은 상당한 정도로 근대적 성격을 지니고 있었으며, 기존 신분제 원리의 영향으로부터 벗어나 있었다. 토지가 신분질서의 영향에서 벗어나 상품 가치를 지니게 되었고, 순전히 토지가(土地價)의 상승차액을 얻고자 하는 목적에서 계약을 다시 무르는 '환퇴(還退)'가 용인되었다. 국가의 성리학적인 논리로써 토지매매를 통한 이익 취득을 무조건 막을 수는 없었던 것이다. 불법적인 의도가 없고 명백한 문기(文記)가 증명되면 환퇴 받을 수 있었고, 그 전답을 경작하든지 아니면 이매(移賣)하든지 하는 것은 국가가 관여할 수 있은 일이 아니었다.[277] 또한 19세기 개별 정소의 내용을 검토한 결과, 소작 그 자체도 하나의 계약행위로서 언제나 변경 가능하고 또 명문화해야만 안전할 정도로 지주-소작관계가 변모하였다.[278]

이렇듯 18-19세기 조선의 촌락사회는 크게 변모하고 있었다. 촌락사회는 기존의 사족지배체제의 틀을 벗고 관의 부세행정체제에 종속되어 가는 가운데 그 자율성을 상실하고 있었음에도 불구하고 그 내부에서는 새로운 농민조직을 만들어 내거나 각 사회세력의 지향을 반영하는 각종 조직이 발달하기도 하였다.[279] 18세기 들어 사족 내부의 분열 등 기존 지배층의 분화로 재지사족(在地士族)은 향안을 통해 기존 신분을 유지하기도 했지만, 한편으로는 향안에 입록(入錄)하는 것을 기피하기도 했다. 이에 따라 지역에 따라 입록자가 급증한 향안이 있는 반면, 입록자가 거의 없는 향안이 생기기도 했다. 이와 같은 상황에서 향회는 기존 사족의 일향(一鄕) 지배기구로서의 기능을 예전 방식으로 유지할 수 없게 되었다. 1862년 농민항쟁기에 이르면 각 지역의 조건에 따라 향회는 대민(大民)들의 이해를 대변하는 향회가 관의 이해와 일치하면서 민의 저항 원인이 된 경우, 관의 결정에 저항하면서 일반민의 이해를 대변하는 경우, 관의 결정에 반대하면서도 일반민과 이해가 다른 경우 등 그 기능과 역할이 다르게 나타났다.[280]

이러한 향회의 변화상과 달리 아래로부터 향촌사회의 변화를 추동한 것은 농경자치단체로서의 '두레'[281]다. 두레는 17세기 수리시설이 확대되고 이앙법[282]이 보급되면서 확산된 공동노동조직으로, 조직·제의·노동·놀이뿐 아니라 심지어 농민들의 민란과도 유기적으로 결합되어 있음이 밝혀졌다.[283] 두레는 국가나 읍성의 조직이 아니라 마을 촌계(村契)의 하나로, 민중적 하부단위 조직이라고 할 수 있다. 역사적으로 우리가 알고 있는 두레의 제 모습이 확연하게 드러난 시점은 조선시대이다. 조선시대의 촌계란 글자 그대로 자연마을 단위에서 형성된 촌민들의 향촌 자치기구라 할 수 있다. 이 촌계에서 가장 중요한 양대 축이 정신문화를 이끄는 촌제(村祭, 마을굿), 물질문화를 이끄는 농사(두레)이다. 두레는 마을의 도로 보수, 다리 축조, 제언 구축 같이 집단노동이 아니고서는 불가능한 일들을 공동으로 해결하기도 했다. 호남지방을 중심으로 마을공동체 문화의 중심인 모정(茅亭)이 대대적으로 건립되어 노동의 휴식처로서, 더 나아가 마을의 공동집회소로 기능했다.[284]

조선후기에 이르면 농민경영의 성장을 바탕으로 새로운 농촌공동체 결속이 가속화되었다. 농업생산력의 발전에 따라 리(里)·동(洞)이 좀 더 독자적인 자연촌으로 성장해 갔다. 자연촌의 공동체적 결속은 사족이나 신향에 대응하는 힘이 되었고, 국가에 대한 저항까지 가능한 힘의 토대가 되었다. 정부의 공동납을 통해 마을의 공동체성은 더욱 강화되었다.[285] 두레는 마을과 결부된 민의 공동체성을 강화하는 데 기여했는데, 그 이유는 첫째, 두레가 마을의 경작지를 소유와 관계없이 모조리 매어나가는 '두렁넘기' 방식을 취한 데서 연유한다. 둘째, 두레는 철저하게 마을단위로 이루어진 공동노동 방식을 취했다. 셋째, 자연촌이 중심이 된 소계(小契) 형식이었기 때문에 동계(洞契)같이 사족들이 주도권을 잡는 조직과는 달리 민중적인 성격을 지녔다. 넷째, 과부나 노인만 있는 집, 환자의 집 같이 노동력이 극히 부족한 경우에는 두레에서 대동으로 농사를 지어줌으로써 상부상조의 원리를 구현했다. 다섯째, 두레는 민주적 회의체로서의 성격을 가지고 운영되었다. 두레회의는 두레를 운영하기 위한 노동회의로서만이 아니라 촌계를 지탱하는 마을회의와 더불어 중요한 촌락 자치회의로 기능했다. 향촌사회의 변화라는 맥락에서 본다면, 동계가 주로 양반 주도로 만들어졌다면, 두레는 촌회의 전통을 이어 소계의 형태로 민중들 스스로의 문제를 해결하는 방식으로 존속되었다는 특징이 있다.[286]

신용하는 두레를 집강소의 토지정책, 농업정책에 깊이 관련된 것으로 강조한다. 신용하에 따르면, "조선 농촌사회의 두레는 조선 왕조 후기-말기의 농민운동과 갑오농민전쟁을 비롯한 대규모 농민전쟁에서 농민군의 최초의 봉기와 농민군 편성에 적극적으로 활용되어 그 조직상의 기초가 될 수 있는 것"[287]이었다. 두레와 동학농민혁명의 토지정책을 연계하여 해석하는 신용하의 논거는 오지영의 『동학사』(초고본, 1926년경)에 제시된 '농군의 두레법은 장려할 사(農軍의 두레法은 獎勵할 事)'를 근거로 한 것이다. 물론 『동학사』에 대한 논란[288]이 존재하지만, 두레는 당시 지주층 참여를 적극적으로 배제한 농민들만의 자율조직으로서 자·소작농(소민)만을 구성원으로 삼았다는 점에서 동학농민혁명의 중요한 조직적 기반으로 작용했다고 보인다.

또한 두레는 지주와의 관계를 순수한 금전관계로만 처리해 농업노동에서 신분 강제를 배제했다.[289] 두레 구성원들이 모임을 갖는 별도 장소는 지주양반들의 풍류장소인 정자(亭子)와 달리 들녘 한복판에 지어진 모정(茅亭)이었다.[290] 두레는 내부적으로 행수 또는 황수(皇首)(두레두령), 도감(행수의 보좌), 수(首)총각(작업반장), 조사총각(기율반장), 유사(有司)서기(기록·회계), 방목감(가축방목) 등의 위계직책을 갖춘 농민자치조직이었다. 따라서 두레는 관청·양반·지주들이 침투할 수 없는 자율권력으로서 수령·이향의 관정(官政) 및 양반사족들의 향회·향청으로부터 독립된 소민들의 자치공간이었다. 두레로 조직된 소민들의 이런 자치경험은 19세기에 소민들만이 모인 '민회'의 형성과 운영에 기여한다.[291] 이렇듯 조선후기 이앙법을 기초로 한 농업생산력의 증강은 농촌의 계층분화를 촉진시켰으며, 수공업과 상공업의 발달을 촉진하였다. 5일장을 중심으로 한 장시(場市)의 확장, 선상(船商)을 중심으로 한 전국적인 유통망의 확장이 이루어졌다. 사족의 지배질서는 점차 무너지고 있었으며, 요호부민의 증가는 농민의 성장을 의미함과 동시에 경제력을 바탕으로 한 신분관계의 해체를 촉진했다.[292]

2) 문해(文解)인민의 등장

18세기 신분적 변동의 토대 위에서 문해인민(文解人民, literate people)의 등장이 갖는 의미는 중요하다. 양반사족들이 그들의 문자인 한문을 통해 의사소통과 의견 개진을 하면서 그들의 '역사'를 써 나갔다면, 문해인민들은 언문을 통하여 자신들의 현실을 돌아보고 독자적인 형상들을 만들어 갔다. 지배층 여성과 피지배층 남성, 여성을 두루 포괄하고 있는 이 언문공동체는 '비주류' 또는 '소외'를 내면화한 집단으로서 시간의 흐름에 따라 투서, 벽서, 송사, 소설, 편지, 기록문학 등등의 다양한 방법을 통하여 역사의 주변부로부터 서서히 중심부를 향해 이동하였던 것이다. 언문 독해능력을 갖춘 문해인민의 존재가 중요한 이유는 조선의 정통이념에 대한 긍정적 혹은 이단적 시선을 언문소설, 교리서, 통문(通文) 등을 통해 습득할 수 있는 가능성 때문이다. 생각을 문자로 표현할 수 있는 수단이 마련된다는 것은 의사소통의 장(sphere of communication)이 형성되는 것을 의미한다.[293]

18세기 이래 소위 평민유생 또는 평민지식인이 급증하게 된다. 서당이 이 평민유생을 양성하는 초급기관의 역할을 했다. 18세기부터 문중서당과 동족마을이 서당계를 맺어 세우는 서당들이 급증했다.[294] 놀라운 것은 18세기 도시경제의 성장과정에서 지식의 유통체제인 서적간행·유통체제도 급성장했다는 사실이다. 책사(册肆)·방사(坊肆)·서방(書坊)·서포(書舖) 등 다양한 이름으로 불린 책방이 서울에서 정릉 병문(屛門)과 육조 두 지역에 펼쳐져 있었다. 이 책사들에서는 사서삼경·통감·사략, 그리고 백가제자의 각종 저술서와 동몽선습·천자문 등과 같은 책을 살 수 있었다. 이때는 책을 가지고 다니면서 파는 직업적 책장수들도 나타났다. 이중에는 희귀본을 구해주고 구전을 받는 책주름(册牙人)도 있었다. 또한 이미 18세기 초에 책을 빌려주는 책대여점 세책가(貰册家)도 등장했다. 또한 직업적 필사가들에 의한 서책필사도 많았다.[295] 또 서울의 중부에는 방각본(坊刻本) 서책을 찍어내는 출판사들이 즐비하게 등장했다. 지방에도 유명한 출판사들이 나타났다. 특히 호남의 완판·태인판·금성판 등을 찍어내는 출판사는 전국적으로 유명했다. 따라서 평민들도 책사·책장수·책주름·세책가·필사가 등에게

시 사서삼경·사서·제자백가서 등의 고등서책도 쉽게 구할 수 있었다.[296]

이처럼 18세기 조선사회를 조망하는데 서당은 매우 유용한 분석대상이다. 17세기 이후 대부분의 서원이나 향교가 제향의식에 몰두하여 강학활동이 상대적으로 침체되었던 데 반해, 시종일관 교육활동에 전념한 곳이 서당이다. 서당은 18세기 향촌사회의 변화, 즉 향권과 관권 사이의 접점에 위치했고, 향촌 통제력을 두고 향권과 관권이 충돌하고 조정되는 공간이기도 했다. 조선후기의 사회구조적 변화를 통해 발생한 잔반층의 유민화로 고용 훈장이 다수 발생했고, 이들은 당시 민간신앙이나 참위사상 등에 근거해 향촌민들의 불만을 결집하는 역할을 하기도 했다.

또한 18세기 서당에는 비사족(非士族) 계층의 참여가 확대된다. 서울과 도회지를 중심으로 하여 중인층이 적극적으로 참여한 것은 물론이고, 노비가 서당을 운영한 사례들도 나타난다. 소농층이 서당운영의 주체로 등장하기도 하였다. 조선시대 자율적 결사체의 한 흐름인 계(契)의 확산도 이러한 향촌사회의 변화를 추동하는데 큰 역할을 했다. 18세기 후반 이래 사족집단의 향촌 사회에 대한 지배력은 현저히 약화되고 있었으며, 그 결과 국가는 재지사족을 매개로 하는 종래의 지방정책에서 탈피하여 소농민과 촌락에 대한 직접 지배를 시도하게 되었다. 동계의 변화 또는 새로운 응세조직(應稅組織)으로서의 군포계·호포계·보민계의 출현은 이와 같은 향촌사회 변동의 배경 하에서 이해될 수 있다.[297]

서당계의 확산은 서당의 신분적 변화를 급속하게 한 배경이자 관권의 서당 개입을 약화하는 배경이기도 하였다. 소농민들은 18세기 이후 지주제의 해체와 함께 서당운영의 주도세력으로 등장하였다. 이앙법의 확산과 농기구 혁신, 수리시설 확충 등에 따른 생산력 향상과 소상품생산 등이 전호의 경제적·인격적 자립기반이 되었다. 소농민층의 서당 교육 참여는 기존의 계 조직을 활용한 서당계의 활용도 한몫 하였다. 소농층의 경제적 난제를 극복하는 방안이 계 조직이었다. 1755년 춘천 복중면에서 조직된 교영계(敎英契)는 학장을 모셔와 아이들을 가르치기 위한 대표적 서당계였다.[298]

당시 서당의 정치적 영향력은 영조가 서당의 '민란' 개입을 우려해 서당을 없애도록 지시[299]한 것을 보면 능히 짐작할 수 있다. 정조 역시 서당을 좌도(左道)로 대중을 현혹하는 부류'로 간주하고, 엄단을 지시할 정도였다.[300] 영조대의 서당 훈장 곽처웅 사건(일명 '남원괘서' 사건)에서 확인된 '남사고(南師古)의 비결'에는 지배이념으로서의 성리학에 반하는 "우리도 평민에 있을 날이 오래지 않을 것이다. 왕후장상(王侯將相)이 어찌 종자가 있는가?"[301]와 같은 급진적인 내용이 담겨 있었다.

이런 상황을 종합해 보건대 1890년대 선교사들이 조선에 문자해독능력을 갖춘 사람들이 많다는 사실에 놀란 것은 우연이 아니다. 당시 서당을 통해 이루어지는 향촌의 교육적 역할은 점차 커졌고, 급기야 1호당 1명 이상의 자제가 서당에서 교육 받을 정도로 확장되었다. 동학농민혁명이 있기 약 7년여 전(1887) 비교적 사족의 지배력이 약했던 강원도 정선지역의 조사이기는 하지만 당시 상황을 이해하는데 참고자료가 될 만하다. 정원군수로 부임한 오횡묵이 조사한 바에 따르면, 정선 읍내에서 실상이 파악되는 마을 2개동(95호)에 설치된 서당은 4개, 학동수는 110명에 달했다. 1호당 1명 이상의 학동이 서당에서 교육을 받고 있었다.[302] 전국 단위에서 구체적인 규모를 추산해 보면 18세기 중후반과 19세기 전반에 걸쳐 조선의 서당 수는 2만 1천여 개소, 훈장은 2만 1천여 명, 학동은 26만여 명에 달했을 것으로 추산된다.[303]

서당 졸업생들과 전국 훈장들은 책사·책장수·책주름·세책가·필사가를 통해 고등서책을 사거나 빌려서 계속 독서에 매진하여 대거 평민지식인(평민유생)으로 성장해 갔다. 이렇게 급증한 평민유생들은 18-19세기 동네

유생층 안에서 새로운 지식층으로서 확실한 사회·정치적 지위를 확보하게 되었다.[304] 이들이 바로 18세기 조선에 등장한 문해인민(文解人民)의 한 부류이자, 공론장의 주요 주체들이었다. 이 문해인민의 등장은 국가와 지배계급의 공식 이데올로기와 달리 사고할 수 있는 비판적 공론장을 향유하는 능동적 인민의 등장을 의미하는 것이다.

3) 민회

18세기 향촌질서의 변화에 힘입어 신향의 영향력이 반영된 새로운 향회는 여론수렴, 부세, 재정문제 의정, 수령보좌를 수행하는 지방자치기구로 올라섰다. 그런데 사족이 독점적 향권을 상실함에 따라 향촌사회의 권력구조는 수령이 향회를 보좌기구로 삼음으로써 수령권의 상대적인 강화를 가져왔다. 이런 까닭에 중앙권력과 수령의 지원으로 성장한 향족들은 사족의 향권(鄕權) 상실 이후에도 독자적인 권력구조를 형성할 수 없는 경우가 많았다. 오히려 수령에 붙은 이서(吏胥)들의 기생권력이 강화되어 소위 '수령·이서체제'라는 새로운 수탈권력이 형성되었다. 중앙정부의 재정악화와 이서들의 탐오(貪汚)로 야기되는 지방재정의 약화로 그 부담은 부세징세를 통해 부분적으로 소농층과 빈농층에게 전가되었지만, 그것은 19세기에 권분(勸分, 춘궁기에 부자에게 권해 빈자와 곡식을 나누는 일)·원납(願納, 자원상납)·도결 등 다양한 명목으로 '무단토호'로 불린 구향(사족)과 서울·요호부민 등 신향에게도 전가되었다. 그리하여 임술민란(1862) 이전 향촌의 대결구도는 '수령·이서집단' 대 '유향·소민'의 대립으로 재편되었다. 향촌의 이러한 권력질서에서 19세기 중엽에 들어서면서 신향들조차도 오히려 중앙권력과 수령의 수탈대상으로 전락하게 된 것이다. 이때부터 이들은 중앙권력과 수령

에 대한 저항세력으로 바뀌기도 했다.[305]

　신향, 서얼, 요호부민 등 신향세력은 1862년 농민항쟁(임술민란)기 항쟁의 지도부가 되기도 했는데, 향회와 수령, 구향과의 관계 등에 따라 그 양상이 일률적이지는 않았다.[306] 이정법이 정착되면서, 군역의 부과를 마을 내에서 해결하기 위해 '상하노소제회공론(上下老少齊會公論)'이라는 마을 내의 논의 구조에 상민인 소민들도 참여하게 되었다. 정부가 세금수납의 편리와 안정된 세액 확보를 위해 장려한 이정법으로 마을 모두가 참여하게 된 '리회(里會)'가 점차 마을의 항상적 모임으로 자리 잡았다. 리회는 권농·훈장과 리임·좌상·두민과 대·소민이 다 모여 민의를 수렴하는 공간이 되었다. 동임은 리회에서 결정되었으며, 양반들이 주도하는 동계가 활발한 곳을 제외하고는 마을민의 이해를 대별할 수 있는 사람이 선출되는 경우가 많았다. 리회의 공론을 이끌어 가는데 리임·권농·훈장·좌상의 역할이 중요했기 때문에 이들은 관의 부당한 부세수취에 대응할 때 민을 모아내는 역할을 하기도 했으며, 항쟁과정에서 저항세력의 구심이 되기도 했다. 반대로 경우에 따라서는 관과 함께 농민들을 억압하는 역할을 하기도 했다. 면내에서는 면회(面會)를 통해 공동의 문제에 대응하였다.[307]

　대·소민이 모두 참여할 수 있는 리회·면회를 통해 점차 민의 의식이 성장하였으며, 정치적 입지도 일정하게 강화되었다. 리회·면회에는 마을 내의 모든 민이 참여할 수 있었기 때문에 소민들의 의사가 반영되기도 했으며, 고성현 춘원면 사례처럼 이 리회·면회를 '민회'로 인식하기도 했다. 춘원면에서는 향회가 민의 요구를 충실히 수용하지 못하자 소민들이 별도의 민회를 통해 자신들의 요구를 관철하기 위해 취회(聚會)하였다.[308] 이처럼 향회가 관에 장악되어 있거나 대민들의 이해를 우선하는 경우 민은 민회라는 별도의 모임을 조직하는 경우가 많아졌다. 19세기 중반부터 소민들의 위력시위와 민란이 일상화되자, '민회'는 이 시위·민란 과정에서 향회를 제치고 확산되었다. 앞선 향회가 일반민의 참여나 농민을 직접 대변하지 못하는 기구였다면, 민회는 일반 농민들에게 권리를 주고 참여할 수 있도록 했다는 점에서 중요한 차이가 있다.[309]

이 차이는 민회라는 별도의 명칭을 사용한 것에서도 드러난다. 임술민란에서 동리·면 단위 세포모임인 리회나 면회를 민회라고 부르기도 했고,[310] 여러 리·면회를 포괄하는 군현 단위의 도회를 민회라고 부르기도 했다. 이 시기의 '리·면·도회'는 다 '(소)민'이 주체가 되었기 때문에 관(官)과 완전히 반대되는 주체인 '민'을 나타낼 수 있는 이름으로 불린 것이다. 그렇다고 '민회'라는 명칭이 비공식적으로만 사용된 것은 아니다. 『일성록(日省錄)』에 따르면, 정부에서도 민의 취회를 정확히 민회로 지칭했다.[311] 그리고 민회가 열리는 장소는 민회소(民會所)라 칭했다.[312] 또한 자치기구로 민소(民所)를 두어 민회의 사무를 관장했다.[313] 요컨대 마을의 대·소민이 참여할 수 있는 리회·면회의 존재는 면리가 여론을 형성하는 단위임을 보여주는 것이며, 소민들의 사회적·경제적 성장을 반영하는 것이다.[314]

민회는 수백, 수천, 때로는 수만의 백성들이 한 마당에 집결해 정부에 정치적·사회적·경제적 요구를 제기한다는 점에서 민의 대표적 '참정·의결' 수단으로서의 성격을 갖는다. 고종 19년(1882) 유학(幼學) 이은우가 임금에게 올리는 시정개혁 상소문을 보면, 민회는 관청 주도의 향회에 대립해서 소집·운영되었던 백성들의 정상적 의결기구이기도 했다. 이은우는 관장과 관리들의 남봉의 폐단을 백성들의 민회를 통해 개혁할 것을 아뢰고 있다.

정부부터 관장(官長)의 탐학을 억제하고 각도 각읍에 관련 공문을 하달하고, 이런 정해진 방식 외에 관장과 관리들의 남봉(濫捧, 지나치게 거두어들임)

의 폐가 있으면, 대소 민회가 읍내로 가서(大小民會于邑底) 자기 읍에 청원하고, 자기 읍이 신원하지 않으면 감사의 관아에 청원하고, 감사의 관아가 신원하지 않으면 정부에 청원하고, 정부가 신원하지 않으면 (임금께서) 어좌가 서로 바라보는 곳에 높은 누각을 세우고 구리줄을 어좌의 문 처마 앞에 매고 여기에 큰 방울을 하나 달아, 백성들로 하여금 임금이 듣도록 흔들게 하여, 이를 파직과 출척의 기준으로 삼으십시오.[315]

민회에는 이미 반상·양천(良賤)의 평등이 전제되어 있다. 19세기 중반 이후 작은 동리에서도 민회를 거쳐 불균등하게 배정된 잡역이나 별역 등 동역(洞役)부담을 나눌 것을 요구하는 등장(等狀)이나 서목(書目) 등을 수령에게 제출하고 분동(分洞)을 요구하기도 했다. 이런 요구의 배경에는 적어도 국역부담은 신분을 초월해 균등 분할되어야 한다는 '대동지역(大同之役)'의 의식이 깔려 있었다. 이는 점차 관청에서도 무조건 배척할 수 없는 압력이 되었고, 적어도 조세부담에서는 반상·양천이 평등하다는 균세(均稅)논리가 새로운 정치문화로 자리 잡아 가고 있었음을 보여주는 것이다. 19세기 후반의 향촌은 소민의 성장과 신분상승이라는 점에서 볼 때 17세기 사족 중심의 향촌과 질적으로 구분된다.[316]

이런 정치문화의 변화를 배경으로 소민과 신향세력은 다시 수많은 민회를 주도하면서[317] 1890년대에 들어 농민전쟁의 전국적 지도집단을 형성하기에 이른다.[318] 동학농민혁명 이전의 가장 대표적인 '민회'는 1893년 3월 10일 교조신원과 척왜척양(斥倭斥洋)을 위해 동학교도 2만여 명이 참여한 보은집회일 것이다. 이 보은집회에 선무사로 파견된 어윤중이 정부에 올린 장계에 당시 동학도들의 민회에 대한 인식이 잘 나타나 있다. 장계의 내용 중 민회와 관련한 일부를 소개하면 다음과 같다.

의논하여 정한 일을 하필 너희들과 번거롭게 이지러져 가는 구체를 가지고 목소리를 높일까, 라고 했습니다. 그들은(동학도-인용자) 또한 탐관오리들이 활보하고 있으며, 외국과 교섭한 이후 지금까지 거리낌 없이 잡배들이 무리를 지어 백성의 재물을 약탈하고 있다고 합니다. 비록 징벌하라는 명령이 있었을지라도 실제로 실효가 없었으니 나라에 보고해서 탐관오리를 몰아내도록 해야 한다고 했습니다. 신이 말하기를 이런 것은 조정에서 처분할 것이니 너희들이 어째서 감히 이러는가, 라고 했습니다. 또 말하기를 이 모임은 작은 병기도 휴대하지 않았으니 이는 곧 민회(民會)라고 하며, 일찍이 각국에서도 민회가 있다고 들었는데 나라의 정책이나 법령이 국민에게 불편함이 있으면 회의를 열어 논의하여 결정하는 것이 근자의 사례인데 어찌하여 비류로 조치를 해 버리는가 했습니다.[319]

동학농민혁명 때에는 아예 민회 또는 민회소라는 명칭과 모임형태가 일반화되었고,[320] 1894년 6월 11일 전주화약(全州和約) 후에 조선 역사상 최초로 설치된 관민공치기구인 집강소를 조직하고 운영하는 기반이 되었다.[321] 이후 '민회'라는 말은 더욱 일반화되었고, 1897-1898년에는 심지어 독립협회나 만민공동회도 종종 스스로를 민회라고 지칭했다.[322]

5장

———————————

대동-해방 사상의
전개

1. 대동-해방 이념

1) 동학의 인간존중과 신분해방 사상

앞서 살펴본 바와 같이 스타인버그, 던컨 등의 흔한 오해와 달리 조선에서 성리학적 지배이념이 일사분란하게 민의 영역까지 관철된 것은 아니다. 민의 영역에서는 오래전부터 대동사회·개벽세상의 '보편적 평등관'이 민의 사상적 지류(支流)로 자리 잡아 왔다. 유학적 이상사회의 이념형이라고 할 수 있는 대동사상은 조선의 건국 직후부터 때로는 이상사회론, 참위사상 등과 호응하기도 하고, 1589-1591년간에 정여립[323]과 연루된 인물들이 대거 희생된 기축사화(己丑士禍)에서 드러난 것처럼 '대동계'로 실체화되기도 하고, 18세기 각종 민란과 괘서사건의 배후 사상으로 작용하기도 하였다. 또한 대동사상에 내재한 보편적 평등관은 19세기 중반까지 면면히 이어졌고, 1860년 최제우의 동학 창도를 통해 집대성되었다.

조선후기에 근대적 사회변동의 징후가 풍부하게 발견된다고 해서 그 모습이 반드시 반유교적이어야 하는 것은 아닐 것이다. 오히려 사회변동이란 전통의 관습적 의미망 속에서 배태되고 발전되는 것으로 보는 것이 사회변동의 일반이론에 비추어볼 때 더 타당하다. 이런 맥락에서 볼 때 동학은 조선의 관습적 의미망이라고 할 수 있는 유교적 언어와 규범, 이상, 사회적 상상력을 배태하고 있고, 이 자산들을 근거로 조선 유교사회로부터 근대적 지평을 열었다.[324] 실제 『동경대전』이나 『용담유사』 곳곳에 공자철학의 전거들이 다수 등장한다.[325] 윤사순이 밝힌 바와 같이 "동학사상은 유학의 사상 그대로이거나, 유학사상의 동학적 변용이라 할 수 있다. 유학의 사상 요소를 제외하면 동학이 성립할 수 없을 정도로 동학에서 유학의 사상이 차지하는 비중이 막중"[326]하다.

조선의 유학적 전통 안으로부터 근대적 지평을 연 동력을 꼽으라면, 단연 대동사상일 것이다. 대동세상의 요체는 천하와 나라가 개인의 사유물이 아니라 공기(公器)라는 것이다. 공자는 사회적 약자를 배제하지 않는 천하의 공공성에 기초한 대동세상과 대척적 원리에 서 있는 하·은·주 3대를 '소강(小康)'으로 규정한 바 있다.[327] 소강사회는 내 것, 네 것이 분명히 나뉠 뿐만 아니라 내 것을 아껴 남을 돕지 않고 내 부모, 내 자식만을 사랑하며, 천하와 나라가 개인의 사유물인 세상으로 당대의 현실이라고 할 수 있다.

대동세상은 소유제도 면에서 자기 것과 남의 것이 있되, 자기 것으로 기꺼이 남을 돕고, 환(鰥)·과(寡)·고(孤)·독(獨)과 폐질자, 즉 사회적 약자들을 돕고 챙기는 것이다. 그리하여 "고아나 과부는 물론이고 노인들도 그 세계에서는 결코 소외되지 않는다."[328] 현대적 의미에서 보면 대동사회란 사회복지·완전고용·평화안전이 완전하게 보장되는 사회일 것이다. 또한 대동세상은 제 부모, 제 자식을 먼저 챙기지만 제 부모, 제 자식만을 사랑하지 않는 범애(汎愛)·범인(汎仁)의 세상을 이상세계로 삼았다.[329] 공자가 『예기』「예운」편에서 기술한 대동세상의 원형은 다음과 같다.

대도가 행해질 적에 천하는 공기(公器)였고[天下爲公], 현인과 능력자를 선출해 썼고[選賢與能], 신의를 다지고 화목을 닦았다. 그러므로 사람들은 오직 제 어버이만을 친애하지 않았고 오직 제 자식만을 사랑하지 않았다. 노인은 생을 마칠 곳이 있었고, 장정에게는 쓰일 곳이 있었고, 어린이는 키워줄 곳이 있었고, 환(鰥)·과(寡)·고(孤)·독(獨)과 폐질자는 보살펴줄 곳이 있었다. 남자는 직분이 있었고 여자는 시집갈 곳이 있었다. 재화는 땅에 버려지는 것을 싫어했으나 반드시 자기에게만 숨겨져 있지도 않았고, 힘은 몸에서 나오는 것을 싫어했으나 반드시 자기만을 위하지 않았다. 이러므로 계모(計謀)가 닫혀 일어나지 못했고 도둑과 난적이 활동하지 못했다. 그러므로 바깥문을 닫지 않았다. 이것을 일러 대동이라 한다.[330]

맹자도 공자의 대동세계의 이상을 이어 받았다.

옛날에 주 문왕께서 기 땅을 다스릴 때 농사짓는 자에게는 9분의 1의 세금을 받았고, 벼슬살이하는 자에 대해서는 대대로 봉록을 세습시켜 생활을 안정시켰습니다. 국경의 세관이나 시장에서는 그 사정을 살피고 조사해 보기는 하되, 세금을 받지는 아니하였고, 연못에서 물고기 잡는 것을 금하지 않았으며, 죄인을 처벌함에 있어서는 그 처자에게까지 미치게 하지 않았습니다. 늙어서 아내가 없는 것을 '환'이라 하고, 늙어서 남편이 없는 것을 '과'라고 하며, 늙어서 자식이 없는 것을 '독'이라고 하고, 어려서 부모가 없는 것을 '고'라고 합니다. 이 네 가지에 속하는 사람들은 천하의 곤궁한 백성으로서 아무 데도 호소할 곳 없는 사람들입니다. 문왕께서 정치하실 때에도 반드시 이 네 부류의 사람들을 먼저 구제하였습니다. 『시경』에 이런 시가 있습니다. '난이 닥친들 부자들이야 아랑곳하랴. 그저 애달프기에는 외로운 사람들뿐!'"[331]

공자와 맹자의 대동세계의 이상은 자의적인 권력 행사나 탐관오리 및 소수의 특권계층에 의한 부정부패 및 착취에 의해 고통 받는 모든 백성의 고충을 없애는 데 있다.[332] 동학사상이 동시대의 개화사상이나 위정척사사상과 달리 절대 다수의 민중들에게 지지를 받을 수 있었던 것은 위에서 공자와 맹자가 제시한 대동세상의 원형의 중핵이라고 할 수 있는 인간존중에 기초한 보편적 평등, 즉 대동-해방의 희구라는 민의 지향과 맞아 떨어졌기 때문일 것이다.[333]

동학의 창시자 수운 최제우는 동학의 핵심 원리로 '시천주(侍天主)'를 설파했다. "시(侍)는 한울님으로부터 품부 받은 그 마음을 다시 회복하여 이를 실천하는 것을 말하는 것으로, 안으로는 신령함을 회복하고, 밖으로는 한울님의 무궁한 기운과 융화일체를 이루는 것을 말하는 것으로 '나' 스스로 우주의 중심이며 동시에 '나' 스스로 우주라는 크나 큰 기운으로 연결되어 있음을 깨닫는 것을 의미한다. 주(主)는 한울님을 높여 부르는 말로서, 우리는 낳고 또 키우신 부모와 같이 한 가지로 섬긴다는 뜻이다.(侍者 內有神靈 外有氣化 一世之人各知不移者也, 主者稱其尊而與父母同事者也)"[334] 시천주는 '사람들이 각자 하느님[天]을 자기 안에 모시고 있고 이 하느님이 밖으로 드러남을 알아서 이 하느님을 변치 않게 간직하고 부모를 섬기듯이 섬긴다'는 뜻이다. 이것은 변함없이 자신을 자중자애함과 동시에 남을 한울님으로 모시고 섬긴다는 의미로 조선후기의 맥락에서 볼 때, '시천주'는 혁명적인 인간평등이념의 표출이라고 평가할 수 있다.

최제우가 배타적 지배권력으로 군림하고자 하고, 허세만 남은 사대부들의 차별적 권위를 과감하게 비판한 준거점은 이러한 보편적 인간평등이념에 기반한 것이다. 최제우는 『용담유사(龍潭遺詞)』「도덕가(道德歌)」[335]를 통해 허울만 남은 조선의 양반 행세가 도덕군자의 길이 아니라고 갈파한다. 도덕군자가 한문을 읽고 쓰는 문필 능력에 기초한 지벌(地閥)·문벌로, 출신

성분으로 되는 것이 아니라는 것이다. 이는 동학 창도 시점까지 잔존해 있던 신분제 원리에 따른 지벌이나, 문벌, 혈통의 차이를 근본적으로 부정하고, 인간의 본질적 평등성을 강조하는 것으로 근대적 인간평등 이념에 부합하는 것이다. "약간 어찌 수신하면 지벌(地閥) 보고 가세(家勢) 보아 추세(趨勢)해서 하는 말이 아모는 지벌도 좋거니와 문필이 유여(裕餘)하니 도덕군자 분명타고 모몰염치(冒沒廉恥) 추존하니 지벌이 무엇이게 군자와 비유하며 문필이 무엇이게 도덕의 의논하노?"[336]

이러한 보편적 인간평등 이념은 동학에 대한 가르침 곳곳에 제시되어 있다. 동학도 중에서 문벌과 학벌이 높은 편에 속하는 강원보에게 내린 가르침에도 시천주의 인간평등이념이 잘 드러나 있다.

> 내 도는 문벌을 높이는 도가 아니니라. 문벌이 무엇이기에 군자에 비교할 수 있겠느냐? 문벌은 사람이 만들어낸 것이 아니냐? 하물며 말세의 사람이 욕심을 채우기 위하여 백성을 누르는 권세로 만든 것이 아니냐? 이는 천리를 위반한 행위이니라.[337]

이는 비단 강원보 개인에 대한 가르침이 아니라 시천주의 보편적 인간존중이념이 불가피하게 동전의 양면처럼 잇대고 타파해야 할 신분차별, 즉 양반문벌과 상민의 차별(반상차별)을 혁파하는 근대적 신방해방의 원리를 담고 있다. 특히 눈여겨보아야 할 대목은 반상차별의 철폐를 '천리', 즉 하늘의 이치로 천명하고 있다는 점이다. 이는 "신분이라 하는 것은 본래 귀천의 등급이 있는 것으로 나왔고 다시 귀천은 본래 현자와 우자의 구분에서 나왔을 따름"[338]이라고 신분제를 귀천의 원리로 용인한 반계나, "족(族)에는 귀천이 있으니 마땅히 그 등급을 변별"[339]해야 한다는 다산의 신분제 인식과 상반되는, 가히 혁명적 신분해방의 원리를 담고 있는 것이다.

이렇듯 보편적 인간존엄 이념에 바탕을 둔 동학사상은 당시의 사회적 약자인 여성에 대해서도 보편적 인간존엄의 원리를 적용했다. 수운은 동학의 포덕에서 여성을 중시했다. 『용담유사』가 순국문의 가사체인 이유도 농민들과 부녀자들이 쉽게 읽을 수 있도록 한 배려였다. 「안심가(安心歌)」에서 여성은 거룩한 존재로 지칭된다. "거룩한 내 집 부녀 이 글 보고 안심하소···거룩한 내 집 부녀 근심말고 안심하소."[340] 기존의 성리학적 규범질서에 비추어 보면, '거룩한' 내 집 부녀란 질적으로 다른 새로운 여성관(또는 인간관)의 제시이다. 부녀들도 일도(一道)하여 수련하기만 하면 도성덕립(道成德立)의 군자가 될 수 있다는 평등관을 제시했다는 것은 보편적 인간존엄 원리에 대한 각성이 아니고서는 불가능한 일이다.[341] 여성에 대한 존중은 해월로 이어져 좀더 구체화된다. "지난 때에는 부인을 압박하였으나 지금 운을 당하여서는 부인도통으로 사람 살리는 이가 많으니라. 이것은 사람이 어머니의 포태 속에서 자라는 것과 같으니라."[342] 이러한 동학사상의 인간존중 원리에 기초한 남녀평등관은 수운의 사회관이 반영된 것으로 시천주와 동귀일체관의 구현이자 만민평등사상의 근원으로 이어지는 것이다.[343]

동학의 2대 교주 해월 최시형에 와서 시천주 사상은 보다 구체적이고, 실천적으로 심화된다. 해월은 천일합일적 천도관으로부터 사인여천(事人如天)의 논리를 발전시킴으로써 평등·박애를 주창하고 동학을 생활화했다.[344] 해월은 1880-1890년경 일련의 법설(法說)을 통해 시천주를 "사람이 바로 하늘이니 사람을 하늘처럼 섬겨라(人是天 事人如天)"라는 명제로[345] 정리하는 한편, 이를 경천(敬天)·경인(敬人)·경물(敬物)의 삼경론(三敬論)으로 잇는다.[346]

해월의 '인내천' 사상에는 반상차별에 대한 입장이 구체적이고 명료하게 드러나 있다. 해월이 포덕 6년(1865) 10월 28일(음) 포항시 신광면 마북리 검곡(劍谷, 검등골 또는 금동골)에서 대신사(최제우) 탄신기념제례를 행하면서 인내천에 관해 설법한 내용이다. "사람은 한울이라 평등이요 차별이 없나니라. 사람이 인위(人爲)로써 귀천을 가리는 것은 곧 천의(天意)에 어기는 것이니 제군은 일체 귀천의 차별을 철폐하여 선사의 뜻을 계승하기로 맹세하라."[347] 여기서 반상차별은 명확히 천의(天意)에 어긋나는 것이고, 인간의 '정등(正等)', 즉 '절대평등'이 강조되고 있다. 또 해월은 포덕 7년(1866) 3월 10일 상주 황문규(黃文奎)의 집에서 대신사 환원기념제례를 봉행하면서도 적서차별의 혁파를 설법했다. "지금으로부터 우리 도인들로 하여금 적서차별을 두지 말게 하고 대동평등의 의리를 실준(實遵)케 하라."[348] 해월의 이 법설은 동학도들은 적서에 차별을 두지 말고 대동 평등의 뜻을 실천하라는 지침이다.

반상·적서차별 타파에 대한 해월법설이 실려 있는 『천도교서』의 사료적 가치에 대한 의심[349]도 있지만, 수운과 해월의 동학사상적 연관이 일관되고, 조경달의 의심과 달리 『해월신사법설(海月神師法說)』「포덕(布德)」에도 반상차별 타파에 대한 법설이 제시된 것으로 보면 이 의심은 충분히 해소될 수 있는 것이다. 더구나 『해월신사법설』에 제시된 차별 타파에 대한 입장은 『천도교서』에 나타난 법설보다 더 강하고 직설적이며, 앞서 수운이 반상차별 혁파의 원리를 '천리'에 비유한 것과 동일한 비유가 제기되어 있다. 여기서 해월은 적서의 구별은 가정이 망하는 근본이요, 반상의 구별은 나라가 망하는 근본이라고 일갈하고 있다.

소위 반상의 구별은 사람이 정한 바요 도의 직임(職任)은 하느님이 시키신 바니, 사람이 어찌 능히 하느님께서 정하신 직임을 철회할 수 있겠는가. 하늘은 반상을 구별함이 없이 그 기운과 복을 준 것이요, 우리 도는 새 운수에 돌아서 새 사람으로 하여금 반상을 경정(更定)하고 새로 제정하게 한 것이니라. 지금 이후부터 우리 도 안에서는 일체 반상을 구별하지 말라. 우리나라 안에 두 가지 큰 폐풍이 있으니, 하나는 적서구별이요, 다음은 반상구별이라. 적서의 구별은 망가(亡家)의 근본이고, 반상구별은 망국의 근본이니, 이것이 우리나라 내부의 고질이니라. 우리 도는 두목 아래 반드시 백배 나은 큰 두목이 있으니, 그대들은 삼가라. 서로 공경을 주로 삼고 충절(層節)을 삼지 말라. 이 세상 사람은 다 하느님이 낳았으니, 하늘 백성으로 하여금 이를 공경하게 한 뒤에라야 가히 태평이라 이르리라.[350]

이렇듯 2대 교주 해월에 이르러 동학의 시천주·인내천의 원리는 천리(天理)를 배경으로 삼아 보편적 인간존중이념으로, 근본적 평등사상으로 격상되고, 반상차별, 적서차별과 같은 내부의 고질을 철폐하고 태평세상, 해방세상을 이루는 변혁적 근대 해방사상의 이념으로 육박해 가고 있다.

동학사상의 실천 지침으로 수차례 강조된 보편적 인간존중·평등사상은 결코 공허한 외침이 아니었다. 19세기의 정치사회적 변화와 민의 공감대를 충분히 반영한 것이었다. 인간존중·신분해방 사상은 근대적 신분해방의 임계점에 육박해 가고 있었기 때문에 조선왕조가 어떤 형태로든 화답하지 않을 수 없었다. 정부가 민압에 굴복한 것이든, 민압을 수용한 것이든 근대적 신분해방을 향한 일련의 조치들은 마치 '알속의 새끼와 바깥의 어미가 안쪽과 바깥쪽에서 함께 알을 쪼는 것(줄탁동기, 啐啄同機)'과 같이 민과 정부의 상호작용을 통해 관철되어 나갔다.

2) 신분해방 조치들

한국의 근대화를 추동한 동력 중에 동학만큼 한국 근현대사 서술에서 왜곡되고, 배제되어 온 영역도 드물다. 아직도 동학농민혁명을 청일전쟁의 빌미를 준 사건 이상도 이하도 아닌 것으로 평가하는 경우도 많다. 일제 강점기 동안 동학농민혁명에 대한 왜곡이 가장 심했다. 특히 일제는 패망 직전까지도 1894년 동학농민혁명을 전라도 인민들이 군수의 학정을 견디지 못해 일으킨 난으로 규정했다. 당시 학생들이 배우던 일제의 교과서에는 '일본과 청나라의 전쟁'이라는 소제목 아래 일본의 침략전쟁을 호도하고 내정간섭을 정당화하는 과정에서 부분적으로만 동학농민혁명이 언급되었을 뿐이다.[351] 해방 직후인 1946년 최초로 발행한 『국사교본』도 일제 식민사관과 별반 다르지 않았다.[352] 현재까지도 동학농민혁명에 엉겨 있는 반동적 왜곡 즉, "사회적으로 그들은 당시에 조금씩 붕괴되고 있던 양반 중심 신분체제를 원상대로 온존"하는 반동복고 운동이었다는 견해가 회자되고 있다.[353]

그러나 앞선 '동학의 인간존중과 신분해방 사상'에서 살펴보았듯이 동학은 근대사상의 정수인 인간존중 이념과 신분해방 사상을 근본으로 하는 한국 근대화의 중추적 동력이라고 할 수 있다. 동학의 인간존중과 신분해방 사상은 오랜 민의 경험과 관습, 정부의 시책, 사회경제적 변화 등이 응집된 상호작용의 산물이라는 점에서 더욱 중요하다. 동학의 창도에는 18세기를 기점으로 실체화된 민유방본의 정치철학이 반영되어 있다. 성리학적 지배질서가 견고하게 유지되고, 민유방본론이 단지 정치적 정당성을 위한 레토릭으로 활용되던 조선건국기부터 17세기까지 민유방본은 지배권력의 소극적 해석에 갇혀 있었다.

민유방본의 소극적 해석이란, '백성은 근본이고 주인일지라도 어리석어서 자치(自治) 능력이 없거나 육체·정신노동의 분업구조상 자치가 불가능하므로 충심으로 백성을 위하는 현군(賢君)과 사대부 현자들이 통치를 해주어야 한다'는 식의 민관을 말한다. 이러한 민유방본론의 소극적 해석이 성리학적 지배질서의 엄숙한 원칙으로 관철되는 동안 민본주의의 본유적 혁명성은 심연(深淵)에 잠복해 있을 수밖에 없었다. 당연히 이 민본주의의 소극적 해석이 공자의 정치사상인 백성의 자치·자안·자현론(自治自安自顯論)과[354] 배치되는 것은 물론이다.

성리학자든 실학자든 조선의 사대부들은 '민유방본론'과 '민귀군경론'이 '백성자치론'으로 확장되는 것을 두려워했다. 그러나 민유방본론과 민귀군경론은 그 의미를 아무리 소극적으로 제한하려 해도 "백성이 나라의 근본이므로 임금은 백성을 위한 녹봉제 근로자 또는 백성의 노복이고, 결국 백성이 나라의 주인"이라는 의미일 수밖에 없다. 온정주의적 '위민(爲民)정치'가 아니라 그 본의가 주권재민 또는 백성의 본연적 주인 지위를 내포한 정치철학으로 풀이될 수밖에 없다는 말이다. 따라서 어떤 경로를 통해서든 민의 실체적 성장과 더불어 '백성의 나라'로서의 '민국' 이념은 '민유방본론'·'민귀군경론'과 '칙군자치론'의 결합으로부터 자연스럽게 잉태되어 나왔다. 이것은 '민국'이라는 술어가 관민(官民) 양측에서 점차 일반화되어 정착한 역사적 사실로도 입증되는 것이다.

'민국' 개념과 그 형성과정이 역사학계에 본격적으로 소개된 것은 1990년경 이태진에 의해서다. 민국이념은 '백성의 국민적 성장'과 이에 대한 '탕평군주의 대응과 수용'의 합작품으로 소개되었다.[355] 18세기 탕평군주들은 백성들의 신분해방 요구, 즉 '민압(民壓)'을 적극 수용하고, '소민(小民)들'(서얼·중인·양민·천민)의 정치적 지위향상과 참정 요구에 적극 호응하여 새로운 정치체제의 구축을 모색했다. 탕평군주들은 붕당의 훈구사족들과 대(大)부호민의 기득권에 눌린 소민의 보호를 국가의 '존재이유'로 규정하고, 대대로 왕조를 받든 '세신(世臣)'들을 소민보호의 신(新)왕정을 지탱하는 근왕세력으로 삼고, 훈구사족의 기득권을 박탈하는 방향으로 체제를 재정비했다.[356] 영·정조는 민의 신분해방 요구를 수용하는 한편, 정치적 개혁 이념인 민국 이념을 구현하기 위해 추쇄법의 유예 폐지를 통한 간접적 노비혁파는 물론 직접적으로 시(寺)노비 해방안을 마련하고, 임금노동 촉진, 서얼 등용, 법전 편찬, 법치 확립, 어사제도 강화 개편, 상언 격쟁제도 활성화, 소민도덕교육, 소민을 위한 세제 부역제도 개편 등의 개혁조치를 취했다.[357]

도망노비에게 생계 기반을 제공하는 상공업과 광작농업이 발달하기 시작하자 17세기부터 전국적으로 시작되어, 17세기 후반이 되면 노비의 3분의 1이 도망간 상태였다. 도망노비를 추적하기 위해 추쇄법(推刷法)과 추쇄도감(推刷都監)이 있었지만, 별다른 성과를 거두지 못했다. 추쇄 또는 추노(推奴)의 폐단과 비리가 심해서 국가와 지방관청이 개입하여 추쇄를 막는 경우가 많았기[358] 때문이다. 게다가 도망노비의 추쇄에는 시한이 있어 도망한 지 60년이 경과하고 본인이 생존해 있지 않거나 연속 2대 이상 양역을 지고 있는 자는 도망노비라도 추쇄할 수 없었다.[359]

18세기 들어 대동법 실시 이후 상공업이 급속하게 발달하자 노비의 도망 추세는 더 확산되었다.[360] 1783년부터 1789년 사이의 대구부 호구장적을 분석한 결과를 보면 노비감소의 원인별 수치는 사망 25명, 방매 33명, 도망 1165명으로 도망이 압도적으로 높은 비중을 차지했다.[361] 이런 추세가 지속되었고, 사학(四學)노비 중 30년 전 천 명에 달했던 서학(西學)의 노비가 1739년에 100명에도 미치지 못하는 지경이었다.[362] 1737년(영조 13년) 전라도 남원 관노비도 37명 중 34명이 도망했다.[363] 이런 추세는 영조가 1731년 고공의 지위 안정을 위해 흉년·국방·지역특수성을 이유로 자주 추쇄법의 효력을 정지시키자[364] 더 가속화되었다.

정조는 추쇄법의 영구혁파와 더불어 노비제 자체의 혁파를 추진하기에 이른다. 1778년 정조는 일단 추쇄법 자체를 혁파하고,[365] 1783년에는 8도에 "추노와 채무징수 및 각 아문궁방의 무릇 백성을 소요케 하는 일은 일절 엄히 방지하는(其六曰 推奴徵債 及各衙門宮房凡係擾民之事 一切嚴防也)" 윤음을 내렸다.[366] 정조는 정조 7년(1784) 고공의 최소생계를 보장하기 위해 고용주가 5년 이상 고용 노동자에게 10냥의 임금을 몰아주는 '고공법(雇工法)'을 제정했다.(『대전통편』 수록)[367] 1778년 추쇄법 폐지와 1784년의 고용법 제정은 국가가 노비를 도주하도록 이중으로 고무하는 조치들이었다. 이런 추세 속에서 16-17세기 전체 인구의 30%에 달하던 노비는 18세기에 10% 미만으로 줄었다. 특히 외거노비들은 도시나 먼 농촌으로 달아나 상공인과 대민의 비호 하에 고공이 되었다가 점차 양인(良人)으로 신분상승을 도모해 나갔다.[368]

대동법 실시 이후 전국 각지에서 발달한 도시 상공업과 광산촌, 관청의 토목공사, 광작농업, 궁방이나 각사에 의해 어장이 설치되어 추쇄가 금지된 도서지방, 추쇄가 일찍이 금지된 군사시설의 변경촌, 사찰 등은 도망노비들에게 고용관계를 통해 일터와 삶터를 제공했다. 직접 행상이나 상업에 종사하는 도망노비들도 나타났다.[369] 노비의 도망추세는 부분적 현상이 아니라 국가의 부추김, 상공업의 발달 및 임금노동의 일반화와 결합되어 전국적으로 대량 발생하면서 "신분제를 전반적으로 무너뜨리는 힘으로 작용했다."[370]

정조의 급작스런 죽음 이후에도 이러한 노비혁파안은 그대로 관철된다. 12세 순조는 아버지 정조의 유지를 받들어 공노비 해방을 시행한다.[371] 순조는 승지에게 명하여 내사(내수사)와 각 궁방 및 각 관사의 노비안을 돈화문 밖에서 불태우게 했다. 이로써 궁에 물품을 대는 내수사에 속한 각도 거주 노비와 영흥·함흥의 두 본궁에 소속된 노비 및 기타 궁방들에 속한 내노비 도합 36,974가구, 35개 중앙관청에 소속된 시노비 도합 29,093가구, 총합 66,077가구(약 25만 명)가 해방되었다.[372]

1860년 동학이 창도되던 시기에는 앞서 살펴본 바와 같이 이미 향촌질서의 신분제적 변화와 향촌의 결사체 조직이 활성화되었고, 노비 혁파 등에서 확인되듯이 정부 차원의 신분해방 조치들이 경험적으로 누적되어 있는 상황이었다. 또한 정치적으로 영·정조기 '민국' 이념은 세도정치기 반동정체의 암흑기를 뚫고 고종으로 계승된다. 고종시대는 노비의 평민화, 평민의 양반화로 신분질서가 무력화되고, 향촌 지배구조의 참정형태가 사족들의 향회에서 유향의 향회로 발전하고 이 유향들의 향회가 다시 소민들의 '민회'로 발전하는 정치사회적 대변동으로 영·정조 이래 추구되어 온 민국이념에 실질적 내용이 채워지고, '민국' 용어가 대중적으로 확산되는 시대였다. 이렇듯 탕평정체기 '백성의 나라'라는 의미로 민국 계승을 강하게 천명한 고종은 이미 '갑오개혁 이전'[373] 강력한 신분타파 조치를 연이어 취한다. 먼저 고종은 음력 1882년 9월 4일(음7.22)에 이미 서북인, 송도인, 서얼, 의·역관, 서리, 군오(군졸) 등 소외계층에 대한 출사제한을 철폐하는 개혁조치를 발표한다.[374]

우리나라에서 문벌을 숭상하는 것은 참으로 천리(天理)의 공평한 이치가 아니다. 나라에서 사람을 등용함에 있어서 어찌 귀천으로 제한을 둔단 말인가? 이제 경장(更張)하는 때를 당하여 마땅히 사람을 등용하는 길을 넓혀야 할 것이다. 서북인, 송도인, 서얼, 의원, 역관, 서리, 군오들도 일체 현직(顯職)에 통용하라. 오직 재주에 따라 추천하되 만일 특이한 재능이 있는 사람이 있으면 중앙에서는 공경과 백관들이, 지방에서는 감사와 수령들이 각기 아는 사람들을 천거하여 전조(詮曹)에 보내면 내가 선발하여 등용하겠

다.[375]

공무담임에서 신분차별을 타파하는 1882년 9월 초의 이 신분해방 조치에
이어 고종은 1883년 2월 5일(음1882.12.28)에는 종래의 '세습귀족의 풍속[世貴
之風]'을 반성하면서 농민·상인·수공업자의 자식일지라도 출신과 무관하
게 학교에 입학할 수 있게 하는 교서를 내렸다.

> 왕은 다음과 같이 말한다. 예로부터 치화(治化)를 갱신하려면 먼저 선입
> 관을 깨버려야 한다. 우리나라에서 문벌을 세습하는 유풍은 그 유래가 오
> 래되었다. 귀족들은 지서(支庶)가 수없이 뻗어나가 부모를 섬기고 자식을
> 기를 밑천이 없고, 천민은 문벌이 한미(寒微)하다는 이유로 먼 옛날부터 억
> 눌려 살아 왔다. 번성하게 하고픈 마음은 비록 간절하였지만 도와서 계도
> 하는 것이 어려워 나는 몹시 안타깝다. 지금 통상·교섭을 하고 있는 이때
> 에 관리나 천한 백성의 집을 막론하고 다 크게 재화를 교역하도록 허락함
> 으로써 치부를 할 수 있도록 하며, 농·공·상고(商賈)의 자식도 학교에 들
> 어가는 것을 허락하여 다 같이 진학하게 한다. 오직 재학(才學)이 어떠한지
> 만을 보아야 할 것이요, 출신의 귀천은 따지지 말아야 할 것이다.[376]

이 두 번의 반상·적서·양천(良賤)차별 혁파조치로써 봉건적 신분질서는
적어도 공적으로 정치사회적 의미를 완전히 잃었다고 할 수 있다. 1886년 4
월 14일(음3.11) 고종은 순조가 정조의 유훈을 이어 내수사노비(內需司奴婢)
와 중앙관노비(中央官奴婢)를 해방한 이후에도 잔존해 온 사노비(私奴婢)를
해방하는 조치를 단행했다. 1886년 4월 14일(음3.11)에는 노비해방절목이 반
포·시행되었다.[377]

18세기 향촌의 변화와 신분질서의 균열, 민의 성장과 이에 대한 민국정체의 등장이 영향을 미쳤겠지만, 1801년 정조의 유훈을 받은 순조의 공노비 해방부터 민국이념의 계승을 표방한 고종이 1882·1883년 '신분혁파령'과 1886년 '노비해방령'을 반포한 19세기는 조선에서 신분해방이 제도적으로 관철된 시기라고 할 수 있다. 물론 이 19세기 동안 민의 영역에서도 중대한 변화들이 일어났다.

1860년 수운이 동학을 창도하고, 보편적 인간존중·평등 원리에 입각한 '시천주(侍天主)'를 설파한 이래, 1865년 해월의 인내천 설법의 전개와 더불어 동학도들이 가파른 속도로 늘어갔다. 만일 18세기부터 동학 창도 직전인 19세기 중반까지 누구도 신분차별에 대해 이의를 제기하거나 정부의 조치를 경험해 보지 못한 상황이었다면, 동학도의 숫자가 그렇게 폭발적으로 일어나지 못했을 것이다. 근대를 향한 신분제적 균열의 경험이 18세기 조선의 생활세계에 누적되어 있었기 때문에 동학의 인간존중·신분해방 사상이 민의 공감대 속에서 빠른 속도로 확산될 수 있었다.

시기적으로 본다면, 수운의 동학 창도 이후 수운과 해월의 인간존중사상과 신분해방 사상의 설파가 1860년에서 1880년에 걸쳐 있다면, 신분해방령과 노비해방령 등 정부의 일련의 신분해방 조치들은 1882년에서 1886년 사이에 걸쳐 있다는 점에 주목할 필요가 있다. 동학농민혁명에서 본격화된 신분해방 운동은 이러한 정치적 경험을 축적한 상태에서 보다 실효성 있게 전개될 수 있었다.

2. 동학농민혁명과 신분해방

1) 동학농민군의 신분해방운동

1882년(양1882-1883) '신분해방령'과 1886년 3월 '노비해방절목'[378]의 반포에
도 불구하고 정부 관리의 등용에 있어 신분제약이 잔존했고, 노비제도 역시
일거에 타파되지는 못한 상황이었다. 앞서 실학자들의 소극적 신분해방 논
의에서 확인되듯이 수백 년 누려온 기득권층의 양반 중심 질서 옹호가 만만
치 않았을 뿐만 아니라 지방 구석구석까지 신분해방이 관철되기에는 아래
로부터의 호응이 절대적으로 필요했다. 노비해방절목만 하더라도 양반지주
의 저항 때문에 일률적으로 시행되지 못했다. 1886년 정부의 노비해방절목
이 발표된 지 5년이나 지난 1891년 시점에도 전라도 동학교단 좌도 편의장
(便義長)을 맡은 남계천이라는 인물이 백정 출신이라는 것이 동학교단 내에
서 문제로 불거지는 사건이 있을 정도였다.[379]

이렇듯 1894년 동학농민혁명 직전까지도 생활세계 영역 곳곳에서는 신분
제를 둘러싼 갈등이 있었다. 우리 근현대사에서 재평가해야 할 동학농민혁
명의 중요한 의의 중 하나가 근대적 신분해방이 관철되는 역사적 결절점이
었다는 사실이다. 먼저 1894년 3월(음) 동학농민군의 봉기 과정에서 발표한
것으로 추정[380]되는 〈백산격문〉에 나타난 신분제적 기득권층을 향한 동학
농민군의 신분해방 요구를 살펴보면 다음과 같다.

우리가 의(義)를 일으켜 이에 이른 것은 그 본의가 결단코 다른 데 있지
아니하다. 창생(蒼生)을 도탄 가운데서 건지고 국가를 반태(磐泰) 위에다 두
자 함이다. 안으로는 탐학한 관리의 머리를 베고 밖으로는 강포한 도적의

무리를 구축하자 함이니, 양반과 부호 앞에 고통을 받는 민중과 방백수령의 밑에 굴욕을 받는 소리(小吏)들은 우리와 같이 원한이 깊은 자라. 조금도 주저치 말고 이 시각으로 일어서라. 만일 기회를 잃으면 후회하여도 어찌 못하리라.

　　갑오 정월 십칠일. 고부백산의 호남창의소.[381]

　'양반과 부호 앞에 고통을 받는 민중'과 '우리와 같이 원한이 깊은 자'라는 구절에 신분 차별 타파를 향한 요구가 집약되어 있다. 동학농민군의 신분해방 요구는 이와 같은 거의(擧義) 선언에서 그치지 않았다. 동학농민군은 '집강소(執綱所)'[382]를 통해 삼남 전역에서 신분제적 잔재를 일소하기 위한 신분 타파 조치를 실행에 옮겼다. 세계사적으로 유례가 없는 동학농민군과 정부 사이의 관민공치 사례인 '집강소'에 대해서는 사료적 논란이 있기 때문에 집강소 설치의 시점과 역할에 대해 꼼꼼하게 살펴볼 필요가 있다.

　집강소 설치의 시작은 전라감사로 부임한 김학진이 5월 19일(음) 이전으로 추정[383]되는 시기에 6개조를 조건으로 농민군 해산을 요구하는 효유문을 발표하면서 비롯되었다.[384] 효유문의 6개조 중 집강소 설치에 관해 권고하고 있는 2조를 소개하면 다음과 같다.

　　조정은 이미 그대들에게 귀화를 허했다. 영문(營門, 감영)도 역시 그러한 즉슨 그대들은 귀환하는 날로 즉시 평민일 따름이다. 만일 이웃마을에서 구원(舊怨)으로 손가락질하거나 만일 관리가 이전의 일로 침색(侵索)한다면 너희들의 종적이 위태로울 뿐 아니라, 어찌 조정이 너희들에게 귀화를 허했던 본의가 있겠는가? 영문은 마땅히 따로 신칙하여 이를 엄금하고, 그대들로 하여금 안도하게 만들 것을 기약할 따름이다. 그대들은 그대들이 사는 곳인 면리에 각기 집강을 두고 만일 그대들이 억울함을 말해야 할 것이 있으면 당해 집강이 이유를 갖추어 영문에 제소하여 공적 결정을 기다리면 될 것이다.[385]

효유문을 통해 김학진이 집강소 설치를 권고하고 있는 것은 농민군의 거듭되는 폐정개혁 요구를 무시할 수 없게 되었기 때문이자, 전주화약 후 농민군이 자치화하려는 움직임에 대한 대응조치였다고 보는 것이 타당할 것이다.[386] 황현의 『오하기문』에 따르면, 정부의 집강소 호응 이전에 이미 동학농민군은 자체적으로 이 '자치화하려는 움직임'을 시작하고 있었다. 김학진이 전주성에 입성한 시점인 5월 8일(음)을 전후로 해서 "매읍마다 접을 설치하고 이를 대도소라 부르고 대도소에는 1인의 접주를 뽑아서 태수의 일을 행하게 하고 이를 집강이라 부르고 벼슬의 유무를 따지지 않았다"[387]는 기록이 보인다.

『갑오약력(甲午略歷)』의 기록에 따르면, '관민상화'를 원칙으로 한 집강소가 전라도 각지에 본격적으로 설치되는 시점은 6월 초순이다.

6월, 관찰사가 감영으로 전봉준 등을 불렀다.[388] 이때 성을 지키던 군졸들은 각자 총과 창을 쥐고 좌우에 정렬하였다. 전봉준은 높은 관과 삼베옷을 입고 당당하게 들어오면서 조금도 꺼리는 기색이 없었다. 관찰사가 관민(官民)이 서로 화해할 계책을 상의하고 각 군(郡)에 집강(執綱)을 두는 것을 허락하였다. 이에 따라 동도가 각 읍을 할거하고 공청(公廳)에 집강소를 설치하고 서기(書記)·성찰(省察)·집사(執事)·동몽(童蒙)과 같은 임원을 두어 완연히 하나의 관청을 이루었다.[389]

『갑오약력』의 위 기록이 비록 동학농민군에게 우호적이지 않은 관점으로 기술된 것이지만, 면리 단위의 집강을 거론한 김학진의 1차 효유문과 비교하여 추가로 확인되는 사실은 집강의 설치 장소와 성격이다. 집강은 각 읍에 설치되었고, 집강소는 행정보조기관이 아니라 자치관청의 성격을 가진 것으로 확인된다. 집강소의 권한이 치안만이 아니라 사회개혁을 할 수 있는 수준까지 확대[390]될 수 있었던 배경은 두 가지 차원의 뒷받침이 상호작용했기 때문에 가능했다고 할 수 있다.

첫째, 5월 초(음) 전주화약 이후 동학 입도자들이 급격하게 증가했고, 동학에 대한 지지가 광범위하게 확산되었다. 『오하기문』의 기록에 따르면, 평·천민들만이 아니라 수령과 사족들 중에서 동학당을 추종하는 사람들이 많아졌고, 백성들은 이런 수령과 사족을 본받아 멀리서 먼지만 봐도 동학에 귀부(歸附)하여 『동경대전』을 큰 성인의 저술로 여기며 동네마다 강습소를 개설하고 이른 새벽부터 늦은 야밤까지 공부했다. '시천주(侍天主)'의 주문을 외는 소리가 좁은 길에 쉴 새 없이 비등하여 호남에서 경기까지 천리를 끊어지지 않고 이어졌다.[391] 또한 집강소 시기 동학조직은 급격히 팽창하였으며, 특히 평민·천민층이 동학에 대거 입도하였다. 평민들의 농민군 참여에 대하여 당시 무안현감은 "평민으로 가담하지 않은 자가 드물다"고 할 정도였다.[392]

둘째, 동학도의 포와 접에 설치된 동학농민군의 자치조직이라고 할 수 있는 '도소(都所)'가 동학에 대한 지지 확산과 더불어 조직적 확장은 물론 영향력도 커졌다. 집강이 '관민상화' 원칙에 따라 주로 치안을 담당했다면, 도소는 농민군의 활동과 민정 전반을 관장하는 역할을 수행했다.[393] 한 읍에서 집강소와 도소의 관계는 ① (대)도소와 집강소가 농민군 주도 아래 동일 장소에 있거나, 동일 인물이 양자를 겸임하고 있던 읍, ② 동학에 거짓 입교한 지배 측 분자가 집강소의 중핵이 되고, 농민군 도소가 그것과 따로 복수로 설치되었던 읍, ③ 전·김 회담의 합의를 무시하고 집강소를 설치하지 않은 채 (대)도소만이 강력하게 존재하고 있었던 읍의 형태로 존재한 것으로 보인다.[394] 이 도소 조직은 집강소가 원활하게 작동하지 못하는 지역에서 집강소의 역할을 대신하거나 집강소와 보완적·협력적 관계를 유지하며 활동했다.

오지영에 의하면 당시 전라도 53주에 집강소가 설치되었고, 집강소는 의진(義陣)이 호위하고 지켰다. 집강소 행정은 주무를 맡은 집강과 나란히 십수인의 의원(議員)을 두어 '협의체'로 운영하였다. 또 선출된 1인의 도집강이 전도(全道)를 대표했다. 기존의 대소 관리들은 오직 사무 책임만을 맡았다. 그리고 집강소 행정의 지침이 될 〈집강소의 정강(폐정개혁안)〉을 수립했다.[395] 동학농민혁명의 근대화 지향을 논하는 데 있어 〈집강소의 정강〉이 중요한 것은 일본군에 의한 경복궁 무력점령 이후 동학농민군의 투쟁 기치가 '반일투쟁'으로 집약되는 반면, 이 집강소 시기의 정강에 사회개혁을 향한 동학농민군의 지향이 상대적으로 잘 드러나 있기 때문이다.

이 집강소 정강에 대한 기록이 전해져 오는 것은 오지영(吳知泳, 1868-1950)의 『동학사』인데, 초고본은 1924년을 전후하여 집필되었고, 간행본 『역사소설 동학사』는 1940년에 공간된 것으로 확인된다. 『동학사』는 대한제국기와 일제시기에 나온 동학계 교사(敎史) 중 동학농민혁명에 대해서 가장 상세하게 기술하고 있는 사료다.[396] 그런데 『동학사』의 초고본[397]과 간행본[398]에서 집강소의 정강이 일부 불일치한다. 이 차이를 감안해서 당시 집강소의 정강이 소개된 부분을 비교·정리하면 다음과 같다.

집강소의 정강

초고본	간행본
1. 인명을 남살(濫殺)한 자는 벨 것	1. 도인과 정부 사이에는 숙혐(宿嫌)을 탕척하고 서정(庶政)에 협력할 것
2. 탐관오리는 거근(袪根)할 것	2. 탐관오리는 그의 죄목을 사득(査得)하여 일일이 엄징할 것
3. 횡포한 부호배를 엄징(嚴懲)할 것	3. 횡포한 부호배를 엄징할 것
4. 유림과 양반배의 소굴을 토멸할 것	4. 불량한 유림과 양반배는 징습(懲習)할 것
5. 천민 등의 군안(軍案)은 불지를 것	5. 노비문서는 화거(火袪)할 것
6. 종문서는 불지를 것	6. 칠반(七班)천인의 대우는 개선하고 백정두상에 평양립(平壤笠)은 탈거(脫去)할 것
7. 백정의 머리에 패랭이를 벗기고 갓을 씌울 것	7. 청춘과부는 개가를 허할 것
8. 무명잡세 등은 혁파할 것	8. 무명잡세는 일절(一竝) 시행하지 말 것
9. 공사채를 막론하고 과거의 것은 같이 시행치 못하게(竝勿施) 할 것	9. 관리채용은 지벌을 타파하고 인재를 등용할 것
10. 외적(外賊)과 연락하는 자는 벨 것	10. ○과 간통(奸通)하는 자는 벨 것
11. 토지는 평균분작(平均分作)으로 할 것	11. 공사채를 막론하고 기왕의 것은 일절 시행치 말(幷勿施) 것
12. 농군의 두레 법은 장려할 것	12. 토지는 평균으로 분작(分作)케 할 것

※ 간행본 항목의 굵은 글씨는 초고본의 12개조와 공통된 항목을 표시한 것이다.

집강소 정강에 한정해 보면, 간행본의 12개 항목 중 9개 항목이 초고본과 유사하다. 그러나 초고본의 "1. 인명을 남살한 자는 벨 것", "5. 천민 등의 군안은 불지를 것", "12. 농군의 두레 법은 장려할 것" 등 3개 항목은 "1. 도인과 정부 사이에는 숙혐을 탕척하고 서정에 협력할 것", "7. 청춘과부는 개가를 허할 것", "9. 관리채용은 지벌을 타파하고 인재를 등용할 것" 등 간행본의 3개 항목과 일치하지 않는다. 그리고 간행본은 초고본과 달리 한자말로 바뀌고 표현이 순화된 점과 표현이 수식·제한으로 인해 복잡해진 점에서 초고본과 차이가 난다. 집강소 정강에 이러한 차이가 나타나는 것은 오지영의 기억에 의존한 측면이 강하고, 집강소가 지역적 특수성에 따라 도소와 결합되거나 적대적이거나 하는 등의 차이가 있었던 점, 간행본을 집필할 당시 천

도교 내의 정통성 투쟁 등에 영향을 받은 측면이 있는 것으로 보인다.[399]

초고본과 간행본을 전체적으로 비교하면, 간행본에는 오시영, 오하영 등 오지영의 형제들과 전봉준을 부각시키려는 의도가 보이고, 대원군이나 유림측은 물론 소상인들과의 연계에 대해서는 숨기려는 인상을 받았다는 평가도 있다. 이는 동학농민혁명을 동학교도들이 주도하였음을 더욱 강하게 드러내려는 의도로 보인다. 물론 간행본이 수정된 것은 초고본의 오류를 바로잡은 것일 수도 있다.[400]

그러나 오지영이 전거를 밝혀두지 않았기 때문에 차이가 나는 정확한 이유를 단언하기는 어렵다. 현재적 관점에서 판단하건대, 초고본과 간행본에 나타난 '집강소 정강'의 몇몇 대목의 차이가 당시 직접 동학농민군으로 참여했던 오지영의 경험과 기억의 재구성을 부정할 수 있을 정도로 크다고 보기는 어렵다. 따라서 일부의 사료적 논란에도 불구하고, 동학농민군의 개혁안은 실재했던 것으로 보는 것이 타당해 보인다.

이러한 논란의 여지를 감안하고, 초고본에서 신분해방의 지향을 밝히고 있는 조항을 찾아보면, "4. 유림과 양반배의 소굴을 토멸할 것, 5. 천민 등의 군안(軍案)은 불지를 것, 6. 종문서는 불지를 것, 7. 백정의 머리에 패랭이를 벗기고 갓을 씌울 것" 등이다. 또 동학사상의 인간존중 원리가 강조되는 조항은 "1. 인명을 남살(濫殺)한 자는 벨 것", 평등지향적 요구와 관련해서는 "8. 무명잡세 등은 혁파할 것, 11. 토지는 평균분작(平均分作)으로 할 것" 등이다. 간행본에는 "4. 불량한 유림과 양반배는 징습(懲習)할 것, 5. 노비문서는 화거(火袪)할 것, 6. 칠반(七班)천인의 대우는 개선하고 백정두상에 평양립(平壤笠)은 탈거(脫去)할 것, 7. 청춘과부는 개가를 허할 것 9. 관리채용은 지벌을 타파하고 인재를 등용할 것, 12. 토지는 평균으로 분작(分作)케 할 것" 등이 제시되어 있다.

이 정강들을 면밀히 살펴보면, 동학사상의 중핵과 상통하는 것을 알 수 있다. 이러한 정강이 실행되었다면 어떤 상황이 전개되었을까? 오지영은 길지 않은 시간이었지만 집강소에서 이 정강들을 실행한 후 들려오는 세간의 평가를 적나라하게 기술해 놓고 있다. 집강소 정강의 제시에 연이어 서술된 이 세간의 평가는 간행본에서 일부 표현을 다소 순화했을 뿐 초고본이나 간행본이나 대동소이하다.

> 이상(以上)의 모든 폐해(弊害)되는 것은 일병(一竝)으로다 혁청(革淸)하는 바람에 소위 부자빈자(所謂富者貧者)라는 것과 양반상(兩班常)놈 상전(上典)·종놈·적자(嫡子)·서자(庶子) 등(等) 모든 차별적(差別的) 명색(名色)은 그림자도 보지 못하게 되엿슴으로 하야 세상(世上)사람들은 동학군(東學軍)의 별명(別名)을 지어부르기를 나라에 역적(逆賊)이오 유도(儒道)에 난적(亂賊)이오 부자(富者)에 강도(强盜)오 양반(兩班)에 원수(冤讎)라고 하는 것이며 심(甚)한즉 양반(兩班)의 뒤를 쓰으라고 兩班의 불알까지 발으는 흉악(凶惡)한 놈들이란 말까지도 써드렷섯다.[401]

오지영이 전하는 풍문에 따르면, 집강소 정강이 실질적으로 집행된 결과는 "부자와 빈자, 양반과 종놈·적자·서자와 같은 모든 차별이 사라져 그림자도 보지 못하게" 되었다는 것이다. 동학농민군을 '나라의 역적', '유도에 난적', '부자에 강도', '양반의 원수'라고 부른 사람들은 양반지주나 성리학적 유생, 관리 등 자신들의 기득권을 공격당하는 대상들이었다. '대를 잇지 못하게 양반의 불알까지 바르는 흉악한 놈들'이라는 말이 떠돈다는 것은 동학농민혁명 당시 신분해방과 평등사상의 발현이 혁명적으로 관철되고 있던 상황을 상징하는 것이다.

다만, 1894년 동학농민군의 신분해방과 인간평등 요구가 집약적으로 제시된 '집강소 정강'(폐정개혁안)의 실재성 여부에 대한 논란이 있기 때문에 이에 대해서는 별도의 검토가 필요하다.

2) 『동학사』와 폐정개혁안의 사료적 논란

(1) 역사소설 『동학사』의 사료적 가치

『동학사』의 사료적 가치를 아예 부정하는 논자로는 유영익이 대표적이다. 유영익은 "1894년 농민봉기의 진보성을 강조한 연구자들이 금과옥조로 인용하는 오지영의 『역사소설: 동학사』는 역사소설이라는 책 제목의 관식어가 함축하는 바와 같이 저자의 상상력이 가미된 저술이기 때문에 참고할 가치는 있으나 완전히 믿을 수는 없는 사료이며, 특히 이 책에 실린 12개조 '폐정개혁건'은 초고본 『동학사』에 실린 개혁조건과 내용이 상치되기 때문에 더욱 믿고 인용해서는 안 된다." "근대 많은 역사가들은 1894년 농민봉기의 진보적 내지 사회혁명적 성격을 입증하기 위해 이 「폐정개혁건」을 금과옥조로 인용하고" 있지만, 이 문건은 믿어서는 안 되는 자료라고 주장한다. "천도교계의 한 아마추어 역사서술가가 국내의 사회주의 사상이 팽배했던 1930년 후반에 자가선전을 겸하여 집필한-역사소설이라는 관식사가 딸린-일종의 야사임을 명심할 필요가 있다"는 것이다. 그는 오지영이 전문학자가 아니라 단순한 아마추어 역사서술가이자 야사저술가라는 점을 강조한다. 또한 『동학사』는 봉기가 발생한 지 약 40년이 지난 뒤에 다분히 저자의 부정확한 기억에 의거하여 쓴 것이라고 주장한다.[402]

유영익이 가장 중요한 전거로 들어 문제 삼는 것은 역사소설이라는 『동학사』의 관식사이다. 『동학사』의 제목에 관식사로 붙어 있는 역사소설, 즉 허구적 이야기를 지어낸 책이기 때문에 이 자료를 신뢰할 수 없다는 것이다. 유영익의 이 주장 이후 실제로 『동학사』의 사료적 가치를 의심하는 연구자들이 부쩍 늘어났다. 이명박 정부 당시인 2009년 개정 교육과정에서 '역사소설'을 둘러싸고 웃지 못할 해프닝이 벌어지기도 했다. 천재교육 교과서를 제외한 5종 교과서가 오지영의 『동학사』에 수록된 12개조 폐정개혁안을 탐구 활동자료로 활용하면서 전거의 명칭을 오지영의 '역사소설 동학사'로 일제히 변경했다. 일부 심사자들이 이전까지 문제 삼지 않던 『동학사』 명칭을 검정 심의과정에서 문제 삼은 것이다. 이들은 1940년 간행될 때 표기된 명칭을 써야 한다고 주장했고, 결국 관철시켰다. 초고본에서 간행본 역사소설 동학사로 전거를 변경하라는 요구의 배경에는 유영익의 주장을 좇아 역사소설을 허구적 소설이라는 의미로 이해하고, 이 관식사를 삽입하여 사료의 신뢰성을 떨어뜨리겠다는 의도가 있었던 것으로 보인다. 더 안타까운 것은 당시 역사학계에서도 역사소설을 유영익의 주장과 같이 이해하고 있었다는 사실이다. 김태웅은 "이러한 명칭은 학생들에게 사료의 신뢰성을 떨어뜨리고 이해의 혼선을 빚는 전거 명칭으로 학계의 일반적인 의견과 성과에 비추어 볼 때, 역사소설이라는 군더더기를 삭제하고, '동학사'로 표기해야 한다"고 비판했다.[403]

역사소설이라는 관식사를 근거로 사료의 신뢰성을 문제 삼는 논변이 갖는 결정적인 오류는 역사소설의 이 소설이 허구적으로 지어낸 이야기라는, 현대적 의미의 말 그대로 소설이 아니라는 사실을 간과한 데 있다. 물론 동학사를 출간할 당시 조선총독부의 검열을 피하기 위한 방편으로 허구로 지어낸 이야기란 의미로 조선총독부가 속아 주기를 바랐을 수 있다.[404] 그러나 당시 소설은 권위 있는 경전에 비해 오지영 자신이 『동학사』를 낮추어 부르기 위해 쓴 말이라고 보는 게 타당해 보인다.[405] 윤석산에 따르면, "『동학사』가 출간된 1940년은 물론 우리나라에 서양의 개념인 소설이 들어왔고, 또 이가 통용되던 시기이기도 하다. 그러나 오지영이라는 인물은 현대식 교육을 받은 사람이라기보다는 서당 등의 교육을 받은 사람이다. 따라서 오지영에게는 비록 1940년이라는 시간대에서도 '전통적인 동양의 소설'이라는 관념이 자리하고 있었을 것으로 판단된다"[406]는 것이다.

윤석산의 주장과 같이 실제 오지영 활동 당시 소설의 의미는 지금과 달랐다. "'소설'은 '대도'에 관한 말씀과 대립되는 소도에 관한 이야기이지만, 기록자 자신의 식견을 바탕으로 심층취재를 통해 밝혀진 사건맥락, 사이드 이야깃거리, 에피소드, 교훈과 촌평 등을 종합하여 재구성하는 점에서 단순한 신문기사를 뛰어넘지만 결코 허구를 섞은 기록문학으로 넘어가지 않는 독특한 기록물로서 오늘날의 르포르타주나 다큐멘터리에 해당했다. 조선에서도 소설은 항간의 소도(小道)에 관한 르포르타주의 의미로 사용되었다."[407]

대한제국기인 1906년-1907년 발간된 『대한자강회월보』에는 이런 의미의 '소설'란이 따로 설치되어 있었다. 소설란에 실린 글의 성격을 확인해 보면, 『대한협회회보』 창간호(1908) '소설'란에 양계초의 (고래 등의 식생에 관한) '동물 이야기(動物談)'가 게재되어 있는데, 이는 현재적 의미의 소설, 즉 '허구의 지어낸 이야기'와는 분명 성격이 다르다.[408] 게다가 오지영은 1908년 당시 이 『대한협회회보』의 회원이었다.[409] 『호남학보』는 이기가 주도한 잡지인데, 오지영은 이 잡지에 거금 1환을 연조(捐助)했고,[410] 1909년에는 이 잡지에 축사를 기고하고 이 잡지의 회원이 된다.[411] 이기가 오지영과 동시대인으로서 같은 잡지들에 간여하고 이 잡지들의 글을 읽고, 또 이 잡지들에 글을 기고한 점에서 오지영도 이기처럼 소설이라는 말을 이런 비(非)문예적·사실적 기록의 의미로 이해하고 사용했을 것으로 보인다. 따라서 『동학사』 출판 당시 72세였던 오지영이 이 책에 붙인 역사소설의 소설이라는 의미는 10여 년 전까지도 당대의 공론장에서 많이 쓰던, 그리고 이기가 사용한 그 소설과 같은 의미로 사용했다고 보는 것이 타당할 것이다.[412] 이런 맥락에서 보건대 "이 역사소설이라는 관식사는 유영익이 현대적 의미의 소설로 속단하듯이 결코 허구적 문예창작물을 뜻하는 것이 아니라, 사실기술을 뜻하는 말로 보아야 한다. 이런 의미로 볼 때,『동학사』는 동학운동의 크고 작은 '역사적 사실 이야기들'을 기술한 역사소설이자 역사적 르포르타주인 것이다."[413]

(2) 폐정개혁안은 실재했나?

『역사소설: 동학사』에 대한 유영익의 '비판을 위한 비판'과 다른 맥락에서 『동학사』에 수록된 폐정개혁안의 사료적 가치에 대한 논란도 지속되어 왔다. 가장 부정적인 주장으로는 '『동학사』에만 수록된 폐정개혁안을 근거로 동학농민군이 사회제도 개혁안을 제시했다고 주장하는 것은 오류'라는 것이다.

> 근래 학계에서 오지영의 『역사소설: 동학사』의 12개조 「폐정개혁건」을 무비판적으로 수용하여 동학농민군 측에서 혁명적 내용의 사회제도 개혁안을 선창(先唱)했다고 주장하는 것은 명백한 오류라고 생각한다.[414]

2014년 11월 5일에는 고창군과 성균관대 동아시아학술원이 공동주관하여 〈오지영의『동학사』에 대한 종합적 검토〉라는 주제로 학술세미나를 개최하여 아예 이 문제를 집중적으로 다루었다. 물론 이 자리에서도『동학사』에 대한 유영익의 편견이 비판의 대상이 되었다. 왕현종은 「동학사와 해방 이후 갑오농민전쟁 연구」 발표를 통해『동학사』에 대한 유영익의 비판은 당시 농민군이 제기한 정치개혁과 사회신분제 개혁의 측면을 전연 도외시한 것이라고 일갈했다. "유영익은 지금까지 사료상으로 기록된 문면 중에서 자신의 논리에 맞는 것만을 취합하여 이를 '믿을 수 있는' 1차 사료라고 평가하면서 농민군의 폐정요구를 단순화시키는 결과를 초래하였다."[415]

『동학사』의 사료적 가치와 관련하여 가장 논란이 되는 부분은 동학농민군 폐정개혁안의 실재성 여부라고 할 수 있다. 유영익은 "12개조의 「폐정개혁건」은 1940년 이전에 발간된 다른 여러 가지 전봉준 및 '동학란' 관련 논저에서는 찾아볼 수 없"기 때문에, 오지영의 『동학사』에만 수록된 폐정개혁안 12개조는 전혀 믿을 수 없다고 주장한다. 그는 이를 위해 각종 관계 기록 중에서 '갑오농민군의 폐정개혁 요구조건 종합분류표'를 따로 작성하여 분류한 결과, 농민군은 자신들이 일상생활에서 당면했던 구체적인 경제문제의 해결을 통해 그들의 생활조건을 개선하는 데 관심이 컸으며, 관심은 주로 경제적 불만의 해소였다고 결론을 내렸다.[416] 일본학자 야마베 겐타로(山邊健太郎)도 유영익과 마찬가지로 동학사에 기술된 전주화약, 폐정개혁 12개조 조목이 "아무런 증거가 없는, 가공적으로 만들어낸 이야기로서 신용할 수 없는 것"이라고 비판한 바 있다.[417]

반면 박종근은 동학농민군의 폐정개혁안은 엄연히 있는 것이라는 입장인데, 다만 폐정개혁안의 원형은 『동학사』의 그것과는 다른 것이라고 본다.[418] 그는 여러 폐정개혁안을 비교 분석하면서 폐정개혁안의 실재성을 긍정하는 한편, "금후의 과제로서 '폐정개혁 27개 조목'의 전 내용의 사료를 찾아내는 것과 아울러 그 조목의 분석을 하지 않으면 안 된다"고 주장하였다.[419]

왕현종은 『동학사』에 수록된 폐정개혁안에 대해 "오지영은 1894년 5월 집강소 강령 12개조가 이전 농민군이 제기한 폐정개혁안으로서 하나의 완성된 단계로 보고, 그 이전의 원정(原情) 등 폐정개혁안은 1차적인, 혹은 단순한 폐단 시정으로 보았다. 농민군의 폐정개혁안 요구가 1차 농민전쟁 전개 과정에서 여러 차례 제기되었음에도 불구하고 하나의 완성된 내용을 갖지 못한 대신에 집강소의 강령 단계에서 집약적으로 나타났다고 본 것"[420]이라고 평가한다.

폐정개혁안의 초기 연구자라고 할 수 있는 한우근의 경우는 "동학군이 제시하였다고 전해지는 폐정개혁안의 모두를 '전주화약'과 직접 결부시켜서만 배려할 필요가 없으며 또 그럴 수가 없다는 점에 유의하여야 한다"고 주장하며, 폐정개혁안이 동학농민군의 최초 기포 당시의 간단한 구호에서 시작하여 점차 정형화된 요구조건으로 제시되었을 것으로 해석한다. 그는 폐정개혁의 "요구조건이 늘고 쌓여서 종국에는 화약의 조건으로 20여 개조의 조목으로 제시되었을 것"이라고 본다.[421] 이런 관점에서 보면, 동학농민군이 고부봉기에서 제시한 '사개명의(四個名義)'[422]만 보더라도 '제폭구민(除暴救民)', '제세안민(濟世安民)'이었고, 보은취회에서 '척왜양창의(斥倭洋倡義)'의 기치(旗幟)가 이후의 폐정개혁안과 연속적으로 이어진다는 것이다. 다만 그 뜻은 이어지지만 폐정개혁안은 "애초부터 마련하여 완결된 일정불변의 어떤 조목들이 아니라 집약된 구호에서부터 몇 가지의 구체적인 조목으로 나타났으며, 그중에서 가장 위급 또는 필요하다고 느껴진 조목들이 먼저 제시되었을" 가능성이 크다.[423] 이러한 한우근의 해석은 『동학사』 초고본과 간행본이 일부 불일치하는 이유를 설명해 줄 수 있다는 점에서 의미가 있다.

『동학사』의 초고본과 간행본의 차이에 주목하는 김태웅의 연구도 중요한 시사점을 준다. 그는 초고본에서는 '집강소의 정강'이라고 부른 반면, 간행본에서는 폐정개혁안으로 명명하는 차이에 주목한다. 이것은 단순한 차이가 아니라, '폐정개혁안 12조'는 27개조로 정부 측에 요구한 개혁안 중 1894년 7월 정부와 합의한 안건이라는 것이다. 초고본의 집강소 정강을 간행본과 비교해 보면, 간행본에서는 폐정개혁안이 '동학군과 경병강화' 절에 들어가 있지만, 초고본에서는 '집강소의 행정' 절에 들어가 있는 차이가 있다.[424] 김태웅에 따르면, "초고본의 정강은 집강소가 독자적으로 시행한 내용으로 보아야 하고, 이러한 정강은 더 있었으리라 보인다. 12개조로 못 박고 있지 않은 데서 더욱 그러하다."[425] 이런 맥락에서 그는 오지영의 이러한 기술은 농민전쟁의 지향을 단적으로 드러낼 뿐만 아니라 궁극적으로는 농민전쟁을 올바로 복원하고자 한 의도에서 비롯되었음을 쉽게 추론할 수 있다고 평가하며, 『동학사』의 사료적 가치를 지지한다.

정창렬은 전봉준 판결 선고서에 적시된 27개조 중 14개 조항만 확인 가능한 상황이기 때문에 나머지 13개 조항을 복원하는 시도를 한다. 그는 농민군에 의해 수차례 제시된 폐정개혁안 등 69개 항목을 종합적으로 재분류하여 추정하는 방식을 취하였다. 그리하여 45개 항목 이외에 나머지 24개 항목을 분류하여 15번부터 27번까지의 조항을 임의로 복원하였다.[426] 이 폐정개혁안 복원 작업의 의미는 작지 않다. 하지만 왕현종의 지적처럼 이 복원을 시도한 폐정개혁안이 원형 그대로일 수는 없을 것이다. 또한 「전봉준판결선고서」에서 일부러 누락시켰던 이유에 대해서도 정면으로 다루지 못했다. 왕현종은 아직 추측에 불과하지만 당시 조선왕조국가 내지 정치적 역관계를 뒤흔들 수 있는 심각한 정치와 사회개혁 내용을 담고 있었을 가능성이 있었다고 추정한다.[427]

북한 연구자인 허종호는 폐정개혁안의 조목에서 일부 차이가 있는 것은 문제가 되지 않으며, 공초 내용 전문이나 농민군의 격문, 통문, 창의문 등에 『동학사』의 내용이 거의 다 반영되어 있다는 입장이다.

농민군이 관청에 제기했다는 폐정개혁안에 대하여 구구한 설이 있다. 오지영의 『동학사』에서는 「폐정개혁」이 12개 조항으로 되어 있으나 정교의 『대한계년사』에는 13개 조항으로, 리돈화의 『천주(도-인용자)교창건사』에는 「민막국폐」 수십 개 조항으로, 「전봉준 재판 판결문」에는 27개조로 되어 있다. 이것들은 조목의 다소에 차이가 있을 뿐 「민막」과 「국폐」로 지적된 내용과 반봉적 요구 조건들은 대동소이하다. 다만 『동학사』의 12개 조항만은 좀 더 포괄적이고 명료하며 진취적인 내용을 담고 있다. 바로 이 때문에 일본의 일부 학자들은 『동학사』의 폐정개혁 12개 조항을 의문시하면서 그것을 '상상의 산물'이라고 속단하고 '가공적인 것을 전제로 한 동학농민혁명의 성격규 정을 어리석은 것'이라고 줴쳤다. 그들이 이렇게 속단하게 된 근거란 『동학사』에서만 렬거된 폐정개혁의 일부 조항들이 전봉준의 공초나 다보하시 기요시의 『근대일선관계의 연구』, 동학란 때 전주에 갔던 정석모의 『갑오약력』에 없다는 것이다. 기실 전봉준은 심문과정에서 적들도 다 알고 있는 폐정개혁 내용을 하나하나 들어가며 다 설명할 필요가 없었을 것이며 … 전봉준이 재판과정에서 폐정개혁안이 27개조였다는 것을 명백히 밝히였음에도 불구하고 공초기록에 그 내용을 10여 개밖에 쓰지 않은 것은 바로 이 때문일 것이다. 그러나 공초내용 전문과 농민군의 격문, 통문, 창의문 등을 자세히 보면 『동학사』에 기록된 내용이 거의 다 반영되어 있다는 것을 알 수 있을 것이다. 문제는 27개 조항이냐 12개 조항이냐 하는데 있는 것이 아니며 또 그것이 강령의 존재를 부정할 근거로는 될 수 없다. (이하 생략)[428]

이상의 논의를 종합해 보면, 1894년 농민군의 폐정개혁안과 집강소 시기 개혁 강령은 가장 필요한 조목들을 중심으로 점진적으로 확대 발전되어 왔다고 보는 것이 타당해 보인다. 농민군들이 제시한 개혁안의 내용들에 대해

서는 ① 1894년 3월 29일, 제중의소(濟衆義所) 격문 9개조, ② 4월 19일 초토
사 홍계훈에게 보낸 정문(呈文), ③ 4월 21일 고부 농민군이 법성포 이향에게
제기한 통문(通文), ④ 5월초 전주화약 직전 농민군이 초토사 홍계훈에게 보
낸 27개 조목(條目), ⑤ 5월초 전라도 유생 등이 순변사 이원회에게 바친 원
정(原情) 14개조, 원정열록 24개조, ⑥ 5월 20일 장성 농민군이 관찰사 김학
진에게 보낸 13개조, ⑦ 7월 중 전주사민이 연명으로 관찰사 김학진에게 올
린 정장(呈狀) ⑧ 오지영, 『동학사』(초고본, 1926), 12개조 폐정개혁안, ⑨ 오지
영, 『동학사』(간행본, 1940), 12개조 폐정개혁안 등 그 전거가 충분하다.[429]

이상의 논의를 종합해 보면, 해방정국기에 국사교과서를 집필하면서 이
병도가 농민군의 폐정개혁안과 집강소 활동을 누락시키고, 농민군이 경군
의 공격과 청병의 개입을 들어 전주성에서 물러나고, 관군의 우세한 무력
에 압도당해 정부의 권유에 따라 해산했다고 주장한 식민사관의 견해는 완
전히 교정될 필요가 있다.[430] 아래로부터의 근대화를 추동한 동학농민군의
근대적 지향과 역할을 도외시 한, 조작된 역사의 폐해가 너무 크기 때문이
다.

김상기 등의 연구 성과에 힘입어 제2차 교육과정시기(1963-1974)에 폐정개
혁안이 국가교과서에 실린 이래 제5차 교육과정 시기(1987-1992)에 1894년 5
월 '전주화약'이 처음으로 교과서에서 명명[431]되는 등 한국 근대화에 기여한
민의 역할이 점차 제대로 평가 받기 시작했지만, 식민사학의 잔재들이 여전
히 잔존해 있다. 교학사 교과서(2013)는 동학농민군의 개혁안 내용을 '대원
군의 정계 복귀'로 제시하며, 유영익의 보수적 평가를 반영하고 있으며, 집
강소의 설치도 1894년 5월의 전주화약에서가 아니라 전주회담(7월 6일)에서
된 것으로 제시하고 있다.[432] 집강소 설치 시점을 이렇듯 7월로 후퇴시켜 놓
으면, 폐정개혁안을 중심으로 한 아래부터의 근대화 성과들을 대신해 일제

의 영향 하에서 발동된 군국기무처 개혁안이 한국 근대화를 촉진한 것으로 둔갑하는 결과가 초래된다.

3) 폐정개혁안과 갑오개혁의 관계

일제는 패망직전까지도 동학농민혁명을 '일본과 청나라의 전쟁'이라는 소제목 아래 간략한 사건으로 다루면서 일본의 침략전쟁을 호도하고 내정간섭을 정당화하는 과정에서 부분적으로 서술했다. 해방 직후 국사에서도 동학농민혁명은 청일전쟁과 일본의 내정개혁을 초래한 원인으로 부각되었다. 이 시기 국사교과서 집필자인 이병도는 농민군의 폐정개혁요구와 집강소 활동에 대해 언급하지 않았을 뿐만 아니라 동학농민혁명과 갑오개혁의 관계에 대해서도 전혀 언급하지 않았다.[433]

반면 유영익은 동학농민혁명의 성격에 대하여 첫째(정치적으로), 중앙정부에서 '임금의 총명을 가로막고 나라 일을 그르치는 간신배'들-즉 민씨척족 정권을 타도하고-그 대신 대원군을 받든 새로운 정권을 수립함으로써 내정을 바로잡으려 했다. 둘째(사회적으로), 그들은 당시에 조금씩 붕괴되고 있던 양반 중심 신분체제를 원상대로 온존시킴으로써 유교적인 사회기강을 유지하려 했다고 평가한다.[434] 첫째 정치적 지향에 대해서는 다음의 제6장 '일군만민-충군애국사상'에서 구체적으로 다루고 있기 때문에, 여기서는 둘째 신분체제의 온존과 유교적 사회기강 유지에 대한 비판적 문제의식을 갑오개혁과의 관계를 통해 개진하고자 한다.

동학농민혁명에 대한 이러한 평가는 한국의 근대화 계기를 보는 관점에서 극명한 차이를 노정한다. 유영익은 한국의 근대적 사회개혁을 추동한 세력은 동학농민군 지도부가 아니라 갑오경장[435]을 이끈 개화파 관료들이라고 주장한다.

> 한 가지 분명한 사실은 1894년에 이른바 '반봉건적' · '혁명적'인 사회제
> 도 개혁안을 앞장서서 제정 · 발포한 집단은 동학농민군 지도부가 아니라
> 갑오경장을 이끈 개화파 관료들이었다는 점이다. … 그들(개화파 관료들-필
> 자)이 추진한 갑오경장은 이른바 한국 '근대화'의 기점으로 평가받을 수 있
> 는 것이다. 이는 또한 갑오경장이 오늘날 한국인이 추진하는 근대화운동의
> 원형이라는 뜻이기도 하다.[436]

이 논변은 아래로부터 한국 근대화의 동력을 설명하기 위해서는 우회할
수 없는 뿌리 깊은 친일사관의 폐단을 적나라하게 보여주는 견해다. 이렇듯
오지영이 '나중에', 즉 '1930년 말에' 갑오경장의 반상벽파 · 노비제혁파 개혁
방안을 『동학사』 초고본(1926)과 발간본(1940)에 집어넣어 12개조 폐정개혁
정강을 '고안'했다고 주장하는 유영익과 달리,[437] 동학농민혁명의 의의를 인
정하는 경우에도 역사학계의 일각에서 개화파 정부가 사회개혁 조치를 추
진했고, 동학농민군의 폐정개혁안(집강소 정강)이 군국기무처의 사회개혁법
령을 받아들여 만든 것이라는 견해가 제기되었다. 그렇다면, 폐정개혁안이
갑오개혁에 영향을 준 것이 아니라 역으로 동학농민군이 갑오개혁을 수용
한 것이라는 결론에 이른다.

박찬승은 "사회적 측면에서의 개혁조치는 오히려 개화파 정부가 그 선편
(先鞭)을 친 감이 있다."고 주장한다. 이는 폐정개혁안이 갑오개혁에 수용된
것이 아니라 그 반대라는 말이다. "개화파 정부의 군국기무처는 6월 28일 사
회제도 개혁에 관한 각종 조치를 의결하였으며, 이 조치는 감영을 거쳐 7월
12일 각 군현 단위에 전달되었고, 이 조치가 각 군현에 전달되어 게시된 날

은 7월 12일 전후였는데, 이는 7월 6일 전봉준이 전주에 들어가 김학진과 관민상화의 원칙에 따라 각 군현에 집강소를 설치하기로 합의한 직후의 시점이었다."[438] 동학도가 대거 입도해 들어오기 시작한 시점도 1894년 7월 초(즉, 7월 9일, 음6.7)라고 본다. "1894년 7월 초 전라감사 김학진과 전봉준 간에 집강소 설치가 공식 합의되고 개화파의 신분제 개혁조치가 고을마다 전파되면서 평민·천민에 해당하는 이들이 대거 동학에 입도해 들어왔다"는 것이다.[439]

먼저 시점상의 문제를 정확히 할 필요가 있다. 김양식도 7월 6일 전주 감영에서 전봉준과 김학진의 회담 이후 집강소가 전면적으로 운영될 수 있었다고 주장한다. "당시 상황이 가장 상세히 기록되어 있는 황현의 『오하기문』에 의하면, 김학진이 전봉준 일행을 전라감영으로 부른 것은 분명히 경사난(京師亂, 6월 21일 일본군의 경복궁 점령) 이후라 하였다. 따라서 『갑오약력』의 '6월 운운'한 기록만을 근거로 막연히 6월 초에 김학진과 전봉준의 1차 전주회담이 있었다는 해석은 무리이며, 그것은 7월의 상황을 반영한 것이다. 즉 『갑오약력』의 6월 기록은 7월의 오기로 보아야만 다른 많은 사료와 당시 정황과 일치한다"[440]는 것이다.

그러나 앞선 논의에서 이미 살펴본 바와 같이 『갑오약력(甲午略歷)』에 따르면, "6월, 관찰사가 감영으로 전봉준 등을 불렀다"는 기록이 있는 것으로 보아 '관민상화'를 원칙으로 한 집강소가 전라도 각지에 본격적으로 설치되는 시점은 6월 초순이 확실해 보인다.[441] 6월 초순이 신빙성 있는 이유는 바로 이어진 "이러한 상태로 7·8월에 이르렀지만, 저들의 불법이 갈수록 더욱 거세져서 부호들은 거의 모두 흩어졌다."[442]는 구절에서도 확인된다.

오지영의 『동학사』(초고본)에서도 "이것을 조건으로 하고 관병은 퇴각하여 경성으로 돌아가고 의군은 각 군에 돌아가 집강소를 설립하여"[443]라는 기록이 확인된다. 간행본에는 "이때는 갑오 5월 초순이라 동학군과 관군이 서로 강화를 이룬 후 관군은 경성으로 올라가고 동학군은 전라도 53주에 집강소를 설립하여"[444]라는 기록이 있다. 또한 김양식이 근거로 제시한 『오하기문』에 다른 기록도 보인다. 순창의 경우 5월 하순 그곳에서는 군수 이성열(李聖烈)이 김학진의 훈령에 따라 집강소의 설치를 허용함으로써 "도소를 설치하고 집강을 두었다"고 한다는 기록이 있다.[445]

음력 5월 18-19일(양6.21-22)경에 이미 집강소가 전라남북도의 여러 지역에서 행정권을 다 장악했음은 히다카토모시로(日高友四郞)라는 왜인 미곡상의 일본공사관 보고에 의해서도 확인된다.

음력 5월 8·9일경(양력 6월 11·12일경) 전주에서 내려오는 동학군 2,000명가량(그 군대는 네 갈래로 나뉘어 남향했을지라도 도착 시 홍덕에서 목격한 것은 2,000명가량 됨)이 홍덕을 경과하여 무장지방으로 향했다. … 10일을 체류한 후 동도가 별지 병(丙)호와 같은 포고를 발했기 때문에 안심하여 쌀을 사들이는 데 착수했다. 그런데 근래 동학당은 이르는 곳마다 충만해 홍덕 이남에서 나주 이북 일대의 지방에서는 모든 정치적 명령이 전부 동학당 사람의 손에서 나오고, 지방관은 단지 그 콧김이나 살피는 형편이 되었음을 그곳에서 목격하고 전해들은 바에 의거해 확실히 알 수 있었다.[446]

'6월' 기록이 옳다는 것은 전봉준이 단신으로 전주감영으로 들어와 김학진을 만나 회담한 일을 기록한 『약사(若史)』의 내용과 시점에서 거의 일치한다는 점에서도 입증될 수 있다.

전봉준이 귀화(무기를 내려놓고 귀향함)를 칭하고 단신으로 감영에 들어와서 감사의 일을 대행해 열읍으로 하여금 순영(巡營, 감영)의 관문(關文)과 감결(甘結)을 전봉준의 도서(圖書)첩을 살핀 후에 거행케 했다. 전봉준은 죄에 치우쳐 여러 날 ○에 형살을 과감하게 가하지 않아 양호의 큰 화를 이루었다. … 조정은 동비를 초멸하기 위해 [청]나라에 원병을 청해 3,000병이 나와 전주 방향을 취하고 있었다. 그런데 일인이 또 병력을 동원해 성곽을 훼손하고 도성에 들어가 6월 21일(양7.23) 궁궐을 범했다.[447]

이 『약사』는 "전봉준이 귀화를 칭하고 단신으로 감영에 들어온" 일이 6월 21일(범궐) 전에 있었던 것으로 기록하고 있다. 따라서 이것은 "6월, 관찰사가 감영으로 전봉준 등을 오도록 청했고, 전봉준이 높은 관(冠)과 마의(麻衣)를 차려입고 머리를 들고 들어왔다"는 『갑오약력』의 기록과 부합되는 것이다. 따라서 김학진과 전봉준이 만난 달은 6월(양7월)이 틀림없다.[448] 군국기무처에서 사회개혁 조항을 각 군현으로 전달한 날짜는 8월 12일(음7.12)이고, 전주로 도착해서 각 지역에까지 도달하려면 약 9-10일은 소요되었을 것이다.[449]

이런 상황을 종합해 본다면, 군국기무처의 사회개혁 의안들이 집강소 정강(또는 폐정개혁안)에 영향을 미칠 수 없었다고 보여진다. 따라서 "집강소 시기 개혁은 갑오개혁의 개혁 의안 추진과는 다른 차원에서 아래로부터의 개혁으로 이루어진 독자적인 것이었다. 폐정개혁안에서 제시된 조세제도의 개혁이나 정치세력의 교체를 넘어 양반과 노비의 신분차별 철폐, 경제활동을 억압하는 특권 상업 해체 및 고리채 등 사회경제적 모순의 해결 등 일상생활의 전반에 미치는 광범위한 것이었다."[450]

6장

일군만민-충군애국
사상

1. 동학농민혁명의 발생 배경

1) 대원군사주설

동학농민혁명의 발생 배경을 일각의 주장과 같이 대원군의 사주(밀약)에 의한 것으로 한정할 경우 동학농민혁명은 민의 사상이 표출된 대표적 사건이 아니라 대원군의 정치적 야심을 위해 대규모의 민이 동원된 전혀 다른 성격의 사건이 된다. 문제는 대원군이 국난의 상황에서 절체절명의 대안을 모색하는 정치적 실천가가 아니라 개인의 사욕을 위한 정치가라면 상황은 더 심각해진다. 동학농민군이 대원군의 사주에 따라 동원된 것이라면, 동학농민군의 두 번에 걸친 봉기는 '친일괴뢰정부' 수반의 사주에 내응한 것이 되고 말기 때문이다.

"'동학란' 또는 '동비의 난'을 1950년대부터 '동학농민혁명' 혹은 '갑오농민전쟁'으로 고쳐 부르게 된 것"조차 '편견'이라고 단언하는 '대원군사주설'의 논지에 따르면, 동학농민혁명은 '사이비' 동학교도였던 전봉준이 대원군과 밀약하여 대원군을 추대하고자 일으킨 보수·반동적 무장운동이라는 것이다.[451]

문제는 대원군 밀약설이 외견상 어떤 형태로든 대원군과 동학농민군의 관련을 보여주는 사료를 활용하고 있다는 것이다. 실제 정부 관속들에게 보내는 '호소문', '회유문' 등의 사료에 '국태공 추대'가 버젓이 드러나 있다. 가령, 1894년 6월 7일(음5.4) 전주에서 관군과 협상하는 과정에서 홍계훈에게 전달한 피도소지(彼徒訴志)에는 "태공(太公)을 받들어 나라를 감독하게 함이 이치가 마땅한데 어찌하여 불궤(不軌)의 살해라고 합니까?"[452]라고 쓰여 있다. 그동안 한국 근현대사 속에서 동학농민혁명의 의의를 긍정적 · 진보적 입장에서 평가하고 있는 연구들[453]에서 동학농민군과 대원군의 관계는 '밀약'은 사실이지만 대부분 대원군의 영향력은 거의 없었다는 정도로 간단히 묵살하고 넘어가는 경우가 많았다.[454]

유영익은 이러한 경향의 연구들에 대해 "농민봉기를 '혁명' 혹은 '전쟁'으로 성격지우는 사가들이 아직도 1920-1930년대 동학란 서술가들 사이에 유포되었던 전봉준과 대원군이 봉기를 미리 공모 · 밀약했다는 설을 받아들이기를 주저한다. 두말할 것도 없이 그 이유는 혁명론 · 전쟁론자들이 상정하는 진보적 혁명가로서의 전봉준의 상(像)과 극단적 보수주의자였던 대원군의 상이 서로 부합하지 않기 때문"이라고 정면으로 비판한 바 있다.[455] 이 '대원군 밀약설'(사주설-필자) 주장은 학계의 일각에서 적극적인 호응을 받기도 했기 때문에 면밀한 검토가 필요하다. 혹자는 전봉준과 대원군의 밀약설 주장을 새로운 사료의 발굴이라고 높이 평가하면서, 이 밀약설에 의해 대원군에 의한 동학농민군 동원설이 입증되었다고 평가한다. 이 밀약설 입증으로 인해 기존 동학연구의 편향이 불식되는 계기가 되었다는 것이다.[456]

전봉준과 대원군간의 밀약설은 농민전쟁 당시에 중요한 정치적 이슈로 제기되었다. 이후 일제 시기에도 대부분의 글에서 이 문제가 비중 있게 언급되어 왔으나, 1945년 이후에는 이에 대한 연구가 거의 없고, 민중사학의 관점이 대두되면서 대원군에 의한 사주설 또는 밀약설을 다루지 않는 것이 지배적 분위기였다.[457] 그러나 동학농민군의 재기포가 대원군과의 밀약에 의한 것이라는 주장[458]이 제시된 이후, 유영익은 재기포뿐만 아니라 제1차 봉기도 대원군과 전봉준의 밀약에 의한 것이라는 주장을 펴면서 동학농민군 봉기의 직접적 동인으로 대원군의 정치적 의도를 강력하게 부각시킨 바 있다.

일찍이 1931년 「동아일보」에 '동학과 동학란'이라는 제목으로 연재했던 김상기는 1차 봉기 이전부터 대원군과 전봉준의 밀약이 있었다는 '설'을 언급한 바는 있지만, "이 밀약설에 관해서는 아직 정확한 사료가 없으므로… 속단은 아직 피하려 한다."고 밝힌 바 있다.[459] 이상백 역시 갑오(甲午) 이전에 대원군과 전봉준과의 내응의 밀약이 있었다는 설도 있지만, 정확한 사료가 없으므로 불문에 부치고, 동학농민군의 제2차 봉기(재기포)를 중심으로 대원군 연관설을 제기하고 있다.[460] 이처럼 전봉준과 대원군 양자 간의 관계가 있었다고 인정하는 연구자들은 대체로 양자의 연관 시점을 대원군의 농민군 동원기도가 본격화하는 8월(1894년-인용자) 이후 혹은 9월 초로 잡고 있다.[461]

그러나 유영익은 1차 봉기 이전부터 대원군과 전봉준의 밀약이 있었다고 주장한다. 대원군과 전봉준이 교조신원운동 당시부터 의미 있는 접촉을 했다는 것이다. 유영익은 ㉠ "1893년 3월 25일부터 4월 12일까지 동학지도자약 40명이 서울 광화문 앞에서 교조신원운동을 벌였을 때 대원군이 동학교단의 '급진적' 지도자들과 비밀히 접촉하여 그들이 추진하는 일을 부추겼을 것으로 판단"한다. 보수적 정치가로 정평이 나 있던 대원군이 1890년대에 들어와 생애 최악의 정치적 궁지에 몰려 있던 상황에서 이를 타개하기 위해 1894년 봄 본격적인 농민봉기가 터지기 전에 전봉준과 모종의 내약(內約)을 맺었을 가능성이 충분하다는 것이다.[462] 유영익은 이 추론을 뒷받침하는 근거[463]로 황의돈의 〈전봉준 전기〉를 인용하고 있는데, 그 내용은 ㉡에서 보는 바와 같이 전봉준이 봉기하기 전에 '수년간' 운현궁에 기류(羈留)한 끝에 대원군과 밀약을 체결하고 고향에 돌아가 거사하였다는 내용이 그것이다.

ⓛ …목적이 보통인(普通人)과 같이 구구한 사환계(仕宦界)에 잇지 안한 그는 아모리 한산(閑散)의 지위에 잇[슬]지라도 당대 권위의 중심인 대원군저에 기류하면서도 사환에 대하야는 일언의 요구가 업엇다. 그럼으로 대원군은 그를 이상히 여겨 그의 연유를 물엇으나 전[봉준]은 "자기의 지원(志願)이 보통인과 특수하야 동경일념(憧憬一念)이 '위국위민(爲國爲民)' 사자(四字)에 잇슴으로 심상 요구의 성취할 바 아니라" 하여 냉연히 대답하얏섯다.

여기에 더해 유영익은 이돈화를 '동학교단을 대변했던 역사서술가'로 높이 평가[464]하며, 이돈화의 『천도교창건사』를 인용하는데, 그 요지는 "전봉준이 3년간 운현궁에 출입한 끝에 대원군과 정부전복을 밀약하고 고향에 돌아가 봉기했다고 기술함으로써 내응설을 지지했다."[465]는 것이다. 그 내용은 다음과 같다.

ⓒ …그[전봉준]는 甲午 起兵하기 3년 전에 京師에 올라 대원군 문하에 출입하였더니 필경은 아모 所求가 없음에 대원군이 이상히 생각하고 전봉준에게 물으매 '세상이 다 벼슬을 구하야 내의 문하객이 되어 잇거늘 그대는 3년이 지나도록 아무 所望을 말[하]지 아니하니 그 뜻이 어데 잇나뇨' 한대 전봉준이 다만 '벼슬에 뜻이 없노라' 대답하고 도라왓다 한다(일설에 의하면 때에 대원군히 실의하고 잇음을 보고 전봉준이 대원군을 달래여 정치개혁의 계책을 서로 밀약하고 도라와 東亂을 일으켯다 하니라). 大概 전봉준이 3년간 京師에 머문 것은 京師의 군사적 형편과 정치적 허실을 조사한 것이니 전봉준의 此擧는 그 뜻이 오래엿슴을 알 수 잇다.[466]

또한 유영익은 김상기(金庠基)가 1931년경 '동학란' 발발지를 답사하면서 현지에서 가진 송희옥의 손자 송용호(宋龍浩)와의 인터뷰를 통해 다음과 같은 중요한 사실을 확인하였다고 제시한다.

ㄹ …천도교도들 사이에 전하는 바에 의하면 전봉준이 당시 운현궁에 출입한 지가 3년 동안이었으나 大家門客의 상투(常套)인 '求仕'에 관하여서는 일언도 開口한 일이 없었으므로 대원군도 그것을 괴이적게 물었으나 전봉준은 자기의 소원은 단지 爲國爲民 四字에 있노라고 대답하였다. 거기에 대원군도 그가 비범한 인물임을 짐작하고 兩人의 사이에 암묵리에 거의 계획에 서로 통한 바 있게 되었다고 하며 … 宋龍浩 씨는 전봉준이 전주 龜尾里에 살던 때에 대원군 밀사 羅星山이라는 사람이 전봉준을 찾아와 얼마동안 逗留하면서 때로 全琫準·金開南·宋熹玉과 같이 鳩首豫凝議하던 것을 목격하였다 하여 대원군과 內應密約이 甲午 전에 맺어졌다는 것을 주장한다.[467]

ㅁ 유영익은 위에서 거론된 나성산(羅星山)이라는 인물이 1894년 개화당 정권과 일본공사관 측이 대원군과 전봉준 간의 비밀 연락업무를 맡았던 이병휘(李秉輝)를 체포·신문하는 과정[468]에서 그 이름이 토로된 실존인물이라는 점에서 송용호의 증언은 신빙할 만하다고 평한다.[469]

이상의 내용을 근거로 유영익은 "이미 1962년에 이상백에 의해 제2차 봉기 당시 전봉준과 대원군의 공모사실이 발표되었다면"서, 자신은 제1차 봉기 이전의 내응 내지 공모 가능성을 밝히겠다고 공언한다. 그러나 위 ㄱ~ㅁ의 제시에도 불구하고 '제1차 봉기 이전 밀약설'은 시종일관 "대원군이 전봉준과 내응했을 가능성은 대단히 높다"는 강한 '추정'에 근거하고 있을 뿐 다른 사료적 증거는 취약하다. 이 주장의 사료적 근거들 대부분은 이미 김상기(1931·1975), 이상백(1962) 등에 의해 일종의 '설'로 제시된 것들이다.

유영익이 제1차 봉기 이전 밀약설의 출발점으로 제시한 ㉠ '1893년 3월 25일부터 4월 12일까지 광화문에서 전개된 교조신원운동 시기 접촉설'은 몇 가지 바로 잡을 대목들이 있다. 먼저 날짜와 관련하여 보자면, 광화문 교조신원운동(복합상소운동)[470]은 3월 25일이 아닌 3월 28일(음2.11) 시작되었다. ㉠은 '3월 25일'(음2.8)을 교조신원운동의 시작일로 제시하고 있는데, 이날은 시작일이 아니라 동학도가 서울로 올라온 날이다. 그리고 "동학도들은 정부의 체포령을 알아차리고(음2월-인용자) 14일 오후부터 15일까지 일단 한강을 건너 서울을 거의 빠져나갔다."[471] ㉠에서 4월 12일까지 복합상소운동이 전개된 것으로 기술한 것은 4월 11일자 〈동경조일신문(東京朝日新聞)〉에 복합상소운동에 대한 기사가 실린 것을 보고 추정한 것으로 보인다.

1893년 3-4월 광화문 복합상소운동 당시 대원군이 전봉준을 부추겼을 것이라는 주장은 앞선 ㉡ "갑오 기병(甲午 起兵)하기 3년 전에 경사(京師)에 올라 대원군 문하에 출입", ㉢ "전봉준이 당시 운현궁에 출입한 지가 3년 동안" 되었다는 내용을 고려해 보면, 시기적으로 앞뒤가 맞지 않는다. ㉡~㉢에 따르면, 갑오 기병 3년 전이니 대원군과 전봉준의 접촉은 최소한 1890년이나 1891년이라고 해야 앞뒤가 맞다. 교조신원운동은 그로부터 2년여 후의 일이다. 그렇다면, 이 교조신원운동 역시 대원군의 사주에 의한 것이고, 그 연결통로가 전봉준이라고 해야 논리적으로 무리가 없다. 그런데 이 추론은 광화문 복합상소운동 당시 전봉준의 교단 내 위상을 보거나 여타 다른 사료들을 통해 보아도 성립하기 어려운 억측이다. 유영익이 제시한 근거 중 "…(교조신원운동이 무력으로 축출되자-인용자) 그들은 하는 수 없이 대원군에게 그 억원

(抑冤)을 호소하려 하였는데 그 일행 중에는 후일 동학란을 일으킨 전봉준도 끼여 있었다"는 내용이 있다.[472] 이는 복합상소운동이 대원군과 전봉준의 밀약 단계에서 일어났다는 주장과는 배치되는 내용이다. 더구나 문제는 대원군과 전봉준이 광화문 복합상소운동 당시 은밀한 만남을 가졌다는 이 주장역시 오류의 가능성이 높다는 점이다. 당시 전봉준은 전라도에서 척왜양 운동 중이었지 복합상소운동에 참여하지 않았기 때문이다.[473]

설령 김도태의 주장과 같이 전봉준이 경사로 올라와서 광화문 복합상소운동 당시 대원군과 만났다고 하더라도 여전히 문제가 남는다. 당시 전봉준은 교단에 막 알려지기 시작한 인물로 대원군이 복합상소운동의 참여자 가운데 굳이 전봉준을 따로 만나야 할 정도의 지도급 인물이라고 보기 어렵기 때문이다.[474] 만일 대원군과 전봉준의 사전 접촉이 없었다면, 광화문 복합상소운동의 대표격인 9인 명단에 포함되지 않았던 전봉준을 대원군이 특정하여 만났을 가능성은 희박하다는 말이다.[475] 이상의 내용을 살펴보건대, 1차 봉기 이전 대원군과 전봉준의 밀약을 명확하게 입증할 근거는 발견되지 않았다. 광화문 복합상소운동 무렵을 그 출발로 상정하는 것은 시기적으로 앞뒤가 맞지 않는다. ⓛ~ⓔ의 사료들은 공통적으로 전봉준과 대원군의 만남은 '수년간' 또는 '3년 전'이었음을 보여주는 내용들이기 때문이다. 유영익은 1차 봉기 이전 전봉준과 대원군의 '밀약'을 주장하기 위해 ⓛ~ⓔ을 '대원군사주설'의 근거로 제시하고 있지만, 살펴본 바와 같이 이 내용은 '대원군사주설'과는 거리가 멀다. 첫째, ⓒ은 전봉준이 사주를 받았다는 것이 아니라 "전봉준이 3년간 경사(京師)에 머문 것은 경사의 군사적 형편과 정치적 허실을 조사한 것이니 전봉준의 차거(此擧)는 그 뜻이 오래였슴을 알 수 잇다"고 함으로써 전봉준이 거의의 뜻을 품은 지 오래라는 것을 밝힌 것이다. 대원군과의 만남이 있었다면 그 이유는 전봉준 자신의 필요에 의해서였다. 둘째, ⓛ, ⓒ의 내용은 유영익 자신이 '아마추어 역사서술가'로 폄훼[476]한 오지영의 『동학사』에서도 거의 동일하게 반복되고 있는 내용이다. 다음의 내용은 『동학사』의 '초고본'(1926)과 '출간본'(1940)에서 크게 달라지지 않고 서술되어 있다.

선생이 일찍이 경성에 올라가 대원군을 찾아본 일이 있었다고 하는데 선생이 대원군을 날마다 보아도 한 말도 일찍이 개구(開口)한 일이 없었다. 하루는 대원군이 선생을 조용히(從容이) 청하여 이를 물어 보았다. 그대는 무슨 일로 하여 나를 찾아왔으며 나를 보았으면 어찌 말이 없는가. 사람이 서울 와서 세도 집을 찾아다니는 법이 다 각기 소회(所懷)가 있어 그리하는 것이어늘, 그대는 어찌 홀로 말이 없는가. 그대의 소회가 과거(科擧)인가 혹은 소송인가 아무거나 말을 하라 하였다. 선생 왈 사람이 누가 소회가 없으리오만은 나의 소회는 말하기 어렵습니다. 과환청(科宦(科官)請)이나 소송청(請) 같은 것은 나의 소회가 아니오. 무슨 소회가 있으나 대감 생각이 어떠하실는지 몰라 말을 못하고 있나이다. 대원군 왈 무슨 소회가 있으면 있는 대로 다 말하라. 선생 왈 나의 소회는 나라를 위하여, 인민을 위하여 한번 죽고자 하는 바이라고 말하였다. 이로부터 선생과 대원군 사이에는 무슨 밀약이 있은 듯하다고 세평이 있었던 것이다.[477]

1920-1930년대에 전봉준과 대원군의 접촉을 논한 ⓛ의 황의돈은 『동학사』(출간본)의 추천문을 써줄 오지영과 정도로 막역했다.[478] 황의돈의 글은 1922년, 오지영의 『동학사』(초고본)는 1926년 출간됨으로써 시기상 멀지 않다. 이돈화의 『천도교창건사』는 ⓛ 출간 11년 후인 1933년 출간되었는데, ⓒ에서 보듯이 그 내용은 앞서 출간된 ⓛ과 오지영의 『동학사』 내용과 거의 유

사하다. 김상기의 ㉣에 나타난 전봉준과 대원군의 접촉에 대한 논지 역시 이 흐름의 연장선에 있다. 특히 이돈화의 『천도교창건사』가 아예 "…도라왔다 한다"와 같이 그 서술에 있어 전언의 형태로 들은 것임을 그대로 밝히고 있을 뿐만 아니라 다른 사료들도 공통적으로 세상의 소문, 즉 '일설' 또는 '세평'에 기대고 있다.[479] 일본 신문에서도 '대원군과 전봉준이 미리 기맥을 통했는지 여부'를 중요하게 살필 정도로 당시 이 소문은 관심의 대상이었다.

> 동도(東徒)가 … 그들이 믿는 대원군과 미리 기맥을 통했는지 여부는 의문에 속하지만, 전명숙(전봉준)의 인물 정도로 미루어보면 그의 최초 봉기가 반드시 대원군을 기대했던 것이 아님은 분명하다. 단지 그는 지략이 풍부하고 동도의 의기(意氣)도 역시 한계가 있으므로 대원군이라는 목상(木像)을 대중의 눈앞에 세워 조종을 편하게 하려고 한 것 같다.[480]

위 「니로쿠신보(二六新報)」는 당시 일본 극우 단체의 기관지로 조선에 대한 정탐 목적에서 활용되던 신문이었는데,[481] 이 신보는 "최초 봉기가 반드시 대원군을 기대했던 것이 아님은 분명하다"고 전하고 있다. 오히려 이 기사의 내용은 앞선 ㉡~㉣의 검토에서 확인했듯이 전봉준 자신이 거의의 필요에 의해 대원군을 접촉한 내용을 지지하는 것이다. 다시 말해, '대원군의 사주'가 아니라 "대원군에 대한 전봉준의 접근은 실의에 빠진 대원군을 부추겨 자신의 거사에 이용하려는 전략적 접근이라고 할 수 있다."[482]

이상의 검토를 통해 확인할 수 있는 것은 제1차 봉기 이전 전봉준과 대원군의 밀약이 있었고 대원군의 사주를 통해 농민군이 봉기했다는 주장은 성립하기 어렵다는 것이다. 물론 1920-1930년대 출간된 문헌들에 공통적으로 전봉준과 대원군의 만남이 기술된 것으로 보아 양자 간의 접촉은 사실로 보인다. 다만 사료를 통해 확인 가능한 것은 이 접촉이 전봉준의 필요에 의한 만남이었지 대원군의 사주와는 거리가 멀다는 점이다.[483] 또한 소위 '대원군 사주설'의 출발을 1893년 3월 교조신원운동 시기로 상정하는 것은 곤란하다. 오히려 의미 있는 접촉이 있었다면 전봉준이 교단 내에서 일정한 위치를 확보한 다음(교조신원운동 이후)의 접촉이었을 것이다.[484]

2) 대원군 활용설

동학농민혁명과 관련하여 '대원군밀약설'을 중요하게 다루고 있는 연구들은 논점에 따라 크게 세 가지 입장으로 나뉜다. 첫째, 대원군이 동학농민군과 관계를 맺고, 농민군 동원을 사주(使嗾)하였다는 '대원군사주설'이 있다.[485] '밀약'이 말 그대로 '비밀리에 약속하는 것'이라고 한다면, 약속은 쌍방의 필요와 동기에 기반하는 것이다. 그런데 사주설은 동학농민군의 봉기 동기를 대원군 일방의 독려에 의한 것으로 본다는 점에서 차이가 있다. 둘째, 전봉준과 대원군 사이에 모종의 연관이 있었다는 소위 '대원군연관(이용)설'을 제시한 연구들이 있다.[486] 이 논지는 전봉준과 대원군의 연관이 있었던 것은 자명한 것이지만 전봉준과 동학농민군의 제2차 기포에 대원군이 미친 영향은 미미하였다고 해석한다는 점에서 대원군사주설과 차이가 있다. 셋째, 전봉준이 당시의 정치적 상황에 맞추어 대원군의 정치적 명성을 활용한 것으로 보는 '대원군원격활용설'을 들 수 있다. 이 견해는 정부 관속에게 보내는 '호소문', '회유문'에만 '국태공 봉대'의 내용이 나온다는 점을 지적하고 있으며, 당시의 정치적 상황을 '공감적 해석학'으로 분석하고, 대원군이 아닌 동학농민군의 관점을 견지한다는 점에서 구별된다. 먼저 대원군사주설의 주요 내용을 다시 면밀하게 검토해보자.

유영익이 대원군사주설의 결정적 증거로 삼고 있는 사료는 제1차 봉기시 동학농민군이 정부 관속들에게 보내는 호소문, 회유문 등에 나타난 '국태공 봉대' 내용이다. 그 사료들의 주요 내용을 소개하면 다음과 같다.[487]

㉠ 1894년 5월 19일(음4.18) 농민군이 나주에 당도해서 그곳 관아의 공형(公兄)에게 발송한 회유문에 나타난 '국태공'(또는 '태공', 모두 '대원군'을 지칭) 관련 내용이다.

> 우리들의 금일의 뜻은 위로 국가에 보답하고 아래로는 백성을 편안하게 하는 것이다. 열읍을 지나가면서 탐관오리를 징치하고 청렴한 관리를 포상하고 이폐민막(吏弊民瘼)을 바로잡고 혁파하고 전운(轉運)의 폐막을 영원히 변혁제거하고 임금에게 아뢰어 국태공을 받들고 나라를 감독케 하여 난신적자들과 아첨하는 자들을 일거에 파출하는 것을 본뜻으로 하는 이것뿐인데 어찌하여 너희 관속들은 국세와 민정을 생각지 않고 병력을 움직여 공격을 위주로 삼고 살육을 의무로 삼는가? 이것은 진실로 무슨 마음인가?[488]

㉡ 동학농민군 지도부가 그 다음 날인 5월 20일(음4.19) 함평에서 '호남유생등(湖南儒生等)'의 명의로 양호초토사(兩湖招討使) 홍계훈에게 전달한 정문(呈文)에도 국태공 관련 언급이 있다.

> 호남유생들은 피맺힌 원한을 안고서 백배하고 엄위(嚴威)하고 밝히 듣는 각하에게 글을 올립니다. 엎드려 고하건대 저희들은 천지간에 참여하여 교화된 사람들로서 어찌 감히 망령되이 불의의 일을 일으켜 스스로 형벌에 빠지겠습니까? 무릇 '백성이란 나라의 근본이고 근본이 튼튼하면 나라

가 강녕하다'는 옛 성인의 유훈이 시무의 대강입니다. ··· 저희들은 금일의 거사는 부득이한 정황으로 말미암아 병기를 손에 쥔 것으로서 보신을 위한 계책인데, 일이 이 지경에 이르렀다면 억조가 마음을 하나로 하고 팔도에 묻고 상의하고, 위로는 국태공을 받들어 부자의 윤리와 군신의 의리를 온전히 하고, 아래로는 백성을 편안히 하여 종사를 보전하는 것을 지극히 바랍니다. 죽어도 불변함을 맹세하노니 비추어 살펴 주시기를 엎드려 바랍니다.[489]

ⓒ 그 후 동학농민군은 6월 11일(음5.8) 전주화약 이후인 6월 26일(음5.23) 장성으로 물러난 뒤 신임 전라감사 김학진에게 13개조 폐정개혁요구서를 보냈는데 그중 13조에 보면, "국태공이 국정참여에 임하면 민심이 거의 될 듯한 희망이 보일 것"이라는 요구가 제시되어 있다.

ⓓ 1894년 6월 7일(음5.4) 전주에서 관군과 협상하는 과정에서 홍계훈에게 바친 '피도소지(彼徒訴志)'에도 "태공(太公)을 받들어 나라를 감독하게 함이 이치가 마땅한데 어찌하여 불궤(不軌)의 살해라고 합니까?"[490]라는 내용이 나타나 있다.

유영익은 ⊙~ⓓ 등의 사료에 나타난 '국태공 봉대' 내용을 근거로 동학농민군의 1차 봉기의 목적이 대원군을 권좌에 복귀시키기 위한 것이라고 본다. 그것도 1차 봉기 이전 밀약의 가능성이 높다는 견해를 덧붙인다. "전봉준과 대원군이 제1차 봉기에 앞서 예모했을 가능성이 높으며, 제1차 봉기 당시 전봉준이 대원군을 권좌에 복귀시키는 것을 목표로 삼았음은 의심할 여지가 없다"[491]는 것이다. 앞서 제1차 봉기 이전 대원군사주설 주장은 실체가 없음을 확인했다. 그렇다면, 1차 봉기시 실제 밀약이 있었는지 여부가 관건이 될 것이다. 유영익은 앞선 ⊙~ⓓ에 나타난 '대원군 봉대' 내용을 그 근거로 제시하고 있으나 ㉠~㉣의 사료가 바로 밀약을 입증해주는 것은 아니다. 당시의 정치적 영향력과 정치적 역관계를 고려해 본다면, 농민군이 '국태공 봉대'를 주장하는 것은 굳이 밀약이 없더라도 전략적으로 가능한 선택이라고 볼 수도 있기 때문이다. '국태공 봉대를 주장했느냐'의 문제와 '농민군의 봉기가 대원군의 사주에 의한 것이냐'는 차원이 다른 문제이다. 유영익은 대원군사주설의 연장선상에서 전봉준의 대원군 관련 법정 진술을 "의리심이 강했던 전봉준이 자신의 후원자이며 스스로 숭앙했던 대원군을 정치적으로 비호하기 위해—더욱이 일본인이 임석·감시하고 있던—법정에서 위증했다"고 추리한다.[492]

〈전봉준 공초〉 기록[493]이나 〈재판기록〉 등을 비롯하여 제2차 기포에 대원군이 영향력을 행사했다는 정황은 제1차 기포에 비해 훨씬 구체적이다. 김상기(1931~1975)나 이상백(1962)이 동학농민군의 제2차 기포(재기포)를 중심으로 전봉준과 대원군의 밀약설을 제시한 것도 이런 이유에서다. 이상백이 "좌우간 대원군과의 사이에 모종의 상당한 연락이 있었던 것만큼은 사실이라고 하지 않을 수 없다"고 단언할 만큼 재기포를 독려한 대원군의 정치적 행보가 〈이병휘 공초〉와 시말서, 일본측의 기밀문서와 증거물품 등을 통해 명확하게 드러나 있다.[494] 하지만 이상백도 전봉준과 대원군의 재기포 의도는 서로 달랐다고 본다는 점에 주목할 필요가 있다. "전봉준이 동학의 대군을 인솔하고 북향 입성하여 광포한 일군을 축출하고, 개화당 등 일본세력을 일소(一掃)하고 민족(閔族)정부를 타파하여 국정을 개혁하려는 데 목적이 있었다면, 대원군에게 이러한 적극적인 포부가 있었던 것인지 알 수 없으나 대원군은 우선 동학당의 대중세력을 이용하여 일본세력을 축출하고, 자기의 정치세력을 회복부지(回復扶持)코자 하였던 것만은 확실한 것 같다." 또 대원군은 애손 이준용을 왕위에 올리려고 했다.[495]

유영익의 입장은 동학농민군의 재기포와 관련한 대원군의 입장은 이상백의 견해와 같지만, 전봉준에 대해서는 다른 관점을 제시하고 있다.[496] 그는 "동학농민봉기의 성격을 논함에 있어 농민군에 대한 대원군의 태도를 밝히는 것은 부차적"이라고 말한다. 전봉준이 대원군에 대해 갖고 있던 생각이 중요하다는 것이다. 다시 말해 앞선 ㉠~㉣에서 확인되듯이 국태공을 모셔서 나라 일을 보게 하자는 것이 핵심이라는 것이다.[497] 유영익은 동학농민군의 재기포 목적이 전적으로 대원군의 입장에 따라 정치적 곤경을 타개하고, 정치적 야심에 따라 손자 이준용을 왕으로 만들기 위한 것이라고 본다. 대원군이 처한 정치적 곤경은 첫째, 집권 초 민비 폐서를 최우선시하였는데, 일본 공사관이 이에 동의하지 않았을 뿐만 아니라 김가진, 안경수, 조희연 등 친일개화파 관료들에게 이 내용을 전달하여 국왕과 민비에게 정보가 통보되도록 한 데서 비롯되었다. 둘째, 대원군은 청일전쟁에 반대했기 때문에 오오토리 공사가 7월 25일까지 조선에서 청군을 축출할 권한을 일본군에게 부여하는 조선 외무아문 명의의 위임장 발급을 요청했으나 이를 거절했다. 셋째, 갑신정변 실패 후 일본으로 피신했던 박영효가 귀국하자 대원군의 애손 이준용이 박영효를 만나 회유하였으나 실패했다. 반면, 일본은 아예 12월 17일 새로 발족된 내각(소위 김홍집, 박영효 연립내각)에 이준용 대신 박영효를 내무대신으로 발탁하였다. 네 번째 이유는 군국기무처에서 이준용과 그의 당여들을 소외시키고 7월 30일부터 10월 29일까지 3개월간 200여 건의 개혁안을 통과시키자 대원군은 8월 말부터 군국기무처가 통과시킨 개혁안에 대한 재가를 거부하기에 이르렀다. 그러나 군국기무처의 주도세력은 8월 1일과 17일에 이준용을 군국기무처 의원으로 임명하자는 안을 부결시키고, 8월 말부터는 직접 고종으로부터 재가를 받았다. 10월 21일경에는 왕과 왕비를 폐위시키고자 한 대원군과 이준용의 음모를 조사하는 목적의

의안을 통과시키기도 했다.[498]

　이러한 이유들로 분노한 대원군이 이준용과 더불어 8월 중순부터 3가지 항일 음모를 획책하게 되는데, 동학농민군에 대한 사주도 이러한 맥락에서 비롯되었다는 것이다. 3가지 항일 음모란 첫째, 평양에 진주한 청장과 밀통하여 일본군을 공격케 하는 것, 둘째, 삼남지방에서 의병을 일으켜 청군과 더불어 일본군을 협격케 하는 것, 셋째, 서울에서 일부 친일개화파 관료들을 암살하는 것이 그것이다. 특히, 대원군과 이준용은 의병 거병을 위해 지방 유수 양반가문들과 동학지도부에 기대를 걸고, 자당인 군국기무처 의원 이태용과 박준양의 도움을 받아 9월 초에 삼남지방의 양반가 후예 및 동학 교단 지도자들에게 소모사를 파견하여 항일의병을 조직하려 하였다. 전(前) 승지 이건영과 동학접주 박동진, 박세강은 충청도의 동학접주들을, 임기준과 서장옥은 전봉준, 김개남, 송희옥 등 전라도의 동학접주들을 접촉하기 위해 밀파되었다. 평양을 다녀왔던 이용호도 같은 목적으로 경상도에 파견되었다. 그러나 이 세 가지 항일 음모는 모두 실패로 돌아갔다. 1895년 4월 개시된 재판에서 주모자(이준용, 이태용, 박준양)와 하수인들로부터 받아낸 자백에 의하면 대원군과 그 수하들은 9명의 거물급 친일개화파 관료들을 암살하고 더 나아가 국왕과 왕세자까지 음해할 계획이었던 것으로 밝혀졌다. 〈이준용 공초〉에서 확인되는 바에 따르면, 이 암살계획은 '동학' 의병이 이준용 휘하의 통위영과 협력하여 서울을 공격하기로 예정된 9월 초순에 실천에 옮겨질 예정이었다.[499]

　유영익은 동학농민군의 재기포가 대원군의 사주에 의한 것이라는 점을 명확히 하기 위한 근거로 "대원군이 작성했을 것으로 여겨지는"[500] 밀지를 추가로 제시하고 있다. 이 밀지는 당초 이상백(1962)에 의해 제시된 바 있는데, 그 내용은 다음과 같다.[501]

㉢ 삼남소모사(三南召募使) 이건영(李建永)을 보내어 너희들에게 밀시(密示)하노라.

너희들은 선대 왕조로부터 교화를 받은 백성으로서 선왕의 은덕을 저버리지 않고 지금까지 살아왔다. [지금] 조정에 있는 자들은 모두 그들에 붙어서 궁 안에서는 한 사람도 상의할 사람이 없어 [짐은] 외롭게 홀로 앉아 하늘을 우러러 통곡할 따름이다. 지금 왜구(倭寇)가 대궐을 침범하여 화(禍)가 종사(宗社)에 미쳐서 명(命)이 조석을 기약하지 못할 지경이다. 사태가 이에 이르렀으니 너희들이 만약 오지 않으면 박두(迫頭)하는 화환(禍患)을 어찌하겠는가. 이를 교시하노라.[502]

유영익은 "이 같은 '국왕'의 호소는 이미 대원군과 내통한 바 있는 전봉준 같은 동학 지도자들의 마음을 움직이는 데 충분했다"고 평한다. 또한 이 밀지에 따라 전봉준이 "10월 중순부터 동학의 남접세력을 동원하여 전라도 일원에서 의병을 조직하였다"고 주장한다.[503] 〈전봉준 공초〉에서 확인되듯이, 박동진과 정덕인 등 밀사의 역할을 담당했던 자들의 실명이 드러나 있고, 동학농민군 중 송희옥 등과의 연계가 확인되는 등 전봉준과 대원군 사이에 긴밀한 연락이 오고간 것은 분명한 사실이다. 그러나 전봉준과 대원군의 의도가 서로 일치하지 않았다면, 이를 밀약으로 해석할 수 있을지에 대해서는 여전히 의문이다. 첫째, 전봉준과 대원군의 기포 목적이 서로 달랐다는 점이다.[504] 둘째, 대원군 사주에 따른 재기포였다면 〈이준용 공초〉에서 확인되는 바와 같이 농민군은 9월 초순경 서울로 입경했어야 하는데 실상은 전혀 그렇지 않았다. 전봉준은 대원군의 재기포 추동에도 불구하고 1894년 9월 25일(음8.25)까지 재봉기에 나서지 않고 정세를 관망하고 있었다. 셋째, ㉢의 소모사 이건영은 그동안 대원군의 밀사로 오인되는 경우가 많았는데, 실상은 고종의 밀사였다.

이러한 맥락에서 본다면, 동학농민군의 대원군 봉대 요구가 관을 향한 요구에만 등장한다는 점에 주목한 대원군 활용설이 상당히 설득력을 갖는다. '대원군연관설'이 '이지(異志)'를 품은 동학농민군과 대원군이 서로 이용한 것에 초점을 두고 있다면, '대원군원격활용설'은 전봉준이 관군과의 대적 시에 관군의 사기를 떨어뜨리기 위해 중앙정계의 민씨들과 친일파, 그리고 지방 관속들이 모두 두려워하는 효과를 노려 '대원군(국태공)'의 '이름'을 의도적으로 활용했다는 점에 주목한다. 황태연은 대원군의 밀약이라는 것이 대원군의 실패한 일방적 시도나 단순한 그리고 일시적 또는 간접적 접촉 사실을 소문 차원에서 부풀린 것에 불과한 것으로 본다. 제1차 봉기에 나타난 '국태공 추대' 관련 사료 ㉠~㉣에 대해 "동학군이 관속들에게 보낸 '호소문'이나 '회유문' 속에 등장하는 '국태공 봉대' 요구에서 나타난 바와 같이 동학군이 관속에 대한 대원군을 들먹인 것은 밀약이나 긴밀한 연계('손잡는 것')를 뜻하는 것이 아니라 두려운 '국태공' 대원군의 '이름'을 활용해 중앙정계의 배후세력을 과시함으로써 자신들에게 대적하는 관속들을 공포에 떨게 만들려는 위축·협박전술"[505]이라고 파악한다. 실제 당시 대원군의 명성은 압박이나 협박을 위한 호소문, 회유문에 동원할 수 있을 정도로 중앙의 친일 괴뢰 대신들까지도 벌벌 떨게 만드는 위력을 가지고 있었다.[506]

당시 사족을 비롯한 다양한 계층의 '척왜' 연대를 지향하던 동학농민군이 처한 실상은 사면초가의 '비도(匪徒)'[507]로 몰려 있던 상황이었다. 따라서 이런 상황을 타개할 수 있는 최상의 선택지가 대원군의 권위를 활용하는 것이었다고 할 수 있다. 황태연은 '국태공 추대' 관련 사료인 앞선 ㉠~㉣의 수신 대상이 정부 관속이라는 점에 주목해야 한다고 강조한다. 동학농민군의 문서들 중에서 '국태공 국정참여' 요구나 '국태공 봉대' 구절이 나타나는 것은 오로지 관속들에게 보내는 회유·호소문이지, 동학농민군들을 향한 '통문' 등에는 국태공 봉대의 요구가 나타나지 않는다는 것이다. 실제 "전봉준·손화중·김개남 등의 최고지도자 급에 의해 고창군 무장면에서 발표된 전봉준·손화중·김개남 명의의 〈무장포고문(茂長布告文)〉(1894.3.21(음), 양4.26), 호남창의대장의 〈백산격문〉(음3.25경, 양4.30경), 〈사개명의(四個名義)〉(3.25) 등 포고문·창의문·격문과 내부 사발통문에서는 이런 요구들이 전무하다는 사실에 주목해야 한다." "당시 국태공은 여전히 중앙의 친일 괴뢰 대신들까지도 벌벌 떨게 만드는 위력"을 가지고 있었기 때문에 동학군이 내민 '국태공 카드'가 지방관속·초모사·관군들에게" 충분한 '효과'가 있었다는 것이다.[508]

3) 동학농민혁명의 원인과 배경

동학농민군의 '반외세' 주창은 언제부터였을까? 대원군의 사주에 따른 것일까? 동학농민군의 반외세 구호는 1892년 12월 8일(음10.20) 공주집회와 연이은 12월 20일(음11.2) 삼례집회에서 나타나고 있다. 교조신원운동의 명분은 첫째, 동학의 도는 이단이 아니라는 점이었고, 둘째 외세의 침략성을 폭로하여 보국안민을 위해 다 같이 일어서야 한다는 것이었다. 공주에 모인 동학교도들은 밤낮으로 '광제창생(廣濟蒼生)'과 '보국안민(保國安民)'을 축원하고 있음을 강조하면서 충청감사 조병식(趙秉式)에게 「각도동학유생의송단자(各道東學儒生議送單子)」를 전달했다. 그 주요 내용은 "① 동학은 사학(邪學)이 아니라 유불선을 합일한 것으로 유교와는 대동소이하고 이단이 아니다. ② 서양 오랑캐의 학문[西夷之學]이 우리나라에 들어오고, 왜(倭)의 해독은 다시 외진(外鎭)에서 날뛰고 있고, 흉역(兇逆)의 무리가 일어나고 있다. ③ 특히 왜국은 각 항구에서의 통상을 통해 이익을 독점하고 전곡(錢穀)을 다 빼내어 가기 때문에 백성들이 어려움에 처해 있다. 서울과 요해처, 관세와 시장세, 산림천택(山林川澤)의 이익이 모두 외부의 오랑캐에게 돌아간다. ④ 가혹한 탄압으로 교도들이 극심한 고통을 당하고 있다. 체포된 교도들을 석방해 달라. ⑤ 최제우의 신원(伸冤)을 조정에 계달(啓達)해 달라"[509]는 것이었다.

이 공주집회를 주도한 것은 유영익이 대원군과의 밀약 당사자로 거론한 전봉준이 아니라 해월 최시형이었다. 공주에서 올린 '의송단자'에 대한 조병식의 감결이 나온 3일 후인 1892년 12월 15일(음10.27) 해월은 삼례집회를 개최하기로 결정했다. 전봉준은 이 삼례집회에서 의송단자를 전라감사 이경직에게 전달하는 역할을 맡았다. 삼례집회의 의송단자 역시 공주집회와 유사한 내용의 '반외세' 구호가 제기되었다.[510] 또한 1893년 3월 보은·금구집회에서 '척왜양' 구호가 제기된 것으로 보아 해월을 비롯한 전봉준 등 농민군 지도부는 대원군의 사주와 무관하게 농민전쟁 이전부터 '반외세'의 과제를 인식하고 있었다고 할 수 있다. 다만 재기포 이전 동학농민군의 봉기 목적이 척왜양(斥倭洋)·제폭구민(除暴救民)·광제창생(廣濟蒼生)·보국안민(輔國安民)에 있었다면, 동학농민군의 재기포는 급선무를 명확히 '척왜(斥倭)'로 구체화한 것이 차이다.

다른 한편 주목해야 할 부분은 전봉준이 일찍부터 다양한 세력과의 연합을 추진했다는 점이다. "주모자 전봉준은 이미 그의 동지인 동학당 수령 무장 손화중과 태인 김개남, 최경선과 금구 김덕명 등과 의논이 많았었고, 고부인민 기개인(幾個人)과도 약속이 있었으며, 기타 경향 각 방면으로도 지기상합처(志氣相合處)에 많은 운동이 있었던 것이다. 국가를 바로잡고 세상을 혁신하기 위하야는 어느 당파이거나 어느 계급이거나를 물론하고 구애가 없이 맞손을 잡고 일한 작정을 세웠던 것이다."[511] 또 "유림측과 보부상 등이며 유(油:기름장사)·유(鍮:유기장사)·탕당상(宕糖商:사탕장사) 등이며 솥장사 파까지라도 서로 연락을 지었던 것이다."[512]

배항섭은 앞선 제2장 이돈화의 『천도교창건사』 인용문 ⓒ을 중시하는데, "이지(異志)를 품고 시국을 주유(周遊)하면서 동지를 규합하던 전봉준이 대원 군을 이용하기 위해 의도적으로 접근"한 것이라고 본다.[513] 그렇다면, 농민 군은 왜 대원군을 이용대상으로 선택했을까? 배항섭은 대원군이 정치성향 면에서 전봉준과 합치되는 면이 적지 않았을 뿐만 아니라, 전술적으로도 중 요한 의미를 지니는 존재였다고 해석한다. 전봉준은 농민전쟁에 임할 때 각 지에서 동시다발적으로 민란을 일으킨 다음, 그 힘을 모아 전주감영을 점령 하고, 나아가 중앙권력을 장악, 매관매직을 일삼는 민씨 척족세력을 타도하 면 8도가 하나가 될 것이라고 기대하였다. 따라서 아직 고을 범위를 벗어나 는 '반란'의 대열에 동참하기를 꺼리던 민중의 참여를 유도하고 지지기반의 확대를 도모하기 위해 대원군은 전술적으로 활용할 가치가 충분했다. 배항 섭에 따르면, 대원군은 당시 대중으로부터 가장 호평을 받던 정치가였다.[514] 또 이미 10여 년간 섭정한 경력이 있는 등 대중적 신망을 한 몸에 안고 있었 다. 따라서 전봉준은 대중의 의식수준을 고려하여 그들을 반란의 대열에 동 참시키고 지지기반을 확대하여 폐정을 개혁하고 외세를 배척하는 거사를 실현하기 위해 대중적 인기가 높은 정치가인 대원군이라는 우상을 전면에 내세웠던 것이다.[515]

'대원군연관(이용)설'은 '대원군사주설'과 달리 "전봉준의 행동이 대원군이 추진하고자 한 계획과는 크게 달랐다"는 점에 주목한다. 1894년 7월 장두재 가 청국과 합세하여 일본군을 공격하자는 밀의를 대원군과 상의했음을 강 조하면서 기포할 것을 촉구하는 편지를 김덕명, 김개남, 손화중에게 보냈 다. 하루 뒤인 7월 10일 일본신문의 기사에 보도된 내용에 따르면, 전봉준은 기포를 촉구하는 장두재의 편지내용과 전혀 다른 입장을 취한 것으로 확인된다. 기포를 촉구하는 대원군의 밀의를 전달받았으나, 전봉준은 "일본이 하고자 하는 바와 대원군이 하고자 하는 바를 우리들은 아직 상세히 알 수 없어 마음을 놓을 수 없다. 때문에 나는 힘써 동지들의 분격을 가라앉힘과 동시에 우리 정부의 동태를 알려고" 하는 입장을 취했다.[516]

그렇다면, 동학농민군의 재기포 배경을 어떻게 보아야 하는가? 1894년 6월 11일 전주화약 이후 농민군의 대부분은 귀향했지만 호남 일대의 지방행정 조직은 실질적으로 마비상태였다. 신임수령의 부임 지체와 지방군대의 도주 또는 괴멸로 행정적·무력적 기반이 없었기 때문이다. 호남 일대는 농민들의 자치기구로 설치된 집강소(執綱所)가 행정을 관장했다. 전라도 신임 관찰사 김학진의 1894년 5월 15일(양6.16) 효유문에 따르면 집강소는 귀향하는 농민군을 위해 설치된 것이다. 이 기구를 바탕으로 김학진은 전봉준과 협의하여 호남행정에 관한 관민협력을 의논했다. 호남에서는 이렇게 실질적 농민자치가 이루어지고 있었다. 이런 시기에 왜군의 왕궁침공이 벌어진 것이다. 이 범궐사건이 동학농민군 재궐기의 직접적 이유라고 할 수 있다.

앞선 대원군사주설과 연관하여 보자면, 전봉준은 대원군의 재기포 사주와 달리 '관민상화'를 중시하고 있었으며 청일전쟁에서 일본 승리가 예견되던 8월 25일경 김개남이 남원대회를 열어 '무국(撫局)'을 깨자 이를 만류하러 달려갔다. 대원군연관(이용)설은 이 시기 전봉준의 입장에 대해 "일단 사태의 추이를 지켜보며, 한편으로는 예견되는 청 혹은 일본과의 투쟁에 대비하여 사족(士族)이나 재산이 있는 계층 등 다양한 세력과의 연합을 도모해 나가고자 하는 구상을 가졌던 것"으로 해석하면서 다양한 세력과의 연합항전 준비에 의미를 부여한다.[517] 최근 지수걸(2015)도 이와 유사한 맥락에서 공주전투가 '대원군의 기경부경 밀지'에 따라 수행된 '조우전'이 아니라 전봉준이

"충군애국지심을 가진 사민(士民)들로 의려(義旅)를 규합한 뒤 일본군과 접전(接戰)을 하고자 했다"(「전봉준 공초」初招問目)는 내용에 주목하며 공주전투가 유생이나 관료 등 애국적 사민층의 참여를 목적으로 한 것이라고 해석하고 있다.[518] 이와 같이 대원군연관(이용)설은 8월말까지도 전봉준의 정세판단이 대원군 측의 의도와 부합하지 않았다는 점, 대원군의 기포를 촉구하는 밀의에도 불구하고 전봉준은 의연히 관민상화에 입각하여 집강소를 운영하고자 했다는 사실을 바탕으로 대원군사주설을 반박하고 있다.[519]

전봉준은 경복궁이 왜군에 의해 점령된 사실을 언제 들었을까? 전봉준은 전국에 자자한 왜군의 범궐 소문을 음력 7월(양력 8월) 한 달 사이에 남원에서 들었을 것으로 보인다. 그러나 전봉준은 대원군의 기포 요청 시점에 바로 호응한 것이 아니라 대규모 농민군을 모으고 새 곡식을 거둘 때까지 기다리다가 음력 10월(양력 11월)에야 봉기했다. 봉기일자는 음력 10월 12일경이었다.[520] 대원군의 기포 요청시점과 상당한 차이가 있다. 나중에 전봉준은 체포 후 왜 재기포(再起包)했느냐는 동학농민군 토벌대장 독립 제19대대장 미나미 소좌의 문초에 이렇게 답한 바 있다.

그 후 귀국(일본)이 개화를 칭하고 처음부터 일언반구의 말도 민간에 전포(傳布)하지도 않고, 또 격서(檄書)를 전포하지도 않고 군병을 이끌고 도성에 들어와 야반에 왕궁을 격파하고 주상을 경동(驚動)케 했다고 하는 소리를 들었다. 그러므로 초야 사민(士民)들이 충군애국의 마음에 비분강개를 이기지 못하고 의여(義旅)를 규합했고, 일인(日人)과 접전하여 일차 이 사실을 물어보고 싶었다.[521]

전봉준은 "재차 기포(起包)에 일병(日兵)이 범궐했기 때문에 다시 일어났다고 했는데 다시 일어난 뒤에 일병에 대해 어떤 조치를 행하려고 했는가?"라는 재차질문에도 다시 "범궐의 연유를 힐문하려고 했다[欲詰問犯闕緣由]"라고 답했다.[522] 대원군이 박동진, 정덕인 등 많은 인물들을 동원하여 전봉준에게 재봉기하여 서울로 올라오라고 부추기고 재촉한 것이 사실이다. 전봉준도 이들을 직접 만나 본 그의 비서 송희옥을 통해 그가 "2월 이후 속히 위로 올라오라"는 운현궁의 교시를 전달받았지만, 이들이 문자교시도 신표(信標)도 지니지 않아서 이 교시를 믿지 않고 황당한 횡설수설로 간주하고 있었을 뿐만 아니라,[523] "요즘 늙어서 정사를 볼 기력이 없고 원래 우리나라 정치를 그르친 것도 모두 대원군 때문이기에 인민은 그에게 복종하지 않는다"는 정확한 대원군관(觀)을[524] 가졌었다. 따라서 전봉준은 고종의 밀지어명도 아닌 대원군의 교시를 '교시'로 보지 않았을 것이고, 나아가 대원군의 교시가 혹시 문자로 되어 있었더라도 '교시'로 취급하지 않았을 것이다. 또한 원래 전봉준은 "운현궁의 가르침을 굳이 말할 필요 없이 일이 응당 행해야 하는 것이라면 우리는 스스로 맡을 따름이다[不必言雲峴宮之爲敎 而事之當行者 我自當之云矣]"라는 입장을 취하고 있었다. 따라서 왜군을 구축하고 국왕을 구하려는 전봉준의 척왜봉기는 대원군이 문제가 아니라 전봉준과 국왕의 자발적 의견일치에 의해서만 가능했다고 할 수 있다. "창의동제(倡義同濟)하여 쓰러지는 나라를 부지하고 나의 빈사지명(瀕死之命)을 구하라"는 국왕의 구원(救援) 밀지 외에는 어떤 것도 전봉준의 척왜봉기를 촉발할 신표 노릇을 할 수 없었던 것으로 보인다.

1894년 10월 12일경(양11월 초엽) 전봉준은 전주 근처 삼례에서 기포(起包)하고, 손화중은 광주에서 기포했다.[525] 김개남은 자신의 근거지인 남원에서 이미 농민군을 거느리고 있었다. 왜군 정찰보고에 의하면 "8월 20일 이래 전라도 각읍의 동도(東徒)가 남원에 집합하였는데 그 수가 수십만이고", 이들은 "부잣집들로부터 금전과 곡식을 징수하여 남원읍으로 수송하고" 있었다. 또 9월 26일에는 "남원 땅에서 대공론을 여는 일을 두고 집회 개최 취지의 격문을 사방에 발하고 이미 집합한 자들이 수만 명에 달하고 각기 병장기를 들고 여기저기서 횡행하고 당외자(黨外者)의 재산을 약탈하므로 길이 위험하여 거의 여행자가 없어지게 되었다." 10월 5일경에는 남원에서 농민군이 7-8천 개의 당기(黨旗)를 새로 만들어 기세를 올리고 있었다.[526]

〈전봉준판결선언서〉에 의하면, 전봉준은 초토사 홍재희(洪在羲; 洪啓薰)의 관군과 접전하던 중에 요구사항을 다 들어주겠다는 홍의 효칙을 듣고 타협하여 폐정개혁 27개 조목을 내고 이를 임금께 상주하기를 청하여 즉시 승낙을 얻고 "동년 5월 5-6일께 쾌히 그 무리를 해산하여 각기 취업하게 하고" 최경선 등 최측근 20여 명을 대동하고 열읍(列邑) 각처를 열역유세하며 7월 하순에 태인의 집으로 귀거해 있었다. 그러다 그는 "왜군이 대궐로 들어갔다는 말을 듣고 필시 일본인이 아국을 병합코자 하는 뜻인 줄 알고 일본병을 쳐 물리고 그 거류민을 국외로 구축할 마음으로 다시 기병을 도모하여 전주 근처 삼례역이 토지광활하고 전라도 요충지이므로 동년 9월 중순경(양10월 중순~하순경) 태인을 발정(發程)하여 원평을 지나 삼례역에 이르러 그곳을 기병(起兵)하는 대도소로 삼고" 각처 원근 지방 인민에게 격문을 돌리고 전언을 하여 처음에 전라우도에서 4000여 명의 군사를 모으고 관아에 들어가 군기(軍器)를 얻고 지방 부자들에게서 금전과 곡식을 징발하고 삼례를 떠나면서 농민군을 더 초모하여 은율과 논산을 지나면서 군세(軍勢)를 만여 명으로 불리고 "동년 10월 26일(양11.23)쯤 공주에 다다랐다." 그러나 "일본병이 먼저 주성(州城)에 웅거해 있기에 전후 두 차례 접전해 보았지만 두 번 다 대패했다."[527]

전봉준은 민중의 힘을 '척왜'로 단일화 하기 위해 분발했다. 전주화약도 반봉건과제를 잠시 뒤로 미루고 일제침략의 구실을 없애기 위한 단일 척왜노선에서 나온 것이고 제2차 봉기도 척왜노선에서 나온 것이다. 전주화약후에도 나주 같은 곳에서는 관군이 동학군에게 저항하고 있었다. 이에 전봉준은 나주로 내려가 동족 간 내전을 중지하고 공동으로 외적에 대항하자고 설득하여 나주목사로부터 승복을 받아냈다.[528] 그리고 제2차 척왜창의 농민전쟁에서 제1차 농민전쟁에 노골적으로 반대하여 가담하지 않은 동학 북접을 설득하여 항일남북연합군을 조직하는 데 성공했다.[529] 그리고 전봉준은 11월 11일 호서(湖西)순찰사 박제순과 기타 백성들에게는 한글로 된 이런 호소문을 보냈다.

고시(告示)경군여영병(京軍與營兵)이교시민(以敎示民)

무타(無他)라 일본과 됴션이 긔국(開國) 이후로 비록 인방(隣邦)이ᄂ 누디 적국(累代敵國)이더니 성상(聖上)의 인후(仁厚)ᄒ삼을 힘입어 삼항(三港)을 허긔(許開)ᄒ여 통상이후(通商以後) 갑신 십월의 ᄉ흉(四凶)이 협젹(俠敵)ᄒ야 군부(君父)의 위틱(危殆)ᄒ미 됴셕(朝夕)의 잇더니 죵ᄉ(宗社)의 홍복(興復)으로 간당(奸黨)을 쇼멸(消滅)ᄒ고 금년 십월의 긔화간당(開化奸黨)이 왜국(倭國)을 쳐결(締結)ᄒ여 승야입경(乘夜入京)ᄒ야 군부(君父)를 핍박(逼迫)ᄒ고 국권(國權)을 쳔ᄌ(擅恣)ᄒ며 우황 방빅슈령(方伯守令)이 다 긔화중 쇼쇽으로 인민을 무휼(撫恤)ᄒ지 안이코 살육(殺戮)을 죠ᄒᄒ며 싱녕(生靈)을 도탄(塗炭)ᄒ미 이제 우리 동도가 의병을 드러 왜적을 소멸ᄒ고 긔화를 졔어ᄒ며 됴졍(朝廷)을 청평(淸平)ᄒ고 ᄉ직(社稷)을 안보할 ᄉ 미양 의병 이르ᄂ 곳의 병정과 군교(軍校)가 의리를 싱각지 아니ᄒ고 나와 졉젼(接戰)ᄒ미 비록 승픠(勝敗)ᄂ 업스ᄂ 인명이 피ᄎ의 상ᄒ니 엇지 불상치 아니 ᄒ리요? 기실은 됴션기리 상젼(相戰)ᄒ쟈 ᄒᄂ ᄇ 아니여를 여시(如是) 골육상젼(骨肉相戰)ᄒ니 엇지 이

닮지 아니리요? 쏘흔 공쥬한밧(公州大田) 일로 논지ㅎ여도 비록 츈간의 보원 (報怨)흔 것시라 ㅎᄂ 일이 춤혹ㅎ며 후회막급이며 방금 뒤군이 압경(壓京)의 팔방이 흉흉 흔뒤 편벽도이 샹젼만 ㅎ면 가위 골육샹젼이라. 일변 싱각컨대 됴션스람 기리야(라)도 도은(는) 다르ᄂ 척왜와 척화(斥倭斥華)ᄂ 기의(其義) 가 일반이라. 두어ᄌ 글로 의혹을 푸러 알게 ㅎ노니 각기 돌여 보고 츙군(忠 君) 우국지심(憂國之心)이 잇거든 곳 의리로 도라오면 샹의ㅎ야 갓치 척왜척 화(斥倭斥華)ㅎ야 됴션으로 왜국이 되지 안이케 ㅎ고 동심합녁ㅎ야 뒤ᄉ를 이루게 ㅎ올시라.

갑오 십일월 십이일

동도창의소(東徒倡義所)[530]

이 고시문은 중국의 속방체제도 타파하는 '척화(斥華)' 의지도 표명했으나 '척왜척화'의 구호로 '누대적국' 일본을 물리치는 '척왜'의 급선무를 앞에 내 세우며 조선끼리 싸우는 '골육상전'을 중단하고 대의로 돌아와 같이 척왜척 화하자고 설득하고 있다. 척왜로 힘을 결집해야 하는 마당에 '척화'까지 거 론한 것은 정치적 실수가 아니라 왜군이 청국의 속방체제로부터 조선을 독 립시키기 위해 청국과 싸운다는 일본의 간사한 논리를 제압하기 위해, 그 리고 동학당을 민씨족과 같은 사대당으로 모는 것을 막기 위해, 또 동학군 을 이용하여 고종과 왕후를 폐하려는 역모적 발상에서 청군과 협력하여 왜 군을 물리치기 위해 봉기하라고 동학군을 부추긴 대원군의 충동에 의한 봉 기가 아님을 과시하기 위해 필수적인 논변이었을 것이다. 또한 이 고시문은 갑신정변과 갑오침략을 다 왜란의 차원에서 동일시하면서, 비록 시점을 헷 갈리고 잘못된 글자가 섞여 있기는 하지만('금년 십월'→금년 7월, '승야입경'→승 야입궐) 갑오괴뢰정권의 주모자들을 왜국과 결맹한 친일괴뢰 개화간당으로

["開化奸黨이 倭國을 締結ᄒ여"] 규정하고 있다.[531] 그리고 다시 갑오괴뢰들을 승야입궐하여 국왕을 핍박하고 국권을 천단하는 자들로["乘夜入京(闕)ᄒ야 君父를 逼迫ᄒ고 國權을 擅恣ᄒ며…"], 그리고 또다시 그들을 백성을 도탄에 빠뜨리고 인민살육을 일삼는 친일괴뢰들["인민을 撫恤ᄒ지 안이코 殺戮을 죠ᄒ ᄒ며 生靈을 塗炭ᄒ며"]로 규정하고 있다.[532]

이상의 내용을 통해 확인할 수 있는 것은 첫째, 동학농민군의 제1차 봉기 이전 대원군과 전봉준의 밀약설 주장은 하나의 '설'에 근거한 강한 추정이라는 점이다. 둘째, 대원군 사주에 의한 동학농민군의 제1차 봉기 주장은 '국태공 봉대'의 내용이 나타나 있는 '호소문', '회유문'에 근거한 것인데, 이 자료들이 '밀약' 또는 '사주'를 입증하는 사료가 아니라는 점에 착안하여 보면 오히려 동학농민군이 필요에 따라 대원군을 이용하였다는 것이 사료에 충실한 해석이라고 할 수 있다. 셋째, 대원군 측의 '사주' 내용이 실체적으로 확인되는 동학농민군의 재기포의 경우 대원군이 사주한 것은 사실이지만 자신의 목적을 위한 일방적 사주였고, '실패한' 사주였다. 동학농민군은 그 사주에 영향을 받지 않았다. 오히려 농민군 재기포의 발단은 일본군의 경복궁 강점을 '아국국토' 침략행위에 대한 항거에서 비롯되었다.

여기서 한 가지 더 짚고 넘어가야 할 부분은 동학농민군의 재기포와 관련하여 대원군사주설은 많이 알려져 있었지만 상대적으로 이 밀지가 고종의 밀지일 수 있다는 사실은 거의 알려져 있지 않다. 앞서 살펴본 ⑪ "三南召募使 李建永의 밀지"는 대원군이 작성한 것이 아니라 고종의 밀지라고 보는 것이 타당해 보인다. 유영익은 ⑪ '이건영의 밀지'를 소개한 이상백의 논의를 기초로 하여 대원군이 작성한 것이 명확하다고 기술했다.[533] 그러나 이 밀지를 발굴한 이상백은 ⑪의 작성 주체와 관련하여 "이 문서에 대하여 일본측에서는 부서(附書)하기를 「前段은 동학당선동을 위하여 그들에게 발한

국왕의 교지이니, 아마 대원군의 조종에 의한 것일 것이요, 후단은 전봉준의 書다」라고 부서(符書)했음을 밝히고, 정작 그 실물과 필적을 실견하지 않고서는 무어라고 말할 수 없고, 당시에 실지로 취조한 일인(日人)들의 단정을 신용할 수밖에 없을 것이다"라고 부연하고 있다.[534]

이렇게 본다면, 대원군이 밀지의 작성 주체라고 볼 수 있는 근거는 당시 일본의 추측 외에 다른 근거는 없는 셈이다. 또한 이 밀지가 후단까지 일관된 국왕의 관점에서 작성되어 있는 것으로 보아 후단이 전봉준의 書라고 볼 수 있는 근거 또한 찾을 수 없다. 따라서 이 밀지의 작성자가 대원군이라는 주장에 대해서는 의구심이 든다.

밀지의 작성자가 국왕일 것이라는 근거는 이렇다. 일본 외교문서에 따르면, 고종은 왕권의 회복을 기도했고, 이를 돕는 근왕세력들이 이에 호응했다.[535] 왕권의 회복은 곧 항일을 전제하는 것이다. 국내 연구자 중 드물게 고종의 밀지와 동학농민군의 관계에 주목했던 오영섭의 연구에 따르면, "동학농민군이 재기 북상하는데 있어 재야에게 강력한 영향력을 지닌 고종세력이 대원군파보다 더 중요한 역할을 수행했던 것으로 파악된다. 1894년 가을에 대원군파 뿐 아니라 고종세력도 동학농민군과 내응했다는 소문이 파다하게 퍼져 있었다."[536] 이런 맥락에서 밀서를 전달했다는 소모사 이건영(李健永)은 대원군이 아니라 고종의 밀사라고 보는 것이 타당해 보인다. 이건영이 대원군의 심복이었다면 대원군과 이준용이 정치적으로 심각한 타격을 입었을 당시 이건영에게도 영향이 있어야 하는데 그렇지 않았다. 이건영이 고종의 측근이었다는 사실은 고종이 8월 14일 전(前)승지 이건영에게 자신을 구할 동학군 등 의려(義旅)를 호남에서 소모(召募)하도록 명하는 밀유(密諭)를 보낸 사실에서도 확인된다.[537]

이렇게 본다면, 대원군과 이준용이 동학군의 재기포를 일방적으로 충동

질한 것은 사실이지만, 동학군이 이들의 '사주'에 의해 재기포한 것은 아니다. 전봉준은 이미 민심을 잃은 대원군에게 백성이 복종하지 않을 것이라고 생각했기에 대원군의 충동질을 무시했다.[538] 조경달도 "대원군과 농민군의 접촉은 7월 초순부터 시작되었지만, 적어도 이 무렵의 전봉준이 대원군의 요청에 즉시 응할 의지가 없었다는 것은 확실하다"[539]고 단언한다. 〈전봉준 공초〉에서 대원군에 대한 전봉준의 입장[540]이 확인되듯이, 소위 '대원군사주설'은 "1894년 7월부터 대원군과 그 손자 이준용 등 그 측근세력들이 동학농민군을 봉기시켜 청군과 연계하여 왜군을 물리치고 고종을 폐하고 이준용을 등극시켜 권력을 장악할 '사악한' 반역 의도"[541]에 다름 아니었고, 전봉준은 이를 알고 있었다. 농민군을 이용한 대원군과 이준용의 일본 축출계획은 실은 정부 전복 계획과 함께 이루어지고 있었으며, '새임금'이란 바로 이준용을 뜻하는 것이었다.[542]

동학농민군 봉기의 원인과 관련하여 일본측도 1894년 10월 중순까지 위와 같은 '대원군사주설'의 입장이었다. 이 의심은 전봉준에 대한 공초과정에서도 수차례나 대원군과의 연계를 묻는 질문에 그대로 반영되어 있다. 그러나 일본측은 이용호·송정섭·윤갑병·이건영 등 체포된 밀사들에 대한 심문결과와 삼남에 출동한 토벌군 장교들의 현장보고서가 속속 당도하면서 11월 초순 이후부터 동학세력의 재봉기에 고종과 근왕세력의 영향력이 지배적이었다는 결론을 내리게 된다. 특히 일본외교문서는 고종 근왕세력과 민씨가 많이 연루되어 있었기 때문에 '민족(閔族)' 또는 '민당(閔黨)'으로 간주했다. 당시 일본신문들을 보면 시간이 흐를수록 민당과 고종에게로 화살을 돌리고 있음이 확인된다. "동학당 재연(再燃)의 원인은 민족(閔族)의 선동이 기다(其多)에 거(居)한다", "동학당의 재흥은 민족(閔族)의 비어(왜군이 왕성을 포위했고, 대원군의 목에 칼을 대고 위협했다는 유언비어)에 의한 것이다", "동학이

다시 크게 흥한 것은 … 민족(閔族)과 약간의 불평사족들이 선동한 때문이다", "동학당과 민족(民族)의 부흥기도 등 때문에 경성의 민심이 흉흉하다", "심상훈이 ○○(고종 - 인용자)의 밀지를 받고 동학당에 가담하여 민영달·민영소 무리와 함께 민당의 부흥을 기도했다는 사실이 동학당 선동자라는 혐의로 포박, 심문 중인 이용호·민응식·송정섭·윤갑병의 공술에서 드러났다"[543] 등등의 신문기사에 그 내용이 여실히 나타나 있다. 이처럼 고종의 밀지를 통한 의병 독려가 여실히 드러나자 이노우에가오루(井上馨) 일본공사는 "민형식·민응식·심상훈 등이 상실한 권력을 되찾기 위해 동학당 교사활동에 종사했다"며 고종과 민왕후 면전에서 질책하기도 하였다.[544] 또한 그는 "민당이 최근 몰래 밀지를 고쳐서 동학당을 선동한 흔적이 있다"며 고종에게 제시한 개혁안을 철회하기까지 하였다.[545]

이 해석은 '대원군 밀약설'과 전혀 다른 관점에서 고종의 밀지에 주목하고 있다는 점에서 중요하다. 이 견해를 〈전봉준 공초〉와 연결해보면 전봉준이 대원군과의 연관을 부인한 이유가 대원군을 비호하기 위해서였다고 해석한 몇몇 견해들과는 판이하게 다른 결론에 도달하게 된다. 조경달은 전봉준의 대원군 비호와 관련하여 "전봉준은 국왕을 숭배했으므로 국왕의 아버지인 대원군에게 응분의 경의를 표하고 그 신명을 지키려고 했던 것은 분명하다"고 해석했다.[546] 그러나 황태연은 "전봉준이 대원군의 밀사들과 자주 접한 자신의 비서 송희옥 등을 통해 고종을 폐위하려는 역모자로서의 대원군과 이준용의 정체를 얼마간 짐작했을 것이고, 늦어도 자신에 대한 조사 기간(1895년 2월 9일~3월 10일) 이전에 대원군의 국왕폐위 역모사건이 백일하에 드러났을 때쯤에는 그의 정체를 지실했을 것이다. 이를 강한 '신(新)존왕주의 의식'을 가진 전봉준이 국왕폐위 역모에 동학군을 이용하려는 '반역자 대원군'을 개인의리상 보호해주기 위해 위증을 했다? 결코 그럴 리가 없었을 것"

이라고 본다. 따라서 '왜인'들은 〈전봉준판결선언서〉에 끝내 전봉준과 대원군의 연계 · 밀약설을 담을 수 없었다.[547]

2. 충군애국사상의 기치

1) 충군사상에 대한 논란

조선초기 민본주의가 수사적 담론 수준에서 다루어졌다면, 18세기 민국정치 시기 민본주의는 '민국'이념으로 실체화되었다. 반면, 19세기 동학농민혁명 시기에는 민이 공공성으로부터 이격된 제도영역을 대신하여 조선의 공공성을 대변했다. 동학농민혁명에서 주창된 이념의 핵심은 크게 '반봉건', '반외세'로 모아진다. 동학의 '반외세'적 성격에 대해서는 대부분의 평가가 일치된다. 상술했듯이 『용담유사』「안심가」에는 일본에 대한 강한 적대의식이 적나라하게 표출 되어 있다. "기험하다 기험하다 아국운수 기험하다. 개같은 왜적놈아 너희 신명 돌아보라"[548]

반외세적 성격과 달리 동학의 '근대성' 또는 '반봉건성' 여부를 두고는 논란이 많았다. 한편에서는 동학의 '근대적 성격'을 강조하고, 이를 근대 민주주의적 요소로 해석한다. 동학혁명의 '반봉건성'을 강조하는 논지들은 주로 동학의 '대동 · 평등사상'에 주목한다.[549] 『용담유사』에는 상하귀천의 신분차별을 극복하는 '평등사상'이 제시되어 있다. "부귀자는 공경이요 빈천자는 백성이라 우리 또한 빈천자로 초야에 자라나서"[550], "부하고 귀한 사람 이전 시절 빈천이요 빈하고 천한 사람 오는 시절 부귀로세."[551]

이와 달리 '보국안민(輔國安民)'의 차원에서 보자면, 동학농민혁명이 왕조체제를 인정한 바탕 위에서 '충군 · 애민 · 반부패' 개혁을 시도했다는 점이 명백하기 때문에 이와 관련하여 동학농민혁명이 '보수적', '복고적' 운동이라고 해석하는 논지[552]가 대립하고 있다.[553] 가령 유영익은 동학농민혁명의 서곡이 된 「무장포고문」을 분석하여 전봉준이 유교적 윤리덕목을 철두철미하게 준수했던 모범적인 선비이며 유교적 합리주의자였음을 강조한다. 따라서 동학농민군은 어떠한 새로운 '근대적' 비전 내지 이상을 제시하지 못했고, 오히려 '봉건적' 차등적 사회신분질서를 이상화하고 있다고 비판한다.[554]

동학농민혁명을 보수적 무장개혁운동으로 규정하는 유영익의 논지를 조금 더 구체적으로 살펴보자. 유영익은 "1894년 농민봉기를 진보적 성격의 사회혁명으로 규정하는 남북한의 통설은 한국 근대사를 '구조주의적' 관점에서 지나치게 단순화하거나 혹은 마르크스류 유물사관의 역사발전론을 한국 역사에 도식적으로 무리하게 적용한데서 비롯된 오설(誤說)이라고 생각한다." 그는 1894년의 제1차 농민봉기를 유교의 충군·애민 사상에 바탕하되 체제내적인 정권교체를 겨냥한 '무장개혁운동'(armed reform movement; Isabella B. Bishop)으로 파악한다. 제2차 봉기는 조국을 불법으로 유린한 일본 침략군을 몰아내기 위해 궐기한 한국 근대사상 최초의 본격적 의병의 항일전쟁이었지, 기존 전제군주제 왕조를 타도하고 민주주의 정부를 창건하려 시도한 근대적 국민혁명이거나, 양반 위주의 '봉건적' 사회체제를 뒤엎고 새로운 평등주의 사회를 건설하려고 기도했던 사회혁명이 아니었다고 본다.[555]

동학 관련 연구의 저변이 넓어지면서 이제 '동학농민혁명'을 일종의 '난(亂)'에 비유하여 '동학란(東學亂)'으로 부르거나, 무장하고 떼를 지어 다니는 도적떼[匪賊]에 빗댄 '동비(東匪)의 난'으로 명명하는 경우는 거의 없다. 그러나 살펴본 바와 같이 동학농민혁명이 성리학적 충군사상에 갇힌 '보수·반동적 무장운동'[556]이라는 부정적 평가가 여전히 존재한다. 동학농민혁명이 왕조체제를 인정한 바탕 위에서 근왕주의적 '충군사상'을 주창한 것에 불과한 것이기 때문에 '보수적', '복고적' 운동이라는 것이다.[557] "전봉준 등 '동학' 농민군 지도자들은 유교적 가치관과 역사관을 체질화한 군주제 옹호자로서 보수적·복고적인 개혁구상을 가지고 봉기했다고 말할 수밖에 없다"[558]는 것이다.

문제는 이러한 극단적 편견이 한때 국회에서 크게 논란을 불러일으키고, 국사교과서에서 '동학농민혁명운동'의 명칭을 '동학운동'으로 바꾼 적이 있을 만큼 강력한 역사논쟁의 빌미를 제공하고 있다는 데 있다. 당시 편수업무를 담당했던 문교부의 공직자(편수관)까지 동학농민혁명(또는 '동학농민전쟁')이 아니라 '동란'에 불과하다는 입장을 피력했다.

> 나 나름대로는 동란을 혁명이나 농민전쟁으로 보기 어렵다고 확신하고 있었다. 이는 동학사상 자체를 혁명의 원리로 보기 어렵고, 이 난은 동학의 포교 활동, 교조신원운동(教祖伸冤運動) 등 교문 자체의 운동이 전봉준이 주도한 고부민란의 기폭제로 보는 것이 옳을 것이라 판단하였기 때문이다. 더욱이 농민전쟁은 농민의 계급적 이익이 바탕이 되어야 하나 이들은 민족적 문제를 표방하여 농민전쟁과는 그 성격을 달리하였고, 또 근왕주의적인 성격을 보여 혁명으로 보기 어렵다고 생각하였다.[559]

이 논란은 1980년 신군부의 집권 직후 제4차 교육과정(1981-1987)에 따라 국사교과서가 개찬되면서 벌어진 일이다. 국가의 존망이 위태로운 상황에서 농민의 계급적 이익을 표방했어야 할까? 또 근왕주의적 성격을 보였기 때문에 혁명이 아닌 것일까? 따라서 동학농민군의 지향에서 실체적으로 드러난 '충군애국사상'을 어떻게 평가해야 하는지 여부가 중요한 관건이 된다.

동학농민혁명을 비판하는 핵심 논조가 당시 동학농민군의 기포를 추동한 핵심 언술 중 하나인 '충군사상'에 집중되어 있다는 것은 한국 근대사의 역설이자 정치사상적 해명이 반드시 필요한 대목이다.

　먼저 동학농민혁명의 목표와 방향이 명료하게 제시된 당시 1차 동학농민혁명 당시 전봉준 등 동학농민군 지도부가 발표한 「무장포고문」의 주요 내용을 살펴볼 필요가 있다. 「무장포고문」은 1894년 음력 3월 20일경에 전라도 무장현(茂長縣)에서 전봉준이 이끄는 동학농민군이 조선왕조 전체의 폐정(弊政) 개혁을 위하여 전면 봉기를 단행하기 직전에 전국 각지에 포고(布告)하여 재야의 유교지식인을 비롯하여 뜻있는 지방 수령 및 하급관리, 그리고 일반 민중들의 광범위한 호응을 촉구한 글이다. 그 전문을 소개하면 다음과 같다.

　　이 세상에서 사람을 가장 존귀하게 여기는 까닭은 인륜이란 것이 있기 때문이다. 임금과 신하, 아버지와 자식 사이의 윤리는 인륜 가운데서도 가장 큰 것이다. 임금은 어질고 신하는 정직하며, 아버지는 자애롭고 자식은 효도를 다한 후에라야 비로소 한 가정과 한 나라가 이루어지며, 한없는 복을 누릴 수 있는 법이다. 지금 우리 임금님께서는 어질며 효성스럽고 자애로우며, 귀신과 같은 총명함과 성인과 같은 예지를 갖추셨으니, 현명하고 정직한 신하들이 보좌하여 돕기만 한다면 요(堯) 임금과 순(舜) 임금 때의 교화(敎化)와, 한(漢) 나라 문제(文帝)와 경제(景帝) 때의 다스림에 도달하는 것은 마치 손가락으로 해를 가리키는 것처럼 그리 오래 걸리지 않을 것이다. 그러나 지금 이 나라의 신하라는 자들은 나라의 은혜에 보답할 생각은 하지 않고 한갓 봉록(俸祿)과 벼슬자리만 탐내면서 임금님의 총명을 가린 채 아첨만을 일삼고 있으며, 충성스러운 마음으로 나라의 잘못을 충고하는 선비들의 말을 요사스러운 말이라 하고 곧고 바른 사람들을 가리켜 도적의 무리라 하고 있다. 또한, 안으로는 잘못되어 가는 나라를 바로잡을 인재가 없고 밖으로는 백성들을 수탈하는 관리들만 많으니 사람들의 마음은 날로 거칠고 사납게 변해만 가고 있으며, 백성들은 집에 들어가도 즐겁게 종사할 생업이 없고 집을 나오면 제 한 몸 보호할 방책이 없건마는 가혹한 정치는 날로 심해져 원망의 소리가 끊이지 않고 있으며, 임금과 신하 사이의 의리와 아버지와 자식 사이의 윤리, 윗사람과 아랫사람 사이의 분별은 마침내 다 무너지고 남은 것이라곤 하나도 없는 실정이다.

일찍이 관자(管子)께서 말씀하시기를 "사유(四維), 즉 예의염치(禮義廉恥)가 떨치지 못하는 나라는 결국 망한다"고 하였는데 지금의 형세는 그 옛날보다도 더 심하기 그지없으니, 예를 들면 지금 이 나라는 위로 공경대부(公卿大夫)로부터 아래로 방백수령(方伯守令)들에 이르기까지 모두가 나라의 위태로움은 생각하지 않고 그저 자기 몸 살찌우고 제 집 윤택하게 할 계책에만 몰두하고 있으며, 벼슬길에 나아가는 문을 마치 재화가 생기는 길처럼 생각하고 과거시험 보는 장소를 마치 돈을 주고 물건을 바꾸는 장터로 여기고 있으며, 나라 안의 허다한 재화(財貨)와 물건들은 나라의 창고로 들어가지 않고 도리어 개인의 창고만 채우고 있다. 또한 나라의 빚은 쌓여만 가는데 아무도 갚을 생각은 하지 않고, 그저 교만하고 사치하며 방탕한 짓을 하는 것이 도무지 거리낌이 없어 팔도(八道)는 모두 어육(魚肉)이 되고 만백성은 모두 도탄에 빠졌는데도 지방 수령들의 가혹한 탐학(貪虐)은 더욱 더하니 어찌 백성들이 곤궁해지지 않을 수 있겠는가.

백성들은 나라의 근본인 바, 근본이 깎이면 나라 역시 쇠잔해지는 법이다. 그러니 잘못되어 가는 나라를 바로잡고 백성들을 편안하게 만들 방책을 생각하지 않고 시골에 집이나 지어 그저 오직 저 혼자만 온전할 방책만 도모하고 한갓 벼슬자리나 도둑질하고자 한다면 그것을 어찌 올바른 도리라 하겠는가. 우리 동학농민군들은 비록 시골에 사는 이름 없는 백성들이지만 이 땅에서 나는 것을 먹고 이 땅에서 나는 것을 입고 사는 까닭에 나라의 위태로움을 차마 앉아서 볼 수 없어서 팔도가 마음을 함께 하고 억조(億兆)창생들과 서로 상의하여 오늘의 이 의로운 깃발을 들어 잘못되어 가는 나라를 바로잡고 백성들을 편안하게 만들 것을 죽음으로써 맹세하노니, 오늘의 이 광경은 비록 크게 놀랄 만한 일이겠으나 절대로 두려워하거나 동요하지 말고 각자 자기 생업에 편안히 종사하여 다 함께 태평성대를 축원하고 다 함께 임금님의 덕화를 입을 수 있다면 천만다행이겠노라.[560]

충군사상에 대한 논의를 일단 제외하고 본다면, 「무장포고문」에서 눈에 띄는 대목은 첫째, 탐관오리들의 폐정을 엄단할 것과 둘째, 민본주의를 그 실체적 의미대로 강화할 것에 대한 요구다. 동학혁명군의 이러한 주장은 국가 공공성의 파탄상황에 대한 지적이자, 조선시대의 민본적 공공성과 정확히 부합하는 내용이라고 할 수 있다. 조선말기 국가적 위기상황에서 민본적 공공성을 대변하던 동학농민군의 급선무는 평등에 대한 요구나 계급적 이익의 관철이 아니라 상대적으로 '척왜양', '보국안민' 투쟁에 무게중심이 옮겨가 있었다.

민본적 공공성을 기치로 1894년 3월 21일 기포하였던 제1차 동학농민군은 4월 27일 전주성을 점령하는 등 엄청난 승리를 거두었으나 그 여세를 몰아 '민에 의한 정치'를 요구하며 서울로 진격하지 않았다. 오히려 전주성 점령 이후 청·일 군대의 출병소식을 접한 농민군은 5월 7일 전주화약을 체결하고 자진해산한다. 위 무장포고문에는 폐정 엄단, 민본 강화와 더불어 반동복고 운동의 논거로 자주 활용되는 '성군에 대한 강력한 기대'가 제시되어 있다. "임금은 어질고 신하는 정직하며, 아버지는 자애롭고 자식은 효도를 다한 후에라야 비로소 한 가정과 한 나라가 이루어지며, 한없는 복을 누릴 수 있는 법"이라는 구절은 당시 동학농민군이 꿈꾸는 임금과 신하의 바람직한 관계이자 역할에 대한 기대를 응축한 것으로 보인다. 정치적 타개의 대상은 '어질고, 효성스럽고, 자애롭고, 총명한 성인과 같은 예지'를 갖추신 임금이 아니라 봉록과 벼슬자리만 탐내고, 임금의 총명을 가리고, 곧고 바른 사람들(동학도를 지칭함-필자)을 도적의 무리로 호도하고 있는 신하들이다.

학계의 일각에서는 이 충군사상을 들어 동학농민혁명을 반근대적 복고운동으로 치부한다. 동학농민군이 이토록 절절하게 충군사상을 강조한 이유는 무엇일까? 실제 동학도들과 고종의 기존 관계 속에서는 답이 나올 구석이 없어 보인다. 수운과 해월을 거치면서 임금과 동학도의 관계는 결코 순탄하지 않았다. 오히려 극심한 탄압 상황에 처해 있었고, 교조신원운동을 통해 정부 차원에서 동학을 인정해 줄 것을 요청하는 '짝사랑'의 성격이 더 강했다.

2) 경복궁 무력점령과 충군애국사상의 기치

19세기 '민'의 사상을 확인하는 데 결정적으로 중요한 동학농민혁명의 재기포 기치를 공감적 사료 비판의 관점에서 조망하기 위해서는 1894년 일본군에 의한 '경복궁 무력점령'에 대한 면밀한 재검토가 필요하다. 동학농민군은 왜 1894년 7월 23일 일본군의 '경복궁 무력점령' 소식을 접하자마자 재기포를 준비했을까? 대원군의 정치적 야심에 따른 사주를 받아 재기포한 것이 아니라, 긴박한 국망의 위기의식 속에서 재기포한 것이라면 전후 사정은 판이하게 달라진다.

일본군의 경복궁 무력점령 사건을 재검토해야 하는 이유는 그동안 무력점령 사건의 본질이 제대로 규명되지 못하고, 역사적으로 축소·왜곡되어 왔기 때문이다. 일본의 보수적 논객들은 경복궁 무력점령과 그 이후 이어진 지방침입의 침략·정복전쟁의 성격을 덮기 위해 이 사건을 아예 역사기술에서 빼거나 청일전쟁 과정에서 벌어진 단순한 일개 '정변'으로 축소해 왔다.[561] 가령 기쿠치 겐조 같은 경우가 대표적이다.[562] 한국의 역사학자 중에서도 대원군사주설로 동학농민혁명의 의의를 왜곡해 온 유영익은 '경복궁 무력점령 사건'을 '7월 23일의 전쟁'[563]이라고 부름으로써 '1일 전쟁'에 불과한 주변적 사건으로 만들어 동학농민군이 재기포하게 된 동기의 심각성을 은폐하는 데 일조해 왔다.

동학농민군이 국가와 멸망을 함께할 결심을 갖고 기포할 정도로 심각했던 당시의 상황이 왜 '1일 전쟁'으로 축소되어 왔을까? 일본의 역사학자 나카츠카 아키라(中塚明)가 1994년 그동안 발굴되지 않았던 새로운 사료를 통해 그 이유를 밝혔다. 나카츠카가 1994년 봄 후쿠시마(福島) 현립도서관 〈사토문고〉에서 청일전쟁 발발과 관련해 구일본 육군참모본부가 기록한 『일청전사(日清戰史)』의 초안 일부를 발굴했는데 이 자료에 경복궁 점령에 관한 상세한 기록이 포함되어 있었다. 이 사료가 중요한 이유는 구일본 육군참모본부가 공식적으로 펴낸 『메이지 이십칠팔년 일청전사』(제1권은 1904년 간행, 이하 『공간전사』라 함)와 조금도 닮은 곳이 없다는 사실이다. 이 초안과 비교하면 『공간전사』는 완전히 '꾸며낸 거짓말'이라는 사실이 확인된다. 구일본 육군참모본부가 조선왕궁 점령 전말을 기록하면서 진실을 덮어 버리고 그 자리에 조작된 이야기를 채워 넣은 것이다. 더욱이 이 조선왕궁 점령의 전말에 대해 실행 당초부터 '국내외에 알려져서는 결코 안 된다'라고 조선주재 일본공사관(지금의 일본대사관)은 물론, 외무성을 비롯한 일본 정부가 굳게 결의하

였다. 일본 육군뿐 아니라 일본 정부와 군이 하나가 되어 '역사 위조'를 자행한 것이다.[564]

'경복궁 무력점령' 사건을 왜곡해서 무엇을 노린 것일까? 일본의 공권력은 조선왕궁 점령 사건을 우발적이고 극히 소규모적인 사건으로 만들기 위해 안간힘을 썼다. "발포는 약 15분간 계속되었으나 지금은 모두 정밀(靜謐, 조용하고 태평함)에 돌아갔다"라는 오오토리 공사의 전보가 그 시작이다. 그리고 현재 일본의 이름 높은 작가들은 이 '소규모적인 사건'을 역사에 남기지 않으려는 듯 무시하기도 하고, 또는 국왕과 왕비를 우왕좌왕 도망치는 인물로 만들어 조선이라는 나라를 도저히 어찌할 수 없을 만큼 약체·무능·부패한 국가로 만들었다. 이 같은 서술은 결국 그런 조선을 방치해두면, 청조 중국과 러시아의 먹이가 되어 일본의 안전을 지킬 수 없으니, 일본이 간섭해서라도 조선의 내정 개혁이 필요하다는, 후일의 '한국 병합'과 식민지 지배를 정당화하는 논리로 일본을 유도한다.[565]

이어지는 단락에서 나카츠카는 "일본인이 무시하고 왜곡하더라도 조선인은 이 왕궁점령으로 당한 굴욕을 잊지 않고 있었다"고 서술하고 있다. 그러나 정작 지금의 역사는 '경복궁 무력점령'에 대한 일본의 체계적인 위조와 왜곡의 후과가 크게 나타나고 있다. 이 굴욕을 잊지 않은 것은 당시 15분 만에 손쉽게 경복궁을 내준 것으로 날조된 조선 병사들과 동학농민군들이었지 최소한 현재의 우리는 아니다.

나카츠카가 발굴한 『일청전사』에 나타난 조선 병사들의 저항은 격렬했다. 타케다 히데타카 중좌가 지휘하는 보병 제21연대 제2대대가 영추문을 파괴하고 왕궁으로 돌입한 시간은 오전 5시경이었고, 그보다 앞서 동측 건춘문(建春門)을 사이에 두고 양측의 격전이 시작된 것은 오전 4시 20분이었으며, 왕궁을 둘러싼 "양측의 사격이 가까스로 멈춘" 시간은 오전 7시 반이었다. 왕궁 북방의 고지에서는 "오전 6시 전후 한병이 심히 저항하여" "일한 양국 병사의 사격이 완전히 그친" 시간은 오전 8시 40분이었다. 그러나 왕궁 북쪽 백악(白岳) 정상과 남쪽에서 몇몇 조선 병사의 발포가 "계속 그치지 않았으며" 오후 2시에 이르러서도 아직 그치지 않았다. 한편 친군 장위영을 점령하기 위해 갔던 일본군은 왕궁 안에서 나는 일본군의 '함성' 소리를 듣고, 오전 5시가 지나 조선 병사를 향해 '점령'한다는 뜻을 선언하고 문 안으로 들어가려고 했으나, "한병 2-30명이 총을 들고 그것을 막았다." 또 왕궁에서 친군 통위영으로 간 조선병사가 있다는 사실을 알고 오후 0시 50분 제11연대 제2대대 제7중대가 무기를 압수하기 위해 떠났을 때, 조선 병사의 격렬한 저항에 부딪혔다.[566]

이 『일청전사』 기록은 당시의 상황을 기술한 황현의 『매천야록』과 대부분 일치한다. 『매천야록』은 조선병사의 통곡소리가 산이 무너져 내리는 것 같았다고 기록하고 있다.

오오토리 게이스케가 범궐했을 때 평양병 5백 명[567]이 때마침 호위에 복무하다가 병기를 계속 터트리고 요란하게 사격을 가했다. 이에 오오토리는 협문을 통해 임금의 처소에 가서 임금을 위협해 "망동자는 참한다"는 교지를 선포하게 했다. 이에 병사들은 다 통곡하면서 총통(銃筒)을 부수고 군복을 찢고 탈주했다. 또 여러 영병(營兵)들은 서로 이끌어 하도감에 모여 "우리는 비록 병졸로서 천한 무리이지만 다 국은을 두터이 입었다. 지금 변괴가 이 지경에 이르렀다. 궁중의 일은 알 수 없으나 저들이 여러 영병이 해산하지 않은 것을 안다면 반드시 궁중에 대해 감히 횡포를 떨지는 못할 것이다. 만약 의외의 일이 있으면 한번 결사(決死)를 원한다"라고 맹세했다. 그리고 바로 대포를 빙 둘러 걸고 담장에 방열하고 거수(拒守)했다. 왜병이

궐에서 나와 병영을 겁탈하려고 하자 영내 대포들이 일제히 발포했다. 이에 오오토리 게이스케는 주상의 교지를 얻어 무기를 내놓게 만들었다. 제영(諸營)은 분해서 절규하며 크게 소리치고 칼을 빼 돌을 치니 통곡소리가 산이 무너져 내리는 것 같았다. 제영의 자재와 병기는 다 왜군의 소유가 되었다.[568]

'경복궁 무력침공'은 일개 '정변'이나 단순한 '범궐사건'이나 '1일' 전쟁이 아니라, 국제법 위반이자 침략행동이라는 점에서 명백한 침략 전쟁이다. 박종근에 따르면, 조선의 요청이나 허락이 없는 상태에서 일본이 일방적으로 파병할 수 있는 유일한 근거는 제물포조약의 "일본공사관은 병사 약간을 두고 경위한다"는 조항이다. 그러나 이 '병사 약간'은 모호한 표현이지만 일본 측의 1개 대대 주둔 요구를 조선 측이 거부한 체약 당시의 취지로 보면 반드시 1개 대대(1,000명) 미만이어야만 했다.[569] 따라서 8,000명에 달하는 파병은 불법이고, 이 병력의 조선 상륙은 그 자체로서 불법적 '침략'이었다. 당시 조선에 출병했던 8천 명의 일본군은 히로시마에 사령부를 둔 제5사단 가운데서 조직한 보병 혼성 제9여단을 주축으로 하는 혼성여단으로, 그 우두머리는 육군 소장 오시마 요시마사(大島義昌)였다.[570]

동학농민군과 조선정부군 간의 1894년 6월 11일 '전주화약'으로 내란 상황이 종식되었으나 일본군은 공관과 거류민 보호를 핑계로 조선의 인천과 부산에 무단 상륙하여 대거 용산에 주둔했고, 6월 23일경부터는 도성 내에서 위력시위용 군사 행군을 개시하고, 7월 들어서는 한성의 요소요소를 점령하였다. 마침내 1894년 7월 23일 새벽 4시 왕궁을 침범하는 '조선왕국에 대한 위협적 운동'이라는 군사작전을 수행하여 조선군과 전단(戰端)을 여는 한편, 야마구치게이조(山口圭藏) 대대장이 이끄는 21연대 2대대의 특공조를 통해 조선왕궁수비대를 유혈 격파하고 왕의 처소를 침범하여 국왕을 생포했다. 그다음, 왜군은 생포한 국왕으로부터 강취(强取)한 '사격중지 왕명'을 이용해 23일 오후 2시까지도 완강히 저항하는 도처의 조선군을 제압하여 무장해제시키고 왕궁 근처와 한성지역 여러 병영을 점령했다. 동시에 궁궐에서 수많은 보물들을 약탈했다. 그리고 전국 각지에 군용전신선을 설치하고 방방곡곡에 병참부대를 전개하는가 하면 이 전신선을 파괴하고 병참부대를 공격하는 동학군과 의병을 격퇴·추적하며 전신선과 병참기지를 군사력으로 방어, 유지했다. 이것은 현행범적 행동으로 실행된 명백한 '침략'이었다.[571]

이러한 맥락을 종합해 볼 때, 경복궁 무력침공은 청일전쟁의 부수적 사건이 아니다.[572] 일본의 궁극적 전략목표는 군사정복과 이를 통한 '조선의 보호국화'이자 '조선정복전쟁'인 것이다. 정작 청일전쟁은 이 조선정복전쟁으로서의 '갑오왜란'을 위해 부수적으로 필요한 지류(支流)의 전쟁일 뿐이었다.[573] 따라서 '경복궁 무력침공'은 '갑오왜란'이라고 명명하는 것이 타당하다. "왕후, 전봉준, 의병장 등을 포함한 당시 조선인들의 사태인식, 범궐작전계획서의 발굴, 최근의 새로운 국내외 논의 등을 근거로 우리는 6월 26일 서울점령과 7월 23일 경복궁 침공, 그리고 이후 이어진, 전국 각 지방에 대한 왜군의 일련의 무력점령 활동을 '전쟁'으로 규정해야 할 것이다. 그러나 일본 학자들이 제안하듯이 '조선전쟁'이니, '조일전쟁'이니, '한일전쟁'이니 부르는 것은 국제법적 침략범죄성을 불분명하게 호도하는 측면이 있는 명칭이기에 일본이 조선을 침략한 전란이라는 뜻에서 이 전쟁은—'임진왜란'에 빗대어—'갑오왜란'으로 불러야 한다."[574]

경복궁 무력침공에 대한 이러한 사실을 염두에 두고 동학농민군의 재기포 움직임을 다시 살펴보자. 청군과 일본군의 출병 소식을 듣고 전주화약을 체결하고 흩어진 이후 집강소를 설치하고 폐정개혁을 실시하던 농민군은 일본군이 경복궁을 불법적으로 침입하였다는 변란(6월 21일) 소식을 접하자마자 7월부터 재차 봉기를 준비하기 시작했다. 공주 인근에서 잇따라 봉기한 농민군들은 '보국안민', '척화거의(斥化擧義)'[575], '토왜보국(討倭報國)'[576] 등의 기치를 내걸었다. 당면한 국가적 사활의 문제, 이른바 일본군에 의한 무력 침공, 경복궁 불법 점령 사건으로 야기된 '국난' 극복이 재기포의 최우선적 목표일 수밖에 없었다. 또한 당시 경복궁 무력침공을 접한 동학농민군은 친일파 관리들과 달리 사태를 정확히 파악하고 있었다. 동학농민군의 간부였던 신택우는 경복궁 무력침공을 '갑오전란'이라고 불렀다. "갑오전란으로 인하여 우리 도를 비방하여 평하고 원망하는 사람이 많으니 어떤 방책으로 능히 이 원성을 면할 수 있습니까?"[577]

일본 신문에 보도된 전봉준의 거사 목적도 이와 다르지 않다. "금년 6월 (양력) 이래 일본병이 그치지 않고 계속 우리나라에 온 것, 이는 반드시 우리나라를 병탄하고자 하는 것이라고 임신(임진의 오기)년의 화란(禍亂)을 생각했고 인민들이 국가가 멸망하면 생민이 어찌 하루라도 편할 수 있을까 하고 의구심을 갖고서 나를 추대하여 수령으로 삼고 국가와 멸망을 함께 할 결심을 갖고 이 거사를 도모했다"는 것이었다.[578]

척왜양(斥倭洋)·보국안민(輔國安民)·제폭구민(除暴救民)·광제창생(廣濟蒼生)의 기치를 내걸었던 동학농민군이 충군애국사상을 바탕으로 '척왜양'의 단일 기치를 천명하자, 조선점령전쟁을 일으킨 일본으로서는 동학농민군을 최대의 위협으로 간주했고, '섬멸' 작전을 전개했다. 그 피해는 청일전쟁과 비교할 수 없는 규모로, 1894년 10월부터 1895년 2월까지 농민군 전사자가 5만 명(부상 후 사망자 포함)에 육박했을 것이며, 『천도교창건사』는 '살해된 자'만 20만 명, 『동학사』는 '피해자 30-40만 명'으로 추산하고 있을 정도다.[579]

이것은 단 7개월 만에 발생한 전사·피살자라는 점에서 대규모 전쟁 재앙이었다. 7개월간 매일 1,000명 이상의 조선인이 전국 각지에서 죽임을 당한 것이다. 참으로 처절한 전쟁이었다. 그러나 1894년에 막이 오른 갑오척왜전 쟁은 이렇게 처절한 결과로 종결된 것이 아니라, 이후에도 엄청난 희생을 무 릅쓰고 의병전쟁·독립전쟁으로 계속되어, 고려시대의 항몽전쟁 30년을 훌쩍 뛰어넘어 51년 동안 지속되었다는 점에서, 처절한 전쟁임과 동시에 한민 족의 가장 위대한 영웅적 전쟁이었다.[580]

이러한 정황에 비추어보건대 충군애국사상을 바탕으로 '척왜양'의 기치로 기포한 동학농민혁명을 공화제가 아닌 왕정을 주장했다는 이유로 봉건적 복고운동이라고 평가하는 것은 당시의 시대적 긴박성과 급선무를 도외시한 편향적 해석이자 일종의 역사 왜곡이라고 할 수 있다.

3. 충군애국사상의 성격

동학농민군의 충군애국사상을 단순히 왕정을 주장했다는 것으로 평가하 면 곤란하다. 이 충군애국사상에는 앞서 살펴본 바와 같이 일본에 의한 '경 복궁 무력침공'(갑오왜란)에 따라 제기된 긴박한 급무와 더불어 세도정치기 의 정치적 퇴락의 경험이 응축되어 있다. 소수의 특정가문에 의해 국가가 좌우되는 세도정치기를 거치면서 조선조 전반에 걸친 민본주의의 실체화와 민의 성장, 민국정체를 경험하며 배태된 일군만민사상에 대한 희구와 자주 적 조선중화론(朝鮮中華論)의 세계관적 변화가 결부되어 있는 것이다. 또한 일군만민사상으로 표상되는 이 충군애국사상은 동학 창도의 사상적 지향과 무관치 않으며, 아래로부터 근대화를 추동하는 정치적 동력을 내포한 것으 로 이해할 필요가 있다.

1) 동학과 일군만민사상

먼저 민국정체와 대비되는 세도정치기의 정치적 상황을 살펴볼 필요가 있다. 정조 이후 세도정치가 강화되면서 주지하다시피 중앙의 외척세도가 권귀체제와 지방의 수령-이향(吏鄕) 지배체제가 공고화되었고, 군민(君民) 직통의 민의상달 통로가 차단되었다. 세도정치 시기 소수 벌열가문은 왕실의 권위를 이용하여 권력의 독과점 구조를 확고히 하는 데 주력하였다. 국정 운영의 중요 기구와 이에 소속된 관원들의 충원도 세도가문에 의해 구조적으로 독점되었다. 정치적 공공성의 작동원리가 붕괴된 것이다. 그러나 민국정체의 100년 경험이 쉽게 사라질 수 있는 것이 아니었다. 이미 이 경험은 민의 영역에 사회적 관습(convention)으로 확립되었으며, 정치문화적으로 깊이 내재화되었다.

소수 가문이 민의상달, 즉 민의 참정 통로를 차단하고, 국정을 좌지우지하는 정도가 심화될수록 군주와 민이 직접 소통하던 일군만민체제의 경험은 소민들에게 더욱 간절한 회구로 남았다. 지방수령과 중앙사대부의 중간 개입을 배제하는 이 일군만민체제 이념은 어디까지나 만백성이 임금을 직접 만나 억울함을 해결하려는 염원의 소산이었다. 군민 직접교감의 일군만민체제라는 신화적 이념은 임금에 대한 백성의 절박한 해결 기대와 구원(救援)의 회구를 담고 있는 것이었다. 따라서 '일군만민체제' 이념의 지향 대상이 반드시 현존하는 군주가 아니어도 무방한 것이었다.

중간의 권귀를 척결함으로써 회복된 왕권으로 만기를 친정(親政)하는 지존의 임금을 직접 만나 하소연하면 늘 백성을 편드는 존엄한 임금을 통해 억울한 민원과 민막을 해결할 수 있을 것이라는 신화적 믿음에 기초한 '일군만민체제' 이념은 1800년 이래 세도가들에 대항해 임금의 무력화된 왕권을 회복시켜 만기를 친람케 하고 국왕의 이 회복된 존엄과 권위를 활용해 국정혁신과 정치 · 사회혁명을 이루고 강화된 왕권을 중심으로 국망의 위기를 막으려는 '새로운' 존왕의식으로 발전되어 왔다. 이 '새로움'은 세도가들에 의해 무력화되고 구중심처에 유폐당해 영화(零化)된 국왕을 다시 국정의 중심체로 되살려내 지존의 실권자로 떠받들고 세도가적 권귀를 진멸하는 강력한 무기이자 더 나아가 권귀체제의 토대인 신분제도까지 타파하려는 '존왕멸귀(尊王滅貴, 임금을 높여 권귀를 타도함)'의 지향까지 담보한 것이었다.[581]

　세도정치기 반동정체의 경험 속에서 신화적으로 배태된 일군만민사상은 19세기 후반 국가적 위기상황에 직면하면서 정감록의 역성혁명론적 왕조교체설과 상쇄 관계에 들어간 것으로 보인다.[582] 혁명적 민란 속에서 국왕에게 직접 해결을 구하고, 국가적 비상상황에서 외침(外侵)을 막고 문명위기를 극복하기 위해서는 강력한 구심점을 중심으로 단결하는 것이 필요했기 때문이다. 특히 임술민란을 거치면서 일군만민사상은 지방의 수령 · 이향만이 아니라 중앙의 권귀도 배격해야만 실현될 수 있다는 깨달음으로 더 구체화된다. 임술민란 당시까지도 봉기한 백성은 민란을 통해 지방 수령과 이향을 추방 · 투옥 · 논죄 · 처형한 뒤 고을 경계를 벗어나지 않으면서 임금이 파견하는 선무사나 안핵사에 의한 공정한 판정과 민막의 해결을 기대한 반면, 임술민란 이후 민란을 더 겪은 민중들은 임금의 명을 받들고 중앙에서 내려오는 안핵사나 선무사조차도 수령 · 이향 편을 들거나 민란 참가자들을 부당하게 엄벌하는 사례들을 누차 겪으면서 임금의 눈귀를 가리고 사실을 왜곡하여 보고하는 중앙의 권귀에 대해서도 강한 원한을 품게 된 것이다. 백성의 생각에 이제 일군만민 이념의 궁극적 실현은 자기들의 권력 이익만 추구하는 중앙의 세도가적 권귀의 해체와 혁파 없이 이루어질 수 없는 것이 되었다.[583]

이렇듯 일상화된 민란과 외세의 도전을 경험하는 가운데 형성된 일군만민 이념은 동학농민군의 기포 과정에서도 중요한 논거로 활용되었다. 대표적으로 동학농민군의 「무장포고문」에 일군만민사상이 민의 언어로 문자화되어 표출되었다.

　　지금 우리 임금님께서는 어질며 효성스럽고 자애로우며, 귀신과 같은 총명함과 성인과 같은 예지를 갖추셨으니, 현명하고 정직한 신하들이 보좌하여 돕기만 한다면 요(堯) 임금과 순(舜) 임금 때의 교화(教化)와, 한(漢) 나라 문제(文帝)와 경제(景帝) 때의 다스림에 도달하는 것은 마치 손가락으로 해를 가리키는 것처럼 그리 오래 걸리지 않을 것이다. 그러나 지금 이 나라의 신하라는 자들은 나라의 은혜에 보답할 생각은 하지 않고 한갓 봉록(俸祿)과 벼슬자리만 탐내면서 임금님의 총명을 가린 채 아첨만을 일삼고 있으며, 충성스러운 마음으로 나라의 잘못을 충고하는 선비들의 말을 요사스러운 말이라 하고 곧고 바른 사람들을 가리켜 도적의 무리라 하고 있다. 또한, 안으로는 잘못되어 가는 나라를 바로잡을 인재가 없고 밖으로는 백성들을 수탈하는 관리들만 많으니 사람들의 마음은 날로 거칠고 사납게 변해만 가고 있으며, 백성들은 집에 들어가도 즐겁게 종사할 생업이 없고 집을 나오면 제 한 몸 보호할 방책이 없건마는 가혹한 정치는 날로 심해져 원망의 소리가 끊이지 않고 있으며….(후략)

　'지금 우리 임금님'은 실체적 '고종'이 아닐 수 있다. 하지만 이 무장포고문을 비롯한 동학농민군의 각종 포고문·격문 등에 나타난 충군애국사상은 정감록의 역성혁명적·왕조교체설적 개벽사상으로부터 '개벽'을 취하고, 역성혁명적 왕조교체설과 도참설적 요소를 제거한 것으로 보인다.[584] 정감록적 '역성개벽'에서 동학적 '존왕개벽'으로의 사상적 대전환이 이루어진 것이다. 그리하여 동학사상의 실천적 지향을 정치사상적 관점에서 간략히 정의하자면, 사대부를 제치고 소민(小民)을 직접 보살피려는 영·정조 이래 군주들의 새로운 소민 우선 민본정치에, 아래로부터 모든 세도가적 권귀를 없애려는 혁명적 일군만민 이념과 새로운 '존왕개벽' 사상의 형식으로 호응하고, 1860년 영불연합군의 북경 함락 이후 문명위기 의식과 왜적의 침략 위험 속에서 정감록 버전의 역성개벽론으로부터 역성혁명적 이씨왕조교체설을 털고, 세상을 뒤집는 개벽사상만을 비판적으로 계승하여 새롭게 국력을 국왕 중심으로 결집하고 새 시대를 개창하려는 혁명적 종교철학으로 구체화한 것으로 보인다.[585]

전봉준도 중앙권귀를 배격하는 일군만민 이념과 결합된 새로운 '충군애국사상'[586]을 계승하고 있었다. 전봉준의 이 충군애국사상은 전통적 의미의 성리학적 존화·신분제적 존왕 의식과도 다르고, 정감록적 왕조교체설을 극복한 동학적 신존왕주의라고 할 수 있다. 1895년 3월 2일 공초에서 전봉준은 "이씨가 오백년에 이르러 망한다고 운운하는 예언에 대해 어떻게 생각하는가?"라는 물음에 다음과 같이 답한다.

모든 사람들이 이 예언을 알고 있지만 그것이 어떤 뜻인지는 알지 못한다. 역시 이와 같은 일은 결코 있어서는 아니 되는 것이다. 우리 임금을 폐하고서 또한 누구를 받들겠는가?[587]

예언적 이씨왕조 교체설의 존재를 알고서도 왕조교체를 "결코 있어서는 아니 되는 것"으로 부정하는 전봉준의 이 존왕주의는 기존의 존왕주의와 구분되는 것이다. 전봉준의 존왕주의는 1591년 정여립의 처형 이래 정감록 버전으로 떠돌던 왕조교체설을 폐기한 동학의 정치사상적 반영으로서 신존왕주의로 명명할 수 있다. 따라서 전봉준의 이 존왕주의가 〈무장포고문〉에서처럼 친숙한 전통적 유교언어로 표현되더라도 그 내용은 국왕을 중심으로 뭉쳐 대내외적 위기에 대응하려는 19세기 특유의 혁명적 충군애국사상, 즉 신존왕주의를 담고 있는 것이다.[588]

수운이 동학을 창도한 1860년 무렵에는 이미 중화문명권의 해체에 대비해 보국책을 준비해야 할 상황이었고, 일본의 위협이 가시화되고 있었다. 또 내적으로는 세도정치의 폐해가 누적된 상황에서 동학은 출발부터 개벽사상의 유토피아적 희망과 위기에 대한 실천적 대응을 전제하는 경향이 강했다. 시천주의 인간존엄과 평등사상이 신분해방을 예비한 것처럼, 동학이 민의 영역에서 큰 호응을 받을 수 있었던 것은 '보국안민'의 기치를 표방한 현실적·실천적 종교였기 때문이다. 그러므로 동학은 내세에 대한 약속보다는 현실적 고통에서 해방되는 길, 즉 시천주의 사회적 실천을 주요 가르침으로 했다. 특히 지방 수령들의 수탈과 차별, 전염병, 절대적 빈곤, 외세의 침략 등 절체절명의 위기 상황에 근본적인 해답을 주고자 한 것이 동학이다.[589]

따라서 일각에서는 동학을 유·불·선 3교를 종합한 것으로 설파하고 있지만, 동학사상의 중핵은 현실의 고통을 회피해 내세를 추구하는 데 있지 않았다. 사람들이 정감록이나 비결서에서 십승지(十勝地)를 찾고 궁궁촌(弓弓村)을 찾을 때, 수운은 십승지나 궁궁촌이 특정한 장소에 있는 것이 아니라 바로 인간의 마음에 있고, 시천주를 깨달아 내 몸에 하늘님을 모심으로써 가능하다고 보았다. 즉 수운의 개벽사상은 시천주의 사회적 실천이라고 할 수 있다.[590] 이돈화가 강조하는 수운의 '삼단사상(三段思想)', 즉 제일단 '보국(輔國)'으로서 '민족개벽', 제이단 '안민(安民)'으로서 '사회개벽', 제삼단 세계에 덕을 펼쳐 민중을 널리 구제하는 것으로서 '지상천국(地上天國)'도 이러한 맥

락에서 이해될 수 있다.[591]

1860년대 세도정치기 조선은 사상적, 경제적, 정치적 부패가 극에 달해 있었고, 국가 기능은 매우 약화된 약체국가의 면모를 보이고, 백성들을 위한 관료제는 착취 기구로 변질되고, 삼정의 문란으로 평민들의 경제생활은 피폐를 면치 못했다. 대외적으로도 조선을 둘러싼 열강 세력들의 압박은 날로 거세지고 있었다. 이러한 국내적, 국제적 위기 상황에 대해 수운은 '다시 개벽'의 조짐으로 진단했다.[592] 이 '다시 개벽'의 정치적 지향과 응축이 권귀를 축출하고, 만민의 평등을 일군 정치의 구현이라는 신화적 일군만민 이념의 대두에 영향을 미친 것으로 보인다.

따라서 이 일군만민 이념에 입각한 동학의 충군애국사상은 보수 반동적 회귀가 아니라 국망의 위기 속에서 민의 근대적 동력으로 기능한 이념이었다. "근대적 신존왕주의가 왕권강화와 더불어 필연적으로 신분타파를 요구하는 것은 권귀·세도집단의 형성을 원천적으로 봉쇄하는 근본적·궁극적 해결책이 각종 신분차별의 철폐밖에 없었기 때문이다. 다시 신분타파가 왜 궁극적 해결책인가? 독자적 권력 이익과 권력 기제를 가진 경향(京鄕) 각지의 세도집단과 같은 중간권귀의 정치적 형성과 존립은 원천적으로 반상·적서·양천차별, 나아가 중앙사족과 향촌사족, 권문세가와 일반사족의 차별 등 각종 사회·정치차별을 낳는 봉건적 신분제도에 근거하고 있었기 때문이다. 한 임금을 똑같이 받들어 모시는 동등한 만민의 수평적 평등과 군민직통 정치를 요구하고 전제하는 일군만민체제의 관점에서 권귀에 적대적인 '신'존왕주의는 근대적 신분해방의 혁명적 추동력일 수밖에 없었다. 또 이런 의미에서 '신'존왕주의는 그 자체가 새로운 혁명적, 근대적 이데올로기였다."[593]

2) 자주적 조선중화론과 신존왕주의

지금까지 살펴본 바와 같이 신존왕주의로 명명할 수 있는 민의 충군애국 사상이 실천적 기치로 대두되는 1890년대의 긴박한 정치적 위기 상황에서는 '이씨왕조교체설'이나 '정씨왕조도래설'과 같은 역성혁명적 지류가 민의 사상적 흐름에서 거의 사라진다. 반면, 민의 영역에서 특징적으로 대두되는 흐름이 '자주적' 조선중화론이다. 이는 성리학적 존화주의가 지배하던 조선에서 세계관의 흐름이 역전되고 있음을 의미하는 것이다. 이 자주적 조선중화론의 흐름은 조선의 중화였던 중국의 급격한 쇠퇴를 목도한 1860년대 전후의 충격과 병자호란 등의 외환을 겪은 민의 정치적 원한의 누적과 중첩되며, 급격히 '척화(斥華)' 의식으로 확산되기 시작했다. 동시에 임진왜란에 대한 민의 역사적 기억은 '척왜(斥倭)'의 기치로 향했다.

중국의 당시 사정을 살펴보자. 제1차 아편전쟁에 패하고 중국은 1842년 홍콩 할양, 항구 개방, 치외법권 인정 등을 내용으로 한 남경조약을 영국과 체결하지 않을 수 없었다. 이어 1844년에는 미국·프랑스와도 각각 유사한 내용의 망하(望廈)조약과 황포조약을 체결했다. 그러나 중국은 이 조약들의 의무를 이행하지 않았다. 이에 불만을 품은 영국은 1854년부터 미국·프랑스와 함께 조약 의무의 이행과 조약 개정을 요구했지만 중국이 번번이 거절하자, 1856년 애로호사건을 빌미로 프랑스와 연합군을 편성하고 1857년 광주에 대한 공격을 개시해 이곳을 점령하고 대외교섭을 관장하던 양광(兩廣) 총독을 납치했다. 이어 천진으로 진격해 1858년 5월 천진조약을 체결했다. 영국과 프랑스는 이 조약으로 외국공사의 북경 주재, 항구의 추가개방, 내지 여행과 포교의 자유, 영사재판권 확대 등의 권리를 획득했다. 이러던 중 흠차대신 승격림심(僧格林沁) 부대는 1859년 6월 조약비준을 압박하고자 북상하던 영국군함을 대고(大沽)에서 격파했다. 이에 재차 결성된 영불연합군은 1860년 8월 대고·천진·통주를 함락하고 북경 교외의 원명원을 약탈해 전소시키고 북경을 점령했다. 원명원 공격 직전 청국 함풍제는 열하로 파천했다. 이런 압박 아래 1860년 10월 24일 결국 북경조약이 체결되었다.[594] 중국의 수도 북경이 외국군에게 함락되었다는 사실은 동양 전체에 큰 충격을 주었다.[595] 특히 중국을 중화로 받들고 있던 조선의 충격은 대단한 것이었다.

상술한 바와 같이 『동경대전』 「포덕문」에서 최제우가 보국안민의 계책을 염려하며 '순망치한'의 비유를 들어 입술(脣)인 나라를 중국으로 조선을 이(齒)로, 즉 중심을 조선으로 설명하는 조선중화론이 대두된 것이 이 시점이다. 수운의 저술인 『동경대전』과 『용담유사』에는 이러한 시대적 변화와 중국의 쇠락, 대외적 위기감이 도처에 나타나 있다.

하원갑 경신년에 전해오는 세상말이 요망한 서양적이 중국을 침범해서….[596]

무릇 경신년(1860) 4월 천하가 분란하고 민심이 어지럽고 어지러워서(民心淆薄) 향할 곳을 알지 못했다. 또 괴이하고 어긋나는 언설이 나와 세간에서 끓어올랐다. "서양인들은 도가 이루어지고 덕이 서서 조화에 이르고 이루지 못하는 일이 없으며, 무기로 공투(攻鬪)하면 앞을 막아설 사람이 없다. 중국이 소멸하면 어찌 순망치한의 우환이 없겠는가? 그것은 다름 아니라 이 사람들이 도를 서도라 칭하고 학은 천주학이라고 칭하고 교는 성교(聖敎)이기 때문이다. 이것은 천시를 알고 천명을 받은 것이 아닌가?"[597]

최제우는 이 북경 함락과 중국의 무력한 굴복을 예의주시하면서 이것을 우리나라의 국가 기틀까지도 뒤흔드는 동아시아의 정치·군사·문명의 대위기로 보았다. 최제우는 이 총체적 위기와 국가 난국을 ① 종교적·정신적 도덕재무장, ② 일본과 중국에 대한 조선의 문화적 우월성과 독자성을 자부하는 '조선중화론', ③ 임금을 받들어 왕권을 강화하고 국왕을 중심으로 단합하는 근대적 '신존왕주의'로 타파하려고 한다.[598] 이 자주적 조선중화론은 중국에 대한 사대(事大)와 질적으로 다른 것이다. 자주적 조선중화론은 '척화'와 더불어 '척왜(斥倭)'의 기치도 강하게 표출했다.

> 개 같은 왜적 놈아 너희 신명 돌아보라! 너희 역시 하륙(下陸)해서 무슨 은덕 있었던고? … 개 같은 왜적 놈이 전세임진(前歲壬辰) 왔다 가서 술 싼 일(숟가락질) 못했다고 쇠술(쇠숟가락)로 안 먹는 줄 세상사람 뉘가 알꼬? 그 역시 원수로다. … 내가 또한 신선 되어 비상천(飛上天)한다 해도 개 같은 왜적 놈을 한울님께 조화 받아 일야(一夜)에 멸하고서 전지무궁(傳之無窮) 하여 놓고….[599]

이 척왜·척화사상을 기반으로 하는 자주적 조선중화론의 핵심 원리가 동학농민혁명 당시 각종 격문에서도 그대로 드러났다. 1894년 12월 「경군과 영병에 대한 고시와 백성에 대한 교시」에 나타난 척왜·척화의 내용은 다음과 같다.

> 척왜와 척화는 그 의리가 일반이라. 두어 자 글로 의혹을 풀어 알게 하노니 각기 돌아보고 충군우국지심(忠君憂國之心)이 있거든 곧 의리로 돌아오면 상의해 같이 척왜·척화해서 조선으로 왜국이 되지 않게 하고 동심합력해 대사를 이루게 하올세라.[600]

이 자주적 조선중화론은 대내외적으로 주권을 확립하고 민국적 민족국가를 건설하며, 대외적으로 '우리 임금'을 중국황제와 대등한 지존으로 높이려는 척화(斥華, 반청)·독립의식이요, '일반유생들'의 탈성리학적·근대적 '조선중화' 의식을 대중적으로 확산시키는 기반정서요, 지존의 '우리 임금'을 모욕하는 침략적 외세에 대한 경계심과 투지의 고취, 국정개혁을 통한 봉건적 민막의 해소, 권귀 척결, 봉건적 신분제의 타파 등을 통한 정치사회적 '근대화'의 단초이자 동력이 되었다.[601]

다른 한편으로 이 자주적 조선중화론은 전통적·성리학적 존왕주의와 본질적으로 다른 것이었다. 일군만민의 '신(新)존왕의식'은 일체의 권귀를 배척하는 동시에 '우리 임금'의 권위를 뒷전으로 제치거나 상대화시키는 일체의 존화주의(尊華主義)도 인정하지 않는 기반이 되었다. 자주적 조선중화론에 기초한 신존왕주의는 대외적으로 임진왜란과 병자호란에 대한 기억 속에서, 그리고 이양선의 출몰과 영불연합군에 의한 북경함락(1860)으로 표현된 서세동점의 문명위기 속에서 청국·일본·서양에 대한 강한 방어의식과 '민중적 조선중화론'으로서의 조선중심주의를 동반했다. 이런 점에서 신존왕주의는 대외적으로 근대적 민족국가 건설을 추동할 수 있는 맹아적 민족의식을 품고 있었다.[602] 또한 동학농민혁명의 재기포에서는 '척왜'의 단일한 기치로 일본의 무력침공에 저항하는 동력이 되었고, 이후 지속적인 독립투쟁의 동력이 되었다.

동학농민군의 척왜·보국안민을 향한 전쟁이 우금치에서 불가항력적 무력 격차에 의해 차단된 이후 동학농민군은 일본군과 친일괴뢰정부 연합에 의한 '섬멸' 작전에 의해 타격을 받았지만 멈추지 않고 전진했다. 농민군 중 상당수는 독립전쟁의 흐름 속으로 들어가 '척왜' 독립투쟁을 지속했다. 동학농민군에 우호적인 기록을 남기지 않은 황현의 기록이기에 더 신빙성이 있을 수 있겠다. 『매천야록』에 따르면, 1900년 2월에 해서(황해도)지방과 양호 지방에서도 다시 동학도가 일어났고, 5월에는 손숙개(孫叔介) 접주가 이끄는 29포, 48,000명의 동학교도가 적발되었고,[603] 1905년에는 평안도에서 동학이 크게 일어나 포를 설치했는데, 큰 곳은 수만 명, 작은 곳은 4-5천 명에 이르러 부(府)나 군에서 금할 수 없을 지경이었다고 한다.[604] 1907년에 이르자 동학교도의 수는 무려 200여만 명에 달한다고 했고, 고종도 한성부 남서(南署) 미동(美洞)에 사는 박형채(朴衡采) 등의 청원을 받아들여, 1907년 7월 11일 마침내 동학을 공인하기에 이르렀다.[605]

또한 이른바 을사·정미의병에서 동학농민군에 참여한 경험이 있는 동학교도들은 의병부대의 주력을 형성했고, 평민의병장의 대부분은 동학농민혁명 경험을 가진 동학교도들이었다. 불패신화의 이강년 같은 경우가 대표적이다. 이강년은 무과에 합격한 후 선전관에 임명되어 벼슬길에 올랐으나 갑신정변을 겪은 뒤 향리로 물러나 고향에서 학문에만 열중하다가 1894년 동학농민혁명이 일어나자 동학농민군에 투신했다. 이때 이강년 의병장의 휘하에서 농민군으로 활약하며 심산유곡을 누볐던 많은 농민들은 다수가 훗날 다시 이강년 휘하에서 의병항쟁에 가담하여 보급조달·지형탐색·현지 정보망 구축 등 군사작전에 크게 기여했다.

1894년 동학농민군을 탄압하기 위해 일어난 유생들의 창의군 세력과 동학농민군 세력이 후에 하나가 되어 일제와 싸우게 되는 역사적 계기들이 많았다. 그 첫 번째 계기는 을미왜변과 단발령이었다. 이 사건들을 계기로 전국 각지의 유생들이 농민대중에게 의병으로 궐기하여 일제 침략 세력에 맞서 싸울 것을 호소하자, 지하에 숨어 있던 동학농민군 세력은 유생들과 반일·반제국주의의 공통 구호 아래 한데 뭉쳐 의병조직을 이루었다. 특히 을미의진은 대부분 이질적인 두 집단, 즉 유생과 동학농민군의 결합으로 조직되었다. 을미의병을 선도한 유생집단은 항일전쟁을 직접 수행하자니 다수의 자원병들을 필요로 했고, 농민군은 일찍이 자신들이 전개했던 제2차 동학혁명운동의 기본노선과 일치되는 반일·반제국주의 목표를 위해 좀더 광범하고 다양한 기반 확장이 필요했던 것이다. 따라서 을미의진은 처음 시작할 때 대부분의 지도자가 유생들이었으나 기본 대오는 동학농민군이었기 때문에 지도자도 점차 동학군 출신으로 개편되어 갔다. 여기에 산중의 포수들은 중간집단으로 유생과 동학군을 연결해주는 역할을 했다. 그리고 이들이 실제 전투에서 주요 전투력을 발휘했다. 특수한 경우에는 승려나 중국인까지도 의병 대열에 합류했다. 이리하여 동학농민군 출신들은 도처에서 아주 다양한 세력과 손잡게 되었다.[606] 그리고 이 항전은 1945년 대한민국이 일제의 식민지로부터 해방되는 시점까지 계속되었다.

7장

맺으며

1. 외부 이식론 비판

우리 헌정질서의 핵심원리인 헌법 제1장 1조에 천명된 '민주공화국'[607]은 어떻게 우리 역사 속으로 들어왔을까? 기존 다수설은 '민주 · 공화' 개념은 외부로부터 이식되었다는 입장이다. 외부적 동인과 영향력[608]에 의하여 좌우된 국가를 지칭하는 소위 '외삽국가론'[609]이 그것이다. '수동적 이식론'으로 불리기도 하는 이 외삽국가론은 일제 강점으로 왕정이 소멸되었고, 이후 2차 세계대전에서 일본이 패망하면서 해방이 도래했고, 미군정 아래에서의 근대 국가 체제의 형성 과정에서 수동적으로 민주공화 정체가 이식되었다고 본다.[610] 외부 이식론자들은 특히 미국의 영향을 핵심적인 요소로 상정한다. 이 '외부 이식론'에 따르면, 민주공화정은 우리의 내적인 정치적 전통과 아무런 연관이 없는 서구 개념의 이식일 뿐이다. 아니 연관이 없는 정도에서 그치는 것이 아니라 우리 내적 전통은 아예 단절해야 할 부정적 대상이다. "공화국은 우리 사회의 식민화와 동시에 소멸된 그 「대한제국」에 대한 당연한 역사적 부정이며, 또한 정치적 기본질서의 그 자유민주주의는 미군의 진주에 오는 당연한 결과였다"[611]는 것이다. 대신 미군정이 대한민국의 근대 정체를 만든 결정적 원인으로 둔갑한다.[612]

그런데 '민주공화국' 대한민국의 법적 연원을 추적하면, 1919년 4월 11일 「대한민국임시헌장」까지 거슬러 올라간다. 일제강점기에 민족독립을 위해 국외 망명지에 임시정부를 세우자마자 「임시헌장」에 '민주공화국'을 명시한 의미에 주목할 필요가 있다. 3·1운동의 열기가 계속되고 있던 시점에 「임시헌장」이 발표되었다는 점을 고려하면, 「임시헌장」은 본토(한반도)에 있는 우리 국민들의 정치적 열망이 응축된 국가적 지향을 담고 있다고 보아야 한다. 그렇다면 이 「임시헌장」의 정치적 지향은 최소한 우리 국민들에게 이질적이거나 낯선 것은 아니었을 것이다. 비교헌법적 맥락에서 보더라도, 유럽 국가들이 헌법에 '민주공화'를 삽입한 시점보다 우리 임시헌장이 앞서 있다. '민주공화국(democratische Republik)'이라는 용어가 유럽에서 헌법전에 명기된 것은 우리보다 늦은 1920년 2월 체크슬로바키아 헌법과 같은 해 10월 오스트리아 연방헌법이다.[613] 유럽뿐만 아니라 주변의 일본, 중국과 비교해도 "임시헌장 제1조의 민주공화제 규정은 일본뿐만 아니라 중국의 수많은 헌법 문서들 가운데서도 유례를 찾아볼 수 없는 독창적인 형식과 내용"[614]을 담고 있다. 상황이 이렇다면, 민주·공화라는 기표는 외부로부터 수용한 것일 수 있지만, 우리 내부에 민주·공화라는 기표와 조응할 수 있는 사상적 토대가 배태되어 있었고, 인구(人口)에 회자되던 민주·공화 개념을 능동적으로 '패치워크' 했을 가능성이 크다.

2. 민주·공화 개념의 패치워크

기표적 맥락에서 '민주' 개념이 패치워크되기 시작한 시점은 대략 1850년 대 전후로 보인다. 공감적 해석학의 관점으로 조선에 소개된 민주주의와 공화 개념의 수용사를 면밀히 검토해 보자. 민주주의 관념은 19세기 중반의 실학자 최한기(1803-1877)에 의해 최초로 소개되었다.[615] 최한기의 『지구전요(地毬典要)』(1857, 철종8년)에는 영국의 의원내각제와 미국의 대통령 중심제를 비롯하여 선거제도 등 민주주의 정치원리가 자세히 소개되어 있다.[616] '민주주의' 개념은 1884년 2월 7일자 〈한성순보〉에서 확인된다.[617] 반면, '공화' 개념은 '민주' 개념보다 다소 늦은 1881년 일본에 다녀온 조선시찰단의 보고서에서 보이기 시작한다. 3년 후인 1884년 1월 〈한성순보〉에 '구미입헌정체'를 소개하는 글이 실리기도 했다.[618]

최한기의 『지구전요』에 '민주(또는 민주주의)' 개념이 나타난 것을 공감적 사료비판의 관점에서 본다면 어떤 역사적 추론이 가능할까? 물론 공화 개념도 마찬가지다. '민주'나 '공화' 개념이 지식인 공론장이나 정부 기록에 언제 나타났는지 여부를 근거로 조선 내재적으로 민주·공화 사상이 형성되었다고 주장하는 것은 무리가 있다. 사료에 나타난 '민주' 또는 '공화' 개념의 흔적을 시대사·사상사적 맥락에서 재조명하지 않으면 당대의 정치적 공감대에 별반 영향을 미치지 못한 '기록을 위한 기록'에 불과할 수 있기 때문이다. 최한기가 『지구전요』를 집필하던 시기는 위로는 군주권이 약화되고, 정치권력이 특정 가문으로 집중되고 있던 세도정치기였으며, 앞서 살펴본 바와 같이 중국의 쇠락으로 자주적 조선중화론이 자연스럽게 확산되고 있던 중이었다. 또한 아래로는 홍경래란(1811)부터 임술민란(1862)으로 이어지는 민중 저항의 시대였다. 최한기 개인으로 보면, 그는 출사가 제한되는 개성 출신이었지만 양부의 부유함에 힘입어 장서수집가로 알려질 만큼 많은 서적을 접할 수 있었다고 한다. 1837년 전후부터 약 20년에 걸쳐 읽은 서적들에 힘입어 1857년(철종8년) 『지구전요』를 저술한 것으로 알려져 있다.[619]

이로부터 두 가지 사실을 확인할 수 있다. 하나는 민중 저항의 시대, 대외적 패러다임 전환의 한복판에서 『지구전요』가 집필되었다는 점이다. 두 번째는 『지구전요』를 장기간 집필했다는 사실을 통해 간접적으로 확인할 수 있는 또 하나의 사실은 당시는 서구의 민주주의 논의를 비롯한 서학 관련 서적이 금서였지만 이미 최한기는 1857년 이전부터 서점가에서 이런 논의들을 접하고 있었다는 점이다. 20년 동안 집필을 했다고 하니 이르면 1830년대부터 다양한 세계적 흐름을 접하고 있었을 것이다. 1850년대 이전부터 정부가 '민주' 개념의 확산을 경계하고 있었다면, 이는 '민주' 원리가 조선의 대중들에게 생경한 원리가 아니기 때문에 쉽게 패치워크 될 것을 우려하고, 상당히 경계했다는 추정을 가능케 한다.

다른 한편, 앞서 살펴본 바와 같이 18세기 이래 소위 '평민유생' 또는 '평민지식인'이 급증했다는 사실에도 주목할 필요가 있다. 18세기 도시경제의 성장과정에서 '지식의 유통체제'인 서적간행·유통도 급성장하면서 '책사(册肆)'·'방사(坊肆)'·'서방(書坊)'·'서포(書舖)' 등 다양한 이름으로 불린 책방이 서울에서 정릉 병문(屛門)과 육조 두 지역에 펼쳐져 있었다. 이때는 책을 가지고 다니면서 파는 직업적 책장수들뿐만 아니라 희귀본을 구해주고 구전을 받는 책주름(册牙人), 직업적 필사가들에 의한 서책필사도 많았다. 이미 18세기 후반의 상황이 이렇다면, 최한기가 지구전요를 집필하던 대략 1837-1857년 무렵 일부의 관심 있는 평민지식인들은 서구의 민주주의 개념을 접하기 시작했고, 1860년대에는 평민지식인(동네 유생)의 공론장에서 회자되었을 것으로 보인다.

앞서 살펴보았듯이 『지구전요』 출간 무렵인 19세기 중반 민의 영역은 거대한 전환기였다. 19세기 중반부터 소민들의 위력시위와 민란이 일상화되었고, 이 시위·민란 과정에서 향회를 제치고 민주주의 원리와 흡사한 자치조직 '민회'가 확산된 것은 앞선 논의를 통해 확인한 바 있다. 『지구전요』 출간 3년 후인 1860년에는 동학이 창도되었다. 동학 창도 후 약 30년 동안 일군만민 이념과 자주적 조선중화론이 빠르게 확산되었고, 인간평등과 신분해방에 대한 경험도 단계적 노비혁파 과정을 통해 축적되었으며, 수차례의 민란과 민회의 경험으로 민의 민본의식도 높아져 있었다. 이 사이에 '민주'

원리는 농민 대중들에게도 풍문으로 들려올 만큼 이미 광범위하게 확산되었던 것으로 보인다. 보은집회에 참여한 한 농민군은 선무사 어윤중에게 이렇게 항의했다. "이 모임은 작은 병기도 휴대하지 않았으니 이는 곧 민회(民會)라고 하며, 일찍이 각국에서도 민회가 있다고 들었는데 나라의 정책이나 법령이 국민에게 불편함이 있으면 회의를 열어 논의하여 결정하는 것이 근자의 사례인데 어찌하여 비류로 조치를 해 버리는가."[620]

3. 민유방본의 적극적 해석 : 민주의 포지(抱持)

'백성은 근본이고 주인일지라도 어리석어서 자치(自治) 능력이 없거나 육체·정신노동의 분업구조상 자치가 불가능하므로 충심으로 백성을 위하는 현군(賢君)과 사대부 현자들이 통치를 해주어야 한다'는 따위로 민유방본의 본말을 전도하는, 다시 말해 민유방본의 주체인 민이 어리석어 그 역할을 다할 수 없기 때문에 왕과 사대부가 통치를 해주어야 한다는 식으로 민유방본을 해석하는 것이 대략 17세기까지 정치권력의 지배적 논리였다. 민유방본의 본의를 제한적 틀에 가두어 둔 소위 '적자(赤子)'론, '보민(保民)' 등이 그것이다. 백성은 갓난 아이와 같아서 유모와 같은 관리의 역할이 필요하다는 것이다. 이 시기까지 '민본주의'의 본유적 혁명성은 민의 영역에서 본격적으로 드러나지 못하고 심연(深淵)에 잠복해 있을 수밖에 없었다.

성리학자든 실학자든 조선의 사대부들은 '민유방본론'과 '민귀군경론'이 '백성자치론'으로 확장되는 것을 두려워했다. 그러나 민유방본론과 민귀군경론은 그 의미를 아무리 소극적으로 제한하더라도 종국에는 "백성이 나라의 근본이므로 결국 백성이 나라의 주인"이라는 의미로 확장되어 나가는 원리를 내포하고 있다. 민유방본의 본의는 시혜적 '위민(爲民)정치'가 아니라 '주권재민' 또는 '백성의 본연적 주인 지위'를 내포한 정치철학이기 때문이다. 당시 평민 공론장까지 확장된 적극적 의미의 민유방본 이념은 근대적 민주주의의 의미를 패치워크할 수 있는 비등점까지 끓어오른 것으로 보인다.

그렇다고, 민유방본의 원리가 곧 민주주의 원리와 같다거나 유교적 정치원리에 민주주의 원리가 다 들어 있다는 것은 아니다. 민유방본 이념이 직접적으로 민주 원리와 치환될 수 있다는 것이 아니라 민주개념을 패치워크할 수 있는 사상적 디딤돌의 역할을 했다는 의미다. 가령 "유교 정치사상의 근대적 지향이라고 규정해야 할 민국이념이 서양 민주주의 정치사상이 소개되기 전에 이미 성립하고 있었다는 것은 주목할 만한 일이라 하지 않을 수 없다"[621]는 주장과 같이 민유방본에 기초한 '민국' 이념을 '민에 의한 정치'로 직접 연결하는 것은 무리가 있다. 조선은 '민의 나라'이긴 했지만 아직 '민에 의한 나라'로 전환되지는 않았기 때문이다. 역사적으로도 이 민국정체는 외적인 불가항력적 제약으로 인해 민본적 공공성 위에서 관철된 것이지 '민에 의한 정치'로까지 나아가지는 못했다. 물론 일본의 강점이 없었다면 민의 요구가 새로운 정체를 위한 공화제적, 민주적 요구로 전환되었을지 여부까지 예단할 수는 없다.

민유방본의 본유적 의미가 본격적으로 분출되기 시작한 것은 1890년대 들어서면서부터다. 1894년 3월 20일(양4.25) 동학농민군은 「무장포고문」을 선포하면서 민유방본을 근간으로 삼아 "백성은 나라의 근본이니 근본이 약해지면 국가가 잔멸하게 되는데(民爲國本 本削國殘) 보국안민의 방법은 생각지 않고 시골에 저택이나 지으며 오직 저 혼자만 잘될 생각으로 벼슬자리만 엿보는 것이 어찌 올바른 정치이겠는가"라고 봉기의 정당성을 천명했다. 전봉준이 1894년 4월 19일경(양5.19경) 초토사에게 보낸 서한도 민유방본으로 봉기의 정당성을 설명한다. "대저 '백성은 나라의 근본이며 근본이 튼튼하면 나라가 안녕하다(民者國之本也 本固邦寧)'는 옛 성현의 유훈으로서 시무의 대강입니다. … 오늘 저희들의 행동은 이처럼 어쩔 수 없는 사정에서 비롯된 것으로 손에 병장기를 거머쥐고 오직 살아갈 방법을 강구하자는 것입니다."[622]

이렇듯 19세기 말 공론장에서 회자되던 민유방본 원리는 '민주'의 함의를 패치워크할 수 있는 사상적 토대로 작동하고 있었다고 볼 수 있다. 〈황성신문〉의 한 논설은 '민유방본'과 '민심즉천심'을 결합하여 영국의 의회주의 원리를 설명하고 있다. 놀랍게도 민유방본이 동서고금의 원칙이고, 민유방본의 의리를 깊이 생각하여 위정자들이 지위고하를 막론하고 진실로 민정을 받들려면 백성들이 의원을 선거하는 것을 허용해야 한다고 하면서 영국의 선거제도를 긍정적으로 서술하고 있다.

광무2년에 중추원의 실시가 이미 있었고 지금 하의원 설치를 건의한다 하나 그 권리와 법제는 세계 선두국가들의 포고와 설치를 스승 삼고 본받아야 할 것이다.…어떤 나라든지 이러한 관제를 조직하여 백성과 나라를 편리하게 하는 것을 주무로 삼는다고 하나 그 정치의 성적이 천양지차의 다름이 있으니 그 근인을 거슬러 올라가건대 아름답고 좋은 법규가 진선(盡善)한 데도 있고 현자와 석학의 보필이 단점을 버리고 장점으로 나아가는 데도 있으나, 총합하여 '민위방본(民爲邦本, 백성이 나라의 근본이다)'의 뜻을 창명(彰明)하는 데 있으니 하늘이 부여하여 억조를 사목(司牧)하게 하신 밝은 천명을 어기지 말아야 할 것이다. 하늘이 무슨 말을 하더냐마는 《상서》에 가로대 "하늘의 총명은 우리백성의 총명으로부터 말미암고 하늘의 밝음과 두려움은 우리 백성의 밝음과 위엄으로부터 말미암는다"라고 하니, 이 취지를 깊이 살피면 '민위방본'이므로 천명에 순응하는 것은 민심에 순응하는 데 있다. 의원법제가 점차 갖추어져 가는 근대사 기록의 구절들을 약술하여 의원의 실제 이익을 보게 하노라. 영국 혜량왕(惠良王) 제4시대에 새로운 의원들이 논의한 일이 민심을 자못 알고 체득하여 옛날 백성을 생각하고 의지하는 것을 잊었던 것과 비함에 한 계산을 높이 내니 이에 따라 영국 백성이 점차 생기를 갖추게 되었다. 서력 1832년 영국제도가 처음 이에 준하여 개정될 수 있게 되니 이것으로부터 줄곧 영국 조정이 '민위방본'의 의리를 깊이 생각하여 위정자들이 지위고하를 막론하고 진실로 간혹 민정(民情)을 점차 받들려면 백성에게 따로 현명한 의원을 선거하는 것을 허용하여 그 직을 대신하게 하니 영국백성들이 다 크게 환희했다. 이 '민·위·방·본' 네 글자의 의리는 고금천하의 정치가들의 요무이기에 동서양에 나라가 있은 이래 넘을 수 없는 원칙이다. 이에 어긋나면 그 정사가 일어나지 않고 이에 따르면 그 정사가 일어나니, 이에 영국의 의원을 설치하여 여러 정사를 정돈하든 구절을 참작하든, 전모의 일반을 보게 하고 모든 솥의 고기 한 점씩을 맛보게 함으로써 우리나라와 우리백성이 영국의 부강함을 능가하여 위로 오르기를 권면하노라.[623](강조 필자)

이 논설은 참정의 필연성을 '민유방본'의 원리로부터 도출하고 있다. 이러한 민유방본의 적극적 해석이 비단 이 논설에만 나타난 것이 아니다. 20세기 초에는 민유방본의 의미가 한층 더 '민주'의 의미를 포지한 채 활용되었다. 호남 유생 변승기(邊昇基)는 1907년 '민유방본'을 맹자의 천하공물론, 천(天)·민(民)동위론 등과 연결시켜 바로 "국민의 국가(國民之國家)" 개념을 도출하고 여기로부터 호남지역 국채보상운동 발기문의 핵심논지를 구성했다.[624] 이상룡(李相龍)도 '대한협회안동지회취지서'(1909)에서 "대개 나라는 백성의 공산(公産)이고 백성은 나라의 주인이다"라고 선언하였다.[625] 이상설(李相卨)도 1909년 3월 "무릇 임금은 나라를 위하여 둔 것이오, 나라는 임금을 위하여 세운 것이 아니니, 이러함으로 임금이란 것은 인민이 자기의 사무를 위탁한 공편(公便)된 종일 뿐이요, 인민이란 것은 임금으로 하여금 저의 직역을 진력케 하는 최초의 상정이라"고 천명하고, 그 철학적 근거로 "백성이 중하며 사직이 버금이요 임금이 가볍다"는 맹자의 명제를 루소의 사회계약론과 나란히 들고 있다.[626] 1920년에 〈개벽〉에 실린 한 논설에서는 링컨의 민주주의에 관한 연설과 민유방본의 원리를 연계하여 논한다. "일즉 미국(米國) 대통령 린컨의 유명한 연설 중에 「인민을 위하는 정치, 인민에게 의한 정치」라 운(云)한 언구가 잇섯다. 전자 즉 인민을 위하는 정치란 언구에 의하고 보면 이곳 민본주의의 사상인데 이른바 국(國)의 정치의 목적은 민(民)을 본(本)으로 할 것이라 함이니 즉 민(民)의 행복을 증진하는 것이 정치의 주안이라 함이엇다."[627] '인민을 위하는 정치'가 민을 근본으로 하는 정치의 정의라면, 그 목적은 민의 행복을 증진하는 것에 있다는 것이다.

4. 인간존중(만민평등)과 신분해방 사상

대한민국 헌정질서의 핵심인 민주공화국에 내재된 '공화' 이념은 '민주'와 직접 호응하는 개념으로 단순히 왕이 존재하지 않는 정체 이상의 사상적 지향을 담보하는 것이다. 따라서 '민주공화'의 '공화'는 신분제 국가를 탈피한 '민의 나라'를 전제로 한 공화다. '공화'의 이념은 다양하게 정의될 수 있겠지만, "누구나 법 앞에 평등하며(isonomia), 누구든지 의회나 공공장소에 말하고 싶은 때 말할 수 있는 권리가 있으며(isegoria), 출신배경과 상관없이 시민이면 누구든지 참정권을 가지며(isogonia), 오늘 다스리는 사람이 내일 다스림을 받을 수 있도록 해야 한다(isokratia)"[628]는 의미로 볼 수 있을 것이다. 이렇게 본다면, 근대 정치원리인 '의회', '참정권' 등이 확립되기 이전 '민주'와

'공화'를 향한 사상적 요체는 만만평등 원리에 기초한 '신분해방' 사상이라고 해도 크게 무리가 없다. 상술했듯이 민의 영역에서는 오래전부터 '대동사회'·'개벽세상'의 보편적 평등관이 민의 사상적 지류(支流)로 자리 잡아 왔다. 유학적 이상사회의 이념형이라고 할 수 있는 대동사상은 조선의 건국 직후부터 때로는 이상사회론, 참위사상 등과 호응하기도 하고, 1589-1591년 정여립의 '대동계'로 실체화되기도 하고, 18세기 각종 민란과 괘서사건의 배후 사상으로 작용하기도 하였다. 또한 대동사상에 내재한 보편적 평등관은 19세기 중반까지 면면히 이어졌고, 1860년 동학 창도로 집대성되었다.

동학사상의 실천 지침으로 수차례 강조된 보편적 인간존중·평등사상은 19세기의 정치사회적 변화와 민의 공감대를 충분히 반영한 사상적 지표이자 근대사회를 예비하는 사상적 기치로 작용하였다. 또한 19세기 인간존중·신분해방 사상은 근대적 신분해방의 임계점에 육박해 가고 있었기 때문에 조선왕조가 어떤 형태로든 화답하지 않을 수 없었다. 이런 맥락에서 볼 때 1882년(양1882-1883) '신분해방령'과 1886년 3월 '노비해방절목'의 반포는 제도적 차원에서 신분타파에 호응한 조치라는 측면에서 중요하다. 그럼에도 정부 관리의 등용에 있어 신분제약이 잔존했고, 노비제도 역시 일거에 타파되지는 못한 상황이었다. 기득권층의 양반질서 옹호가 만만치 않았을 뿐만 아니라 지방 구석구석까지 신분해방이 관철되기에는 아래로부터의 호응이 절대적으로 필요했다. 우리 근현대사에서 재평가해야 할 동학농민혁명의 중요한 의의 중 하나가 근대적 신분해방이 관철되는 역사적 결절점이었다는 사실이다. 길지 않은 시간이었지만 동학농민군은 세계사적으로 유래가 없는 관민공치의 실험이었던 '집강소(執綱所)'를 통해 삼남 전역에서 신분제적 잔재를 일소하기 위한 신분타파 조치를 실행에 옮겼고 그 영향은 상당한 것이었다. 동학농민혁명의 근대화 지향을 논하는 데 있어 〈집강소의 정강〉이 중요한 것은 일본군에 의한 경복궁 무력점령 이후 동학농민군의 투쟁 기치가 '반일투쟁'으로 집약되는 반면, 이 집강소 시기의 정강에 사회개혁을 향한 동학농민군의 지향이 상대적으로 잘 드러나 있기 때문이다.

『동학사』 초고본에서 신분해방의 지향을 밝히고 있는 조항을 찾아보면, "4. 유림과 양반배의 소굴을 토멸할 것, 5. 천민 등의 군안(軍案)은 불지를 것, 6. 종문서는 불지를 것, 7. 백정의 머리에 패랭이를 벗기고 갓을 씌울 것" 등이다. 이와 결부하여 동학사상의 인간존중 원리는 "1. 인명을 남살(濫殺)한 자는 벨 것", 평등지향적 요구와 관련해서는 "8. 무명잡세 등은 혁파할 것, 11. 토지는 평균분작(平均分作)으로 할 것" 등이다. 발간본에는 "4. 불량한 유림과 양반배는 징습(懲習)할 것, 5. 노비문서는 화거(火袪)할 것, 6. 칠반(七班) 천인의 대우는 개선하고 백정두상에 평양립(平壤笠)은 탈거(脫去)할 것, 7. 청춘과부는 개가를 허할 것 9. 관리채용은 지벌을 타파하고 인재를 등용할 것, 12. 토지는 평균으로 분작(分作)케 할 것" 등이 제시되어 있다. 이 정강들은 앞서 살펴본 동학사상의 중핵과 상통하는 것이다. 이러한 정강이 실행에 옮겨졌다면 어떤 상황이 전개되었을까? 오지영은 집강소에서 이 정강들을 실행한 후 들려오는 세간의 평가를 적나라하게 기술해 놓고 있다.

이상(以上)의 모든 폐해(弊害)되는 것은 일병(一並)으로다 혁청(革淸)하는 바람에 소위 부자빈자(所謂富者貧者)라는 것과 양반상(兩斑常)놈 상전(上典)·종놈·적자(嫡子)·서자(庶子) 등(等) 모든 차별적(差別的) 명색(名色)은 그림자도 보지 못하게 되엿슴으로 하야 … 양반(兩斑)에 원수(冤讐)라고 하는 것이며 심(甚)한즉 양반(兩斑)의 뒤를 싣으랴고 兩斑의 불알까지 발으는 흉악(凶惡)한 놈들이란 말까지도 써드럿섯다.[629]

오지영이 전하는 풍문에 따르면, 집강소 정강이 실질적으로 집행된 결과는 "부자와 빈자, 양반과 종놈·적자·서자와 같은 모든 차별이 사라져 그림자도 보지 못하게" 되었다는 것이다. 아주 생생하게 당시 상황을 묘사한 이 내용들이 실제 서구의 근대 시민혁명 과정에서 벌어진 일들이지 않을까? '시민혁명'으로 개념화 된 일련의 과정을 속속들이 들여다보면, 오지영이 묘사한 이 상황들과 크게 다르지 않았을 것이다. 더욱이 조선의 민은 신분해방을 실질화하기 위한 투쟁만이 아니라 근대를 향한 구체적 방향(폐정개혁안)을 동시에 제시하고 있다는 점에서 놀라운 근대 시민적 역량을 발휘했다고 할 수 있다. 여기에 더해 1894년부터 우리의 선조들은 이 근대화를 향한 기치와 더불어 국가의 존망이 위태로운 상황을 타개하기 위해 '척왜', '보국안민'의 급선무를 감당해야 하는 긴박한 상황 속에 들어 있었다.

5. 소회와 기대

민유방본의 정치철학적 전통이 전무했던 서구에서 인민주권론의 선언이 지배권력과의 혁명적 대립과 충돌을 야기하는 폭발성을 갖는 것이었다면, 조선에서의 민유방본은 오랫동안 정치적 정당성의 지표로 내재화되었고, 지배권력의 수사로 전용되어 오다가 민의 성장과 더불어 점차 민유방본의 혁명적 함의가 분출되기 시작하고, 실체화해 가는 과정을 거쳐 근대적 정치질서 창출에 기여했다고 보인다. 이 과정은 18세기부터 시작되어 20세기 초까지 점진적으로 진행되었다. 1894년 동학농민혁명에서 신분해방 요구가 직접적으로 표출되기 이전인 동학의 창도 시점부터 동학사상에는 이미 인간존중과 신분해방의 사상이 내재해 있었다. 물론 이러한 인간존중과 신분해방 이념이 집대성된 것은 16세기 정여립의 사상에서 드러나듯이 대동해방

사상과 민간신앙으로 전승되어 오던 미륵-개벽사상의 상호작용이 오랫동안 누적되어 온 결과라고 할 수 있다. 사회구조적 차원에서는 18세기를 경유하며 '양반의 잔반화·평민화', '평민의 중인화·양반화', '노비의 평민화·양반화' 추세에 따라 사회 전반적으로 신분차별 의식이 희석되었고, 신분경계가 모호해졌다. 이 시기 향촌의 지배구조가 백성의 자치·참정의 방향으로 비약적으로 발전할 수 있었던 동력은 대동-해방 사상[630]에서 찾아진다. 동학이 창도되던 시기는 이미 이러한 향촌의 신분제적 변화가 변곡점을 넘은 후였다. '재지사족의 고전적 향회'가 18세기에 '유향의 향회'로 발전하고, 이것이 19세기에 다시 '소민의 민회'로 발전한 양상 또한 근대 정치사상의 관점에서 주목할 필요가 있다.[631] 또한 19세기 말 국망의 위기에 직면하여 동학농민군이 선택한 일군만민 이념과 자주적 조선중화론에 기초한 척왜·척화의 기치는 정치적 실천의 차원에서 정교하게 재론될 필요가 있다.

지금까지의 논의에 기초해 보면, 1919년 4월 11일 「임시헌장」에서 천명된 '민주공화국' 대한민국은 서구로부터 이식된 수입산이 아니고, 우리의 정치사상적 전통이 능동적 패치워크를 통해 형성한 정체로 보는 것이 타당해 보인다. 18세기 말부터 문해인민이 빠른 속도로 증가했던 사실을 염두에 둔다면, 1850년대 무렵이면 확장된 평민공론장에서는 서구적 함의의 '공화'와 '민주' 개념과 접촉이 시작되었을 것이다. 또한 이 개념들이 우리 정치적 전통에서 전적으로 이질적이고 생경한 것이 아니었기 때문에 능동적 패치워크가 일어날 수 있었다. 그동안 우리 근대국가의 성격과 관련하여 19세기 지식인을 중심으로 한 민주나 공화 개념의 수용사가 주를 이루고 있었기 때문에 상대적으로 민의 사상에 대해서는 소홀했던 것이 사실이다. 비록 필자의 역량 부족으로 성긴 논리 전개가 곳곳에 있지만 이 책이 한국의 근대화를 추동한 민의 사상에 관심을 환기시키는 계기가 될 수 있다면 더 바랄 나위가 없겠다.

1) 김득중, 2006, 「1980년대 민중의 발견과 민중사학의 성과와 한계」, 『내일을 여는 역사』
   (24), 53쪽.
2) 황태연, 2017, 『백성의 나라 대한제국』(파주: 청계), 71-73쪽 참조.
3) 황태연, 2017, 『갑오왜란과 아관망명』(파주: 청계), 40-41쪽.
4) 실록은 "이보다 앞서 1백여 년 전에, 민간에 '木子亡奠邑興'의 참언이 있었다"고 쓰고 있
   다. 따라서 정여립은 이 참언을 지어낸 자가 아니라, 활용한 자다. 또 실록은 "連山縣
   계룡산 開泰寺 터는 곧 후대에 鄭氏가 도읍할 곳이다"는 말도 "國初 이래로 있었던 讖
   說"이라고 쓰고 있다. 반면, 실록은 정여립의 수하 요승 義衍이 "'내가 요동에 있을 때
   에 조선을 바라보니 王氣가 있었는데, 조선에 와서 살펴보니 王氣가 전주 東門 밖에 있
   었다'고 했는데, 이로 말미암아 '전주에 왕기가 있다'는 말이 원근에 전파되었다"고 하
   고 있다.[『先祖修正實錄』, 선조 22년(1589) 10월 1일조].
5) 『정감록』이 역사기록에 처음 등장한 것은 영조 15년(1739) 6월이다. 『정감록』은 정작
   언제 누가 저술했는지 모른다. 조선의 개국 공신이지만 태종에게 죽임을 당한 정도전
   이 저자라는 설도 있으나 믿을 만한 증거는 없다. 정여립이 저자라는 말도 있었으나
   확인할 길은 없다. 백승종, 2007, 『정감록 역모사건의 진실게임』(서울: 푸른역사), 176
   쪽.
6) 대표적인 정감록 연구자인 백승종은 "정감록을 연구할수록 조선후기 성리학에 반발하
   여 평민지식인들이 내놓은 일종의 대항 이데올로기라는 확신"이 들었다고 밝히고 있
   다. "18-19세기에 일어난 굵직한 역모사건에는 정감록을 비롯해 각종 예언서가 거의
   빠짐없이 개입되었다. 이들 예언서에는 조선후기 많은 사람들의 생존을 위협한 굶주
   림과 전염병 그리고 외세의 침입에 대한 공포심이 나타나 있었다. 또한 새 세상의 도
   래를 바랐던 그 시대 사람들의 열망도 담겨 있었다." 백승종, 앞의 책, 6-7쪽.
7) 『先祖修正實錄』, 선조 22년(1589) 10월 1일조.
8) 『朝鮮王朝實錄』, 영조 9년 8월 7일 4번째 기사.
9) 『정감록』을 비롯한 예언서를 상대로 한 조선왕조의 싸움은 장기화되었다. 이 싸움은
   겉으로는 거인(성리학)과 난쟁이(예언서)의 대결 같아 보였다. 그러나 영조 이후의
   역사는 난쟁이의 힘이 결코 만만치 않았음을 증명한다. 아마도 영조는 이미 남원괘서
   사건 때 장차 예언서가 조선왕조의 운명에 심각한 도전을 제기할 거라고 예감했던 것
   같다. 백승종, 앞의 책, 118-119쪽.
10) 황태연, 『백성의 나라 대한제국』, 73쪽.
11) 유영익, 1998, 『東學農民蜂起와 甲午更張』(서울: 일조각), 4-5쪽.
12) 〈全琫準供草〉, 『東學亂記錄(下)』. 국사편찬위원회 한국사데이터베이스, 『한국사료총
   서』 제10집(하).

13) 金庠基, 1931 · 1975, 『東學과 東學亂』(한국일보사); 이상백, 1962, 「東學黨과 大院君」, 『역사학보』 27-28합집, 1-26쪽.

14) 이영재, 2016, 「대원군 사주에 의한 동학농민혁명설 비판」, 『한국정치학회보』(제50집 2호), 67쪽.

15) 한태연 · 갈봉근 · 김효전 외, 1988, 『한국헌법사(상)』(한국정신문화연구원), 41쪽.

16) 신우철, 2008, 『비교헌법사: 대한민국 입헌주의의 연원』(서울: 범문사), 300쪽.

17) 여기서 '패치워크(patchwork)'라는 개념을 쓰는 것은 '민주공화' 개념이 전적으로 서구 의 수입산이 아니라 우리의 정치사상적 전통과 결부되어 우리의 정체성을 바탕으로 한 새로운 사상적 지향으로 발전했다는 의미를 강조하기 위해서이다. 유사한 맥락에 서 존 그레이도 자유주의의 실천 양상을 패치워크적 특성으로 설명한 바 있다. John Gray, 2007, Enlightenment's Wake(London/New York: Routledge), p. 233. 참고로, '패치워크'란 헝겊 조각들(patches)을 모아 꿰매고 이어 붙여 만든 완제품의 옷이나 보 자기, 우산, 텐트, 이불 등 섬유제품을 말한다. 황태연, 2016, 『패치워크문명의 이론』 (파주: 청계), 33쪽.

18) 이태진, 2008, 『고종시대의 재조명』(파주: 태학사).

19) 김재호, 2005, 「『고종시대의 재조명』, 조명 너무 세다」, 교수신문 기획 · 엮음, 『고종황 제 역사 청문회』(서울: 푸른역사), 18-23쪽.

20) 김재호, 「대한제국에는 황제만 산다」, 위의 책, 34쪽.

21) 이태진, 「식민사관의 덫을 경계해야 한다」, 위의 책, 26-32쪽.

22) 김재호, 「대한제국에는 황제만 산다」, 위의 책, 35-36쪽.

23) 이태진, 「'고종시대' 악센트는 '시대'에 있다」, 위의 책, 43-46쪽.

24) 한홍구, 2002, 「한국의 시민사회, 역사는 있는가」, 『시민과 세계』 제1권, 91-110쪽

25) 유영익, 1998, 「전봉준 의거론-갑오농민봉기에 대한 통설 비판」, 『동학농민봉기와 갑 오경장』(서울: 일조각), 5쪽; 「갑오농민봉기의 보수성」, 같은 책, 179쪽; 권희영, 2001, 「동학농민운동과 근대성의 문제」, 『한국사의 근대성 연구』(서울: 백산서당); 이희근, 2001, 「동학농민봉기는 반봉건 근대적 운동이 아니다」, 『한국사는 없다』(서울: 사람과 사람, 2001), 247-248쪽.

26) 황태연, 2018, 『한국 근대화의 정치사상』(파주: 청계), 13-14쪽.

27) 역사학회 편, 2011, 『정조와 18세기』(서울: 푸른역사), 6쪽.

28) 『承政院日記』, 영조 31년 1월 6일 (1755년) 기사.

29) 박광용, 2011, 「조선의 18세기, 국가 운영 틀의 혁신」, 『정조와 18세기』, 62-71쪽.

30) Ronald Inglehart, 1997, Modernization and Postmodernization, Princeton, New Jersey: Princeton University Press.

31) Perry Anderson, 1974, Lineages of the Absolutist State, 김현일 외 옮김, 1993, 『절대주 의 국가의 계보』(도서출판 까치), 14쪽.

32) 페리 엔더슨, 위의 책, 15쪽.

33) William H. McNeill, 1982, *The Pursuit of Power: Technology, Armed Force, and Society since A.D. 1000* (Chicago: University of Chicago Press), 30쪽 이하.

34) McNeill, *The Pursuit of Power*, 30쪽 이하.

35) 황태연, 2012, 「서구 자유시장론과 복지국가론에 대한 공맹과 사마천의 무위시장 이념과 양민철학의 영향」, 『정신문화연구』 2012년 여름호 제35권 제2호(통권127호), 361쪽; 황태연, 『패치워크문명의 이론』, 131-134쪽 참조.

36) Louis Le Comte, 1696, *Nouveaux mémoires sur l'état present de la Chine* (Paris). 영역판: Louis le Compte (sic!), 1697, *Memoirs and Observations made in a Late Journey through the Empire of China* (London), 284쪽.

37) Johann H. G. Justi, 1762, *Vergleichungen der Europäischen mit den Asiatischen und anderen, vermeintlichen Barbarischen Regierungen* (Berlin/Stetten/Leipzig: Johann Heunrich Rüdiger Verlag), 304-306, 463-492쪽; Johann H. G. Justi, 1755, *Abhandlung von den Mittel, die Erkenntnis in den Oeconimischen und Cameral-Wissenschten dem gemweinen Wesen recht nützlich zu machen* (Göttungen: Verlag nicht angezeigt), 16쪽.

38) François Quesnay, 1767, *Despotism in China*, 172, 193-203쪽. Lewis Adams Maverick, 1946, *China: A Model for Europe*, Vol. II (San Antonio in Texas: Paul Anderson Company).

39) 나종석, 2017, 『대동민주 유학과 21세기 실학: 한국민주주의론의 재정립』(파주: 도서출판 b), 235-236쪽 참조.

40) 황태연은 이 '4대 시한부 귀족제도'는 이후 양민의 신분 상승(준양반화) 추세 속에서 바로 무력화되고, 가문의 토지가 유지되는 한, '한번 양반은 영원한 양반'의 사대부화(士大夫化) 추세가 관철된 것으로 보고 있다. 황태연, 2016, 「조선시대 국가공공성의 구조변동과 근대화」, 황태연 외, 『조선시대 공공성의 구조변동』(한국학중앙연구원출판부), 32-33쪽.

41) 이영재, 2015, 『민의 나라, 조선』(파주: 태학사), 39-40쪽.

42) 이영재, 위의 책, 39쪽.

43) 황태연, 『한국 근대화의 정치사상』, 14-17쪽; 황태연, 『백성의 나라 대한제국』, 20-25쪽.

44) 배영대, 2018, 〈실학별곡-신화의 종언①프롤로그-실학과 근대〉, 「중앙선데이」(2018. 3.17일자)

45) 홍원식 외, 1998, 『실학사상과 근대성』(예문서원); 배연숙, 2010, 「위당 정인보의 조선학 성립배경에 관한 연구」, 『철학논총』(59), 406-414쪽; 신주백, 2011, 「'조선학운동'에 관한 연구동향과 새로운 시론적 탐색」, 『한국민족운동사연구』(67), 188-190쪽; 유권종, 2011, 「한국의 실학과 근대성에 관한 논의」, 『한국민족문화』(39), 3-29쪽 참조.

46) 김현영, 1995, 「탈주자학적 경향과 사회개혁론의 전개」, 『한국사(9)』(서울: 한길사),

147-149쪽 참조.

47) 『皇城新聞』, 1899년 4월 18일자 논설. "嗟乎라 有志之士ㅣ 達千古治亂之變ᄒ고 抱一世經濟之才而不能行於當時ᄒ고 遂湮沒無聞일ᄉᆡ 余ㅣ 慕其志惜其沒而 畧爲之紀ᄒ노라." 현대어역은 황태연, 『한국근대화의 정치사상』, 159쪽을 따랐다.

48) 『皇城新聞』, 1899년 5월 18일 논설. "我韓에 至ᄒ야 黃厖村喜가 開國ᄒᆯ 初에 事業을 廣施ᄒ야 國家의 基礎를 確奠ᄒ고 人民의 生産을 多植ᄒ야 萬世의 無窮ᄒ 功을 垂ᄒ엿더니 中間幾百年에 經術의學이 一國文明을 啓ᄒ야 農書를 讀ᄒ던지 商工學을 見ᄒᄂ 者ᄂ 奴隷로 視ᄒ니 然ᄒᆞ으로 柳磻溪馨遠과 李惺湖瀷과 丁茶山若鏞 又ᄒ 一代經濟大方家가 出ᄒ얏스되 異道로 指目ᄒ야 或山中에서 老死ᄒ이도 有ᄒ고 或人의 忤觸을 被ᄒ야 遠海에 竄逐ᄒ이도 有ᄒ야 其學이 現世에 用行치 못ᄒᆞ으로 今日에 此民貧國弱을 亦致ᄒ얏스니 吓라." 현대어역은 황태연, 『한국근대화의 정치사상』, 160쪽을 따랐다.

49) 김용섭, 1958, 「전봉준 供草의 분석-동학란의 성격 일반(一斑)」, 『사학연구』 2, 157-158쪽.

50) 김용섭, 2004, 「光武改革期의 量務監理 金星圭의 社會經濟論」, 『한국근대농업사연구(II): 농업개혁론·농업정책(2)』(서울: 지식산업사), 109-168쪽.

51) 신용하, 1987, 「甲午農民戰爭과 두레와 執綱所의 폐정 개혁」, 『사회와 역사』(8), 112-113쪽.

52) 한영우 외, 2007, 『다시, 실학이란 무엇인가』(서울: 푸른역사), 25-62쪽; 배영대, 〈실학별곡-신화의 종언 ① 프롤로그-실학과 근대〉 참조.

53) 김영식, 2014, 『정약용의 문제들』(서울: 혜안) 참조.

54) 황태연, 『한국근대화의 정치사상』, 48쪽.

55) 강승호, 1998, 「반계 유형원의 노비개혁안-노비의 대안으로 제시한 雇工論을 중심으로」, 『동국역사교육』(6); 1998, 「고용노동의 발전과 고공제 시행론」, 『역사와 실학』(48). 참고로 최윤오의 논의도 유사하다. 최윤오, 1990, 「조선후기 和雇의 성격」, 『충북사학』(3).

56) 송양섭, 2013, 「반계 유형원의 奴婢論」, 『한국인물사연구』(19), 397쪽.

57) 柳馨遠, 『磻溪隨錄』 「卷10 敎選之制(下)-貢擧事目」, 5쪽(181쪽). 황태연, 『한국근대화의 정치사상』, 66쪽 재인용.

58) 柳馨遠, 『磻溪隨錄』 「卷25 續篇 下 - 奴隷」, 8쪽(508쪽), 황태연, 『한국근대화의 정치사상』, 66쪽 재인용.

59) 李瀷, 李翼成 역, 1992, 『藿憂錄』(서울: 한길사), 15쪽('育才').

60) 한우근, 1980, 『성호 이익 연구』(서울대 한국문화연구소); 김현영, 앞의 글, 162쪽 참조.

61) 정약용, 1989, 『牧民心書(III)』(서울: 창작과 비평사), 332쪽.

62) 김현영, 앞의 글, 172-173쪽.

63) 조성을, 1986,「丁若鏞의 身分制改革論」,『동방학지』(51), 75-118쪽.

64) 김영식,『정약용의 문제들』, 29쪽 참조.

65) 김영식, 위의 책, 30-38쪽 참조.

66) 김용섭, 2007,「주자의 토지론과 조선후기 유자」,『조선후기농업사연구II: 농업과 농업론의 변동』(서울: 지식산업사), 546-549쪽 참조.

67) 김용섭, 위의 글 549-559쪽 참조.

68)『中宗實錄』, 중종13(1518)년 5월 27일, 3·5번째 기사. "均田之事 其勢今不可行 非徒割己與人之爲怨 貧民不能耕種 還賣於豪富 亦無益矣."

69) 배항섭, 2010,「'근대이행기'의 민중의식: '근대'와 '반근대'의 너머」,『역사문제연구』14권 1호, 74-75쪽.

70)『世宗實錄』23권, 6년(1424 갑진) 3월 23일(기해) 3번째 기사. 京畿監司啓: "凡田地放賣人, 或因父母喪葬, 或因宿債收贖, 或因家貧不能自存, 皆緣不得已之事, 而其價錢竝皆沒官, 冤抑不小. 且京中造家基地菜田, 猶許放賣, 獨外方田地, 禁其買賣未便 °請毋禁買賣, 其不稅契不過割者, 依律施行 ˮ命依律文施行, 其限年放賣田宅, 從明文決給.

71) 배항섭, 앞의 글, 75쪽.

72) 배항섭, 위의 글, 76-77쪽.

73) 김백철, 2008,「조선후기 영조대 법전정비와 속대전의 편찬」,『역사와 현실』(68), 234쪽.

74) 전형택, 1990,「朝鮮後期 奴婢의 土地所有」,『한국사연구』(71), 64-65쪽.

75) 강명관, 2017,『허생의 섬, 연암의 아나키즘』(서울: 휴머니스트), 380쪽.

76) 강명관, 위의 책, 380쪽.

77) 황태연,『한국근대화의 정치사상』, 81-82쪽.

78) 박지원의 "오랑캐를 물리치려면 (청국이 보존한) 중국유제를 모조리 배워서 우리의 어리석고 고루하며 거친 습속부터 바꾸는 것이 급선무다"라는 주장의 요체는 조선의 미풍양속까지 시급히 중국풍으로 바꾸자는 말로 들린다. 이후 이 논변은 북학파의 글에서 반복적으로 나타난다. 박지원의 손자 박규수·유홍기·오경석으로 이어지는 이 '북학' 사상의 명맥은 19세기 후반 김옥균·박영효·서광범·서재필·윤웅렬·윤치호 등에게로 전수되어 친일사대주의 또는 서구사대주의로 변형되거나 김윤·신기선 등의 동도서기론으로 전환된다. 또한 '이용·후생·정덕'의 논변으로 명분을 세운 박지원의 이 대청중화주의 논변은 시기적으로 너무 늦은 것이었다. 1783년 무렵 청나라는 이미 극성기를 지나 사양길에 들어서고 있던 중이었다. 당시 서구는 이미 영국에서 산업혁명이 정점을 향해 급상승하고 있었고, 또 미국혁명을 겪었으며 6년 뒤 곧 프랑스대혁명이 일어나기 직전에 와 있었다. 박지원의 '청국을 배우자'는 주장은 시대적 변화 맥락에 맞추어 '일본을 배우자', '서양을 배우자'는 주장으로 호환되어 나타났다. '관념적 대명(對明) 사대주의'를 대체한 말 그대로 '효용적 대청 사대주의'는 임오군란·갑신정변을 거치면서 조중관계에서 전대에 없었던 12년 내정간섭을 불러들이

고, '대일·대서방 사대주의'는 갑오년 친일괴뢰정부의 수립과 을미왜변, 반러·친일 동양주의의 확산, 독립협회와 일진회의 변란을 거쳐 결국 대한제국의 패망으로 이어진다. 황태연, 위의 책, 191-393쪽 참조.

79) 『東經大全』「布德文」.

80) 배경식, 2000, 「민중과 민중사학」, 『논쟁으로 본 한국사회 100년』(서울: 역사비평사), 347쪽 참조.

81) 김성보, 1991, 「'민중사학' 아직도 유효한가」, 『역사비평』 16호(가을호), 48-55쪽 참조.

82) 이용기, 2007, 「민중사학을 넘어선 민중사를 생각한다」, 『내일을 여는 역사』(30), 201-202쪽.

83) 김성보, 위의 글, 48쪽 참조.

84) 허영란, 2005, 「민중운동사 이후의 민중사」, 『역사문제연구』(15), 307쪽.

85) 이용기, 위의 글, 200쪽.

86) 배항섭, 앞의 글, 63쪽.

87) 신용하, 위의 글, 110-111쪽.

88) 신용하, 위의 글, 112-113쪽.

89) 신용하, 「甲午農民戰爭과 두레와 執綱所의 폐정 개혁」, 114쪽.

90) 배항섭, 앞의 글, 58-59쪽.

91) 배항섭, 위의 글, 71-74쪽.

92) 배항섭, 위의 글, 74쪽.

93) 배항섭, 위의 글, 92쪽.

94) 허영란, 「민중운동사 이후의 민중사」, 310-311쪽 참조.

95) 김백철, 2013, 「朝鮮時代 歷史上과 共時性의 재검토」, 『韓國思想史學』(44), 271쪽 참조.

96) 이준식, 2017, 「식민지근대화론이 왜 문제인가?」, 『내일을 여는 역사』(66), 25쪽 참조.

97) 이준식, 위의 글, 25-26쪽.

98) 백남운은 1894년 전북 고창에서 출생하였고, 1925년 도쿄 상과대학을 졸업하고 같은 해 연희전문상과 교수로 부임했다. 1927년 「조선 자치 운동에 대한 사회학적 고찰」, 1932년 「조선 사관 수립의 제창」 등의 논문을 발표하고, 1933년 조선경제학회 창립을 주도하였으며. 1947년 월북하였다. 백남운의 논지 조선의 자본주의 맹아에 대한 본격적인 논의에 대해서는 백남운, 2004, 『조선사회경제사』(서울: 동문선) 참조.

99) 이준식, 앞의 글, 27쪽.

100) 김용섭, 2007, 『朝鮮後期農業史硏究(II)』(서울: 지식산업사, 신정증보판), (1970년 10월 20일 序), vii.

101) 조석곤, 2015, 「식민지근대를 둘러싼 논쟁의 경과와 그 함의: 경제사학계의 논의를 중심으로」, 『역사문화연구』(53), 43쪽.

102) '19세기 위기론'이란, 물가·임금·이자율·생산성 등 경제지표의 수량분석을 바탕

으로 경제의 장기변동을 밝히는 논지들로, 19세기 조선이 내부동력에 의한 근대이행 가능성이 없다고 주장하는 논의를 지칭하는 표현이다.

103) '식민지근대화론'에 대한 소개와 그 비판에 대해서는 이만열, 1997, 「일제 식민지근 대화론 문제 검토」, 『한국독립운동사연구』(11), 301-328쪽; 정연태, 1999, 「'식민지근 대화론' 논쟁의 비판과 신근대사론의 모색」, 『창작과 비평』27(1), 352-376쪽; 한국정신 문화연구원 편, 2004, 『식민지근대화론의 이해와 비판』(서울: 백산서당).

104) 안병직 편, 2001, 『한국경제성장사』(서울대출판부); 안병직·이영훈 편, 2001, 『맷질 의 농민들』(일조각); 이영훈 편, 2004, 『수량경제사로 다시 본 조선후기』(서울대학교 출판부); 이대근 외, 2005, 『새로운 한국경제발전사』(파주: 나남).

105) 이영훈, 2007, 「19세기 조선왕조 경제 체제의 위기」, 『朝鮮時代史學報』(43), 270쪽.

106) 이영훈, 위의 글, 288-289쪽.

107) 이영훈, 2002, 「조선후기 이래 소농사회의 전개와 의의」, 『역사와 현실』(45), 3-38쪽 참조.

108) 이영훈 편, 『수량경제사로 다시 본 조선후기』 참조.

109) 조석곤, 앞의 글, 47-48쪽 참조.

110) 이영훈 편, 앞의 책, 382쪽.

111) 배항섭, 「19세기를 바라보는 시각」, 240쪽.

112) 이영훈이 19세기가 '맬더스의 위기'였다는 주장을 철회하지는 않았는데, 배항섭에 따르면, 이영훈은 '19세기 위기'라는 표현을 '19세기 경제체제의 위기'로 바꾸고, 또 "경제체제의 위기가 반드시 대규모 기근과 인구의 격심한 감소를 몰고 온다고는 생각 하지 않는다"고 하는 등 주장의 강도를 현저하게 낮추었다. 배항섭, 위의 글, 224-225 쪽.

113) 조석곤, 2006, 「식민지근대화론 연구성과의 비판적 수용을 위한 제언」, 『역사비평』 (75), 58, 61쪽. 허수열의 경우 식민지 시기 조선의 GDP를 추계한 것을 식민지근대화 론의 주요업적으로 꼽으면서도 GDP 추계 중 1918년 이전 기간에 중대한 결함이 있음 을 지적하고 있다. 허수열, 2015, 「식민지기 조선인 1인당 소득과 소비에 관한 논의의 검토」, 『동북아역사논총』(50), 87쪽.

114) 김낙년, 2011, 「식민지근대화 재론」, 『경제사학』(43), 156쪽.

115) 허수열, 2015, 「식민지근대화론의 주요 주장의 실증적 검토」, 『내일을 여는 역사』 (59), 103-128쪽; 허수열, 육소영, 2016, 「1910-1925년간의 인구추계 검토: 식민지근대 화론의 인구추계의 문제점을 중심으로」, 『한국사연구』(174), 239-266쪽.

116) 김낙년, 2003, 『일제하 한국경제』(서울: 해냄), iii-iv쪽.

117) 이기홍, 2016, 「양적 방법의 지배와 그 결과: 식민지근대화론의 방법론적 검토」, 『한 국사회학』50(2), 130쪽.

118) 이기홍, 위의 글, 132-134쪽 참조.

119) 김낙년, 「식민지근대화 재론」, 161쪽.

120) 이기홍, 위의 글, 137쪽 참조.

121) Federico Tadei, 2014, "Extractive institutions in colonial Africa" Ph. D. Thesis. California Institute of Technology. pp. 3-4; 여기서는 이기홍, 위의 글, 137쪽에서 재인용.

122) 차명수, 2011, 「산업혁명과 역사통계」, 『경제사학』(50), 118쪽.

123) 이기홍, 앞의 글, 138-141쪽 참조.

124) 황태연, 『한국 근대화의 정치사상』, 517쪽.

125) 첫 번째 경전번역서는 마테오리치로부터 물려받은 『대학』의 이태리어번역본과 『논어』의 첫 5장을 라틴어로 번역한 인토르케타(Prospero Intorcetta)와 아코스타(Ignatio a Costa)의 『중국의 지혜(Sapientia Sinica)』(1662)였다. 그리고 이어서 『중용』을 번역한 인토르케타의 『중국 정치·도덕학(Sinarum Scienta Politicco-moralis)』(1667)이 나왔다. 그리고 프랑스 루이 14세의 칙령에 의해 인토르케타 등 4인이 번역하고 긴 해제를 붙인 『공자 중국철학자(Confucius Sinarum Philosophus)』(1687)가 출간되었다. 이에 대한 상세한 논의는 황태연, 2016, 『패치워크문명의 이론』(파주: 청계) 참조.

126) 『書經』 夏書·五子之歌 第三. 할아버지임금께서 이런 훈계를 주셨도다. "백성은 친근히 해야지, 비하하면 아니 된다. 백성은 나라의 근본이다. 근본이 공고하면 나라가 강녕하다. 내가 천하를 살펴보니 어리석은 지아비와 지어미도 모두 나보다 나았다. 사람은 혼자면 여러 번 실수한다. 원망이 어찌 현명함에 있으랴? 원망을 사지 않도록 도모하라. 나는 만민에 임하면 썩은 고삐로 여섯 마리 말을 모는 것처럼 벌벌 떨었도다. 남들의 윗사람인 자로서 어찌 불경하리." "皇祖有訓 民可近 不可下. 民惟邦本. 本固邦寧. 予視天下 愚夫愚婦 一能勝予. 一人三失 怨豈在明 不見是圖. 予臨兆民 懍乎若朽索之馭六馬. 爲人上者 奈何不敬."

127) 『孟子』 「盡心下」(14-14).

128) 이영재, 앞의 책, 75쪽.

129) 『書經』 第二篇·夏書·五子之歌 第三. 民惟邦本 本固邦寧.

130) 『中庸』〈傳10章〉 得衆則得國 失衆則失國.

131) 『孟子』 「盡心下」(14-14) "孟子曰 民爲貴, 社稷次之, 君爲輕. 是故得乎丘民而爲天子, 得乎天子爲諸侯, 得乎諸侯爲大夫. 諸侯危社稷 則變置, 犧牲旣成 粢盛旣絜 祭祀以時 然而旱乾水溢 則變置社稷."

132) 『孟子』 「離婁上」(7-9) "得天下有道 得其民 斯得天下矣 得其民有道 得其心 斯得民矣."

133) 『孟子』 「萬章上」(9-5).

134) 이영재, 앞의 책, 76-77쪽.

135) 장현근, 2009, 「민(民)의 어원과 그 의미에 대한 고찰」, 『정치사상연구』 제15집 제1호, 151쪽.

136) 미조구치 유조외, 조영렬 옮김, 2007, 『중국 제국을 움직인 네 가지 힘』(파주: 글항아리), 218쪽.

137) 한승완, 2013, 「한국 공론장의 원형 재구성 시도와 사회·정치철학적 함축」, 『사회와 철학』(26), 364-365쪽.

138) 황태연, 2016, 『대한민국 국호의 유래와 민국의 의미』(파주: 청계), 130-131쪽.

139) 정체(政體)의 이해와 관련하여 기존의 헌법학적 논의 맥락을 소개할 필요가 있다. 헌법학자인 옐리네크는 국가의 의사가 헌법상 일 개인의 자연적 의사에 따르는지, 다수인의 의사에 따르는지에 따라 군주국과 공화국으로 나누었다. 국가를 군주국과 공화국으로 분류하는 것은 그 이상 단순화할 수 없는 국가의 기본유형을 의미하는 것이고, 이를 다시 통치형태와 통치방식에 따라 군주국을 세습군주국과 선거군주국, 전제군주국과 제한군주국으로 나누고, 공화국도 귀족공화국과 민주공화국으로 분류한 바 있다. 반면 렘(H.Rehm)은 국가권력의 주권의 보유자에 따라 국가형태를 군주국, 귀족국, 계급국, 민주국으로 분류하고, 통치형태에 따라 민주정과 공화정, 간접민주정과 직접민주정, 연방제와 단일제, 입헌과 비입헌정으로 세분한 바 있다. 일본과 우리나라는 국가권력의 담당자와 국가권력의 행사방법을 기준으로 하는 렘의 복수기준론을 모방하여 주권의 소재를 기준으로 국가를 분류하는 경우 이를 국체라 하고, 국가권력의 행사방법을 기준으로 국가를 분류하는 경우에 이를 정체라고 하는 견해가 있다. 이 입장에 따르면 주권의 소재를 기준으로 하는 국체는 군주국과 공화국으로 분류되고, 국가권력의 행사방법을 기준으로 하는 정체는 전제정체와 제한정체, 민주정체와 독재정체, 직접민주정체와 간접민주정체 등으로 구분된다. 그러나 오늘날 헌법학적 견지에서 볼 때 국가형태와 정부형태의 구별만이 현실적 의미를 가질 뿐 렘의 국체·정체분류론은 이론적 가치가 희박해졌다.

140) 송호근, 『인민의 탄생』, 29쪽.

141) 송호근, 위의 책, 51쪽.

142) David Steinberg, "Civil Society and Human Rights in Korea", *Korea Journal*, Vol. 37, No. 3(1997), pp. 145-165쪽.

143) 오수창, 「18세기 조선 정치사상과 그 전후 맥락」, 40쪽.

144) 오수창, 위의 글, 46쪽.

145) Cho Hein, 1997, "The Historical Origin of Civil Society in Korea", *Korea Journal*, Vol. 37, No. 2, pp. 24-41.

146) 송호근, 『인민의 탄생』, 52쪽.

147) 오수창, 앞의 글, 47쪽.

148) 오수창, 위의 글, 51쪽.

149) 송호근, 앞의 책, 59쪽.

150) 최정운, 2013, 『한국인의 탄생』(서울: 미지북스).

151) 배항섭, 「'근대이행기'의 민중의식: '근대'와 '반근대'의 너머」, 59쪽.

152) 이희주, 2010, 「조선초기의 공론정치」, 『한국정치학회보』 44(4), 5-23쪽; 배병삼, 2005, 「정치가 세종의 한 면모」, 『정치사상연구』 11(2), 13-39쪽; 박현모, 2004, 「조선

왕조의 장기 지속성 요인 연구 1: 공론 정치를 중심으로」, 『한국학보』 30(1), 31-61쪽; 박현모, 2005, 「유교적 공론 정치의 출발: 세종과 수성의 정치론」, 한국·동양정치사 상사학회 엮음, 『한국정치사상사』(백산서당), 239-259쪽; 김영수, 2005, 「조선 공론 정 치의 이상과 현실(I)—당쟁 발생기 율곡 이이의 공론 정치론을 중심으로」, 『한국정 치학회보』 39(5), 7-27쪽; 김영주, 2002, 「조선왕조 초기 공론과 공론 형성 과정 연구: 간쟁, 공론, 공론 수렴 제도의 개념과 종류」, 『언론과학연구』 2(3), 70-110쪽; 김봉진, 2006, 「최한기의 기학에 나타난 공공성」, 『정치사상연구』 12(1), 33-55쪽; 김돈, 1994, 「선조 대 유생층의 공론 형성과 붕당화」, 『진단학보』 (78), 147-171쪽; 김병욱, 2002, 「퇴 계의 질서와 공개념에 관한 검토」, 『동양정치사상사』 1(1), 53-78쪽; 김용직, 1998, 「한 국 정치와 공론성(1): 유교적 공론 정치와 공공 영역」, 『국제정치논총』 38(3), 63-80쪽.

153) 황태연, 「조선시대 국가공공성의 구조변동과 근대화」, 30-31쪽 참조.

154) 이태진, 「민국이념은 역사의 새로운 원동력」, 『고종황제 역사청문회』, 194쪽.

155) 황태연, 앞의 글, 50쪽.

156) 이희주, 2011, 「조선시대 양녕대군과 에도시대 아코우 사건을 둘러싼 이념논쟁」, 『정 치·정보연구』 14(2), 261-286쪽.

157) 이한수, 2004, 「세종시대의 정치」, 『동양정치사상사』 제4권 2호, 151-180쪽; 배병삼, 2005, 「정치가 세종의 한 면모」, 『정치사상연구』 제11집 2호, 13-39쪽.

158) 박현모, 「조선왕조의 장기 지속성 요인 연구 1: 공론 정치를 중심으로」, 31-61쪽; 이희 주, 「조선초기의 공론정치」, 5-23쪽; 이원택, 2002, 「顯宗朝의 復讐義理 논쟁과 公私 관 념」, 『한국정치학회보』 제35집 제4호, 47-65쪽.

159) 김병욱, 2002, 「퇴계의 질서와 공개념에 관한 검토」, 『동양정치사상사』 제1권 제1호, 53-78쪽.

160) 오문환, 1996, 「율곡의 군자관과 그 정치철학적 의미」, 『한국정치학회보』 제30집 2 호, 2025-2038쪽.

161) 김봉진, 2006, 「崔漢綺의 氣學에 나타난 공공성」, 『정치사상연구』 제12집 제1호, 33-55쪽.

162) 구자익, 2009, 「惠岡 崔漢綺의 食貨論」, 『철학논총』 제57집, 361-383쪽.

163) 이현희, 2008, 「동학과 근대성」, 『민족사상』, 9-24쪽; 오문환, 2002, 「동학사상에서의 자율성과 공공성」, 『한국정치학회보』 제36집 2호, 7-23쪽; 오문환, 2005, 「동학에 나타 난 민주주의: 인권, 공공성, 국민주권」, 『한국학논집』 제32집, 179-212쪽.

164) 배항섭, 2013, 「19세기 후반 민중운동과 公論」, 『한국사연구』 161권, 313-347쪽; 원숙 경·윤영태, 2012, 「조선후기 대항 공론장의 특성에 관한 연구」, 『한국언론정보학보』 통권 59호, 92-114쪽; 김용직, 2006, 「개화기 한국의 근대적 공론장과 공론형성 연구: 독립협회와 「독립신문」을 중심으로」, 『한국동북아논총』 제11권 제1호, 335-357쪽; 이 동수, 2006, 「「독립신문」과 공론장」, 『정신문화연구』 제29권 제1호, 5-29쪽; 2007, 「개화 와 공화민주주의: 『독립신문』을 중심으로」, 『정신문화연구』 제30권 제1호, 3-28쪽; 장

명학, 2007, 「근대적 공론장의 등장과 정치권력의 변화: 『독립신문』사설을 중심으로」, 『한국정치연구』 제16집 제2호, 27-54쪽;

165) 이병천 · 홍윤기, 2007, 「두 개의 대한민국을 넘어서: 세계화 시대 시장화 대 공공화의 투쟁, 모두의 '대한 민주공화국'을 위하여」, 『시민과 세계』(상반기 11호, 참여사회연구소), 8-9쪽.

166) 조한상은 "현재 우리 현실에서 사용하고 있는 공공성이라는 말이 전통적으로 우리가 사용해 왔던 개념이라기보다는 외국어를 번역하는 과정에서 생성된 개념"이라고 밝히고 있다. 조한상, 2006, 「헌법에 있어서 공공성의 의미」, 『공법학연구』 제7권 제3호, 253-254쪽.

167) Duden, 1989, *Deutsches Universal Wörterbuch A-Z*, p. 1095.

168) 하버마스, 한승완 역, 2001, 『공론장의 구조변동』(서울: 나남출판), 13쪽 역주 참조. 하버마스의 'Öffentlichkeit' 개념에 대해서는 Jürgen Habermas, trans. by Thomas Burger, 1991, *The Structural Transformation of the Public Sphere*, (The MIT press) ; Craig Calhoun, 1992, edited, *Habermas and the Public Sphere*, (The MIT Press). 참조.

169) 『禮記』〈第九 禮運〉.

170) 맹자는 요 · 순의 선양을 요 · 순 천자가 '王位'와 천하를 순우와 하우에게 준 것이 아니라, 하늘과 같은 백성이 준 것이라고 풀이한다. "하늘이 천하를 주고 뭇사람들이 천하를 주는 것이지, (요순) 천자가 천하를 남에게 줄 수 있는 것이 아니다(天與之 人與之 … 天子不能以天下與人)." 『孟子』 「萬章上」(9-5).

171) 황태연, 「조선시대 국가공공성의 구조변동과 근대화」, 25쪽 참조.

172) 황태연, 2014, 『감정과 공감의 해석학 1』(파주: 청계), 243쪽.

173) 『太宗實錄』 卷 29, 太宗 15年 1月 己未條.

174) 이석규, 1996, 「朝鮮初期 官人層의 民에 대한 認識」, 『역사학보』 제151집, 67쪽.

175) 한승연, 2012, 「조선후기 民國 再造와 民 개념의 변화」, 『한국정치학회보』 제46집 5호, 58쪽.

176) 『太祖實錄』 卷8, 太祖 4年 10月 乙未(5日).

177) 『太宗實錄』 5卷, 3年(1403, 癸未 1年) 6月 17日(癸亥).

178) 『文宗實錄』 3卷, 卽位年(1450, 庚午 1年) 8月 22日(癸巳).

179) 이태진, 1993, 「14-16세기 한국의 인구증가와 신유학의 영향」, 『진단학보』 제76권, 1~17쪽.

180) 이태진, 1990, 「朝鮮王朝의 儒敎政治와 王權」, 『한국사론』 제23집, 221-223쪽.

181) 군주와의 관계는 효종의 경우가 예외적으로 붕당정치의 틀을 잘 활용하여 대외정책을 적극적으로 추진한 사례이지만 대부분의 군주들은 각 붕당의 공론적 구속과 긴장 관계를 형성하는 경우가 많았다. 이태진, 위의 글, 223-225쪽.

182) 조선시대의 공론과 관련한 연구로는 이상희, 1993, 『조선조 사회의 커뮤니케이션 현상연구』(서울: 나남); 김영수, 「조선 공론 정치의 이상과 현실(I)—당쟁 발생기 율곡 이

이의 공론 정치론을 중심으로」, 7-27쪽; 김영주, 「조선왕조 초기 공론과 공론 형성 과
정 연구: 간쟁, 공론, 공론 수렴 제도의 개념과 종류」, 70-110쪽; 김용직, 「한국 정치와
공론성(1): 유교적 공론 정치와 공공 영역」, 63-80쪽 참조.

183) 조선 붕당론의 내적 모순에 대해서는 오수창, 2012, 「18세기 조선 정치사상과 그 전
후 맥락」, 『역사학보』 제213집, 27-31쪽 참조.

184) 이중환, 허경진 역, 1999, 『택리지』(고양: 한양출판), 209-210쪽.

185) 이태진, 1999, 「18세기 韓國史에서의 民의 사회적·정치적 位相」, 『진단학보』 제88
권, 257쪽.

186) 『英祖實錄』 卷 45, 英祖 13年 9月 己丑.

187) 『英祖實錄』 卷 41, 英祖 12年 5月 丁未.

188) 팽형(烹刑)은 나라의 재물이나 백성의 재물을 탐하는 자를 물 끓인 솥에 넣어 삶아
죽이는 공개형을 말한다.

189) 『英祖實錄』, 영조13년 8월 13일조.

190) 『승정원일기』 영조 4년 3월 10일(경신) 657책. "副校理朴文秀疏曰…雖有願治之主
有志之臣 亦末如之何…與之同心同德, 畏天敬民 朝夕納誨 左右厥辟, 然後乃能回景命
於旣墜, 保邦家於已危(이하 생략)"

191) 『승정원일기』 영조 51년 3월 24일 (신미) 1361책.

192) 박광용, 2012, 「조선의 18세기」, 『역사학보』 第213輯, 13쪽.

193) 『英祖實錄』 卷 71, 英祖 26年 7月 癸卯(3日).

194) 박광용, 앞의 글, 14쪽.

195) 한승연, 앞의 글, 61-63쪽.

196) 이태진, 2011, 「조선시대 '민본' 의식의 변천과 18세기 '민국' 이념의 대두」, 이태진·
김백철 엮음, 『조선후기 탕평정치의 재조명 上』(파주: 태학사), 34-35쪽.

197) 황태연, 「조선시대 국가공공성의 구조변동과 근대화」, 47-50쪽 참조.

198) 이태진, 『새韓國史』, 472쪽.

199) 이태진, 「18세기 韓國史에서의 民의 사회적·정치적 位相」, 262쪽.

200) 황태연, 「조선시대 국가공공성의 구조변동과 근대화」, 130쪽.

201) 이태진, 앞의 책, 474-477쪽.

202) 필자는 공공성의 상호적 관계를 중심으로 하는 입장에서 17세기 붕당정치와 18세기
탕평정치, 19세기 세도정치 시기를 각기 구조적 변화의 시기로 파악하고 있으나 이러
한 해석과 이와 상반된 입장도 존재한다. 이에 대해서는 오수창, 1991, 「세도정치를
다시 본다」, 『역사비평』 제12권, 138-139쪽, 149-150쪽; 오수창, 2012, 「18세기 조선 정
치사상과 그 전후 맥락」, 『역사학보』, 제213집, 39-40쪽 참조.

203) 『춘향전』에 나타난 春香의 저항도 국가권력에 대한 것이었다. 춘향전 안의 사회적
갈등의 핵심은 春香이 대표하는 民 일반 대 국가권력, 즉 불법적 관권 사이의 대립이
다. 오수창, 「18세기 조선 정치사상과 그 전후 맥락」, 40-41쪽.

204) 고성훈 외 지음, 『민란의 시대』, 149-177쪽.

205) 한승연, 앞의 글, 59쪽.

206) 이석규, 앞의 글, 41쪽.

207) 『睿宗實錄』 예종 5년 1권(1469 己丑) 5월 15일(戊戌) 戊子八月二十八日, 命鐲丙戌年 以上諸司奴婢身貢未收, 而已收之物勿減. 因此諸邑守令, 濫用已收布物者, 皆去其籍, 反稱未收, 鐲減之惠不及民, 甚爲未可.

208) 이석규, 위의 글, 67-68쪽.

209) 한승연, 「조선후기 民國 再造와 民 개념의 변화」, 58-63쪽 참조.

210) 이태진, 「18세기 韓國史에서의 民의 사회적·정치적 位相」, 252쪽.

211) 이태진, 위의 글, 255쪽.

212) 이태진, 「조선시대 '민본' 의식의 변천과 18세기 '민국' 이념의 대두」, 33쪽.

213) 박광용, 앞의 글, 16쪽.

214) 韓相權, 1996, 『朝鮮後期 社會와 訴冤制度』(서울: 일조각), 103-104쪽.

215) 박광용, 앞의 글, 16쪽.

216) 정옥자, 앞의 책, 327-329쪽.

217) 김선경, 2006, 「19세기 농민 저항의 정치」, 『역사연구』(16), 110-111쪽.

218) 배항섭은 매관매직과 수탈은 신분질서를 와해시키고, 이후 민들의 저항운동으로 이어지는 계기가 되었다고 지적한다. 배항섭, 1992, 「19세기 후반 '변란'의 추이와 성격」, 한국역사연구회 편, 『1894년 농민전쟁연구 2』(서울: 역사비평사), 263-264쪽.

219) 이태진, 『새한국사』, 490-491쪽 참조.

220) 배항섭, 「19세기 후반 민중운동과 공론」, 『한국사연구』(161), 326-327쪽.

221) 박맹수, 2009, 『사료로 보는 동학과 동학농민혁명』(서울: 모시는사람들), 245쪽.

222) 대표적 편견이 시민혁명의 부재를 전제로 한 자학사관이다. 우리는 한 번도 왕의 목을 치지 못한 나라이기 때문에 시민사회 혁명이 결여되었음은 물론 시민 없는 공화국이기 때문에 전근대의 부정적 요소를 고스란히 물려받은 왜곡된 시민사회라는 견해가 그것이다. 이러한 자학사관은 근대화 논의와 결부하여 한국 사회를 설명할 때 흔히 '비동시성의 동시성'이라는 입장을 표출한다. 한홍구, 2002, 「한국의 시민사회, 역사는 있는가」, 『시민과 세계』(1), 91-110쪽; 송호근, 2011, 「공론장의 역사적 형성과정: 왜 우리는 不通社會인가?」, 『한국 사회의 소통위기: 진단과 전망』, 〈한국언론학회 심포지움 발표문〉, 27-48쪽 참조. 그러나 앞선 제I장에서 살펴보았듯이 근대로의 전환이 갖는 중첩적 특성, 즉 비동시성의 동시성은 한국의 부정적 양상이 아니라 근대화의 보편적 특징이다. 이에 대해서는 페리 엔더슨, 『절대주의 국가의 계보』, 15쪽 참조.

223) 한국사회학회·한국정치학회 편, 1992, 『한국의 국가와 시민사회』(한울); 최장집·임현진 공편, 1993, 『시민사회의 도전』(나남); 김호기, 1993, 「그람시적 시민사회론과 비판이론의 시민사회론: 한국적 수용을 위한 비판적 탐색」, 『경제와 사회』 19권, 1-21쪽; 유팔무·김호기 엮음, 1995, 『시민사회와 시민운동』(한울); 정태석, 2006, 「시민사

회와 사회운동의 역사에서 유럽과 한국의 유사성과 차이」, 『경제와 사회』, 72권 겨울호, 125-147쪽 외 다수.

224) 계급이론적 차원에서 한국의 시민사회 형성을 설명하려는 시도로는 고성국, 1992, 「한국 시민사회의 형성과 발전」, 『아시아문화』(10), 181-203쪽. 한국사회성격 논쟁과 관련하여 '공민' 개념을 경제사적 측면에서 제기한 논의로는 최배근, 1993, 「시민사회(론)의 불완전성과 '公民'의 역사적 성격」, 『경제와 사회』(19), 59-77쪽. '자유', '권리', '국민'과 같은 서구 근대정치개념의 한국적 '수용' 또는 '대입'에 관한 논의를 중심으로 접근한 연구로는 유병용, 2002, 「한국 시민사회의 형성과 성격에 관한 재검토: '자유'와 '권리'의 동양적 이해를 중심으로」, 『韓國政治外交史論叢』 24(1), 141-165쪽; 오문환, 2005, 「동학에 나타난 민주주의: 인권, 공공성, 국민주권」, 『한국학논집』(32), 179-212쪽; 김윤희, 2009, 「근대 국가구성원으로서의 인민 개념 형성(1876-1984)」, 『역사문제연구』(21), 295-331쪽; 심인보, 2006, 「19세기말 미국농민운동과 동학농민운동의 비교사적 검토와 시론(I)」, 『東學硏究』(21), 131-158쪽. 일제 강점기 하에서 종교계와 민족운동 진영 등의 시민단체 활동 등 식민시기 결사체 활동에 대한 논의는 장규식, 1995, 「1920-30년대 YMCA 농촌사업의 전개와 그 성격」, 『한국기독교와 역사』(4), 207-261쪽; 장규식, 2002, 「YMCA학생운동과 3·1운동의 초기 조직화」, 『한국근현대사연구』(20, 봄), 108-140쪽; 성주현, 2008, 「일제강점 천도교청년당의 대중화운동」, 『한국독립운동사연구』(30), 257-297쪽; 이현주, 2003, 「일제하 (수양)동우회의 민족운동론과 신간회」, 『정신문화연구』, 26(3, 가을호), 185-209쪽; 방상근, 2006, 「18-19세기 서울지역 천주교도의 존재 형태」, 『서울학연구』(26), 46-74쪽 참조.

225) Cho Hein, 1997, "The Historical Origin of Civil Society in Korea", *Korea Journal,* Vol. 37, No. 2, pp. 24-41.

226) David Steinberg, 1997, "Civil Society and Human Rights in Korea", *Korea Journal*, Vol. 37, No. 3, pp. 145-165; John Duncan, 2006, "The problematic modernity of Confucianism: the question of 'civil society' in Choson Dynasty Korea", in Charles K. Armstrong eds, *Korean Society: Civil Society, Democracy and the State*(London: Routledge), pp. 33-52. 던컨은 이미 1992년에 "The Problematic Modernity of Confucianism: the Question of 'Civil Society' in Choson Dynasty Korea" in C. A. Armstrong ed., *Korean Society: Civil Society, Democracy and the State*(London: Routledge), pp. 36-56을 통해 조선시대 시민사회와 관련한 부정적 입장을 제시한 바 있다. 이 논쟁의 연장선에서 제시된 논의로는 조혜인, 2009, 『공민사회의 동과 서: 개념의 뿌리』(파주: 나남); 2012, 『동에서 서로 퍼진 근대 공민사회』(파주: 집문당), 김영민, 2013, 「조선시대 시민사회론의 재검토」, 『한국정치연구』 21(3), 1-21쪽; 이영재, 2014, 「조선시대 '시민사회' 논쟁의 비판적 재해석」, 『정신문화연구』(135), 149-180쪽 참조.

227) 김영민, 앞의 글, 18쪽.

228) 이영재, 앞의 책, 111-112쪽.

229) 송호근, 앞의 책, 100쪽 참조.

230) Mark E. Warren, 2001, *Democracy and Association*(Princeton: Princeton University Press), p. 39.

231) 마키버(MacIver)는 커뮤니티(community)를 마을이나 소도시, 또는 국가와 같이 일정한 지역적 경계 안에서 공통의 생활을 하는 생활지역을 지칭하는 개념으로 사용하면서, 공동의 관심사를 추구하기 위해 인위적으로 만든 결사체와 대비하여 설명한다. Robert. M. MacIver, 1970, *On Community, Society, and Power*, ed. by Leon Barmson(The University of Chicago Press), pp. 29-30. 결사체와 관련하여 최근 마키버나 퇴니스 등의 이분법적 구분에 비판을 제기하고 공동체, 조직체, 결사체 등의 구분이 필요하다는 논의 등이 제기되고 있다. 이에 대해서는 전병재, 2002, 「공동체와 결사체」, 『사회와 이론』(1) 창간호, 49-78쪽 참조.

232) 송호근, 앞의 책, 32쪽.

233) 송호근, 위의 책, 105-107쪽.

234) 송호근, 위의 책, 36쪽.

235) 송호근, 위의 책, 54쪽.

236) 송호근, 위의 책, 49쪽.

237) 대동사상에 대해서는 제4장에서 구체적으로 다룬다.

238) 나종석, 앞의 책, 515쪽.

239) 여기에 당시의 이상사회론, 참위사상 등이 결합되어 때로는 민의 종교적 회원으로, 때로는 저항의 동력으로 기능해 왔다. 이영재, 앞의 책, 109-110쪽 참조.

240) John Duncan, "The problematic modernity of Confucianism: the question of 'civil society' in Choson Dynasty Korea", in Charles K. Armstrong eds, *Korean Society: Civil Society, Democracy and the State*(London: Routledge, 2006), pp. 33-52. 참고로 던컨은 이미 1992년에 "The Problematic Modernity of Confucianism: the Question of 'Civil Society' in Choson Dynasty Korea" in C. A. Armstrong ed., *Korean Society: Civil Society, Democracy and the State*(London: Routledge, 1992), pp. 36-56을 통해 조선시대 시민사회와 관련한 부정적 입장을 제시한 바 있다.

241) 조혜인, 2012, 『동에서 서로 퍼진 근대 공민사회』(집문당), 146쪽.

242) 김영민, 앞의 글, 1-21쪽. 특히 김영민의 연구는 조혜인과 스타인버그, 던컨의 논점 외에 역사학자인 자현 하부쉬(Jahyun Kim Haboush)가 주목한 국가와 구분되는 공공영역으로서의 서원에 대한 분석을 소개함으로써 조선시대 시민사회를 둘러싼 이해의 폭을 넓혀 주고 있다.(같은 글 7-8쪽)

243) Cho Hein, "The Historical Origin of Civil Society in Korea", p. 25.

244) Steinberg, "Civil Society and Human Rights in Korea", p. 148.

245) Duncan, "The problematic modernity of Confucianism: the question of 'civil society'

in Choson Dynasty Korea", p. 50.

246) Steinberg, "Civil Society and Human Rights in Korea", pp. 150-151.

247) 송호근, 앞의 책, 30쪽.

248) Antony Black, 1984, *Guilds and Civil Society in European Political Thought from the Twelfth Century to the Present*(Cambridge Univ. Press).

249) *societas civilis*까지 개념사를 확장하는 이유는 국가와 사회의 합일상태를 의미하는 *societas civilis*와 달리 근대 시민사회는 국가와 사회의 분리를 그 특징으로 한다는 점을 도출하기 위해서였다.

250) G. W. F. Hegel, 1821, *Grundlinien der Philosophie des Rechts*, translated by T. M. Knox, 1967, Hegel's Philosophy of Right(Oxford University), p. 189.

251) Hegel, *Hegel's Philosophy of Right*, p. 354.

252) 자유주의적 Civil Society 또는 헤겔적 'burgerliche Gesellschaft'와 구별하기 위해 근래 독일 좌파 이론가들은 이 그람시적 '시민사회' 개념(국가와 경제 양자에 대해 구별되는 사회적 상부구조로서의 시민사회 개념)을 *Zivilgesellschaft*(또는 *Zivile Gesellschaft*)라는 신조어로 표기하고 있다. 황태연, 1996, 『지배와 이성』(창작과 비평사), 40쪽. 리델은 고전적 societas civilis 패러다임 붕괴가 헤겔(Hegel)의 『법철학』에서 완성되었다고 주장한다. Manfred Riedel, 1969, *Studien zu Hegels Rechtsphilosophie*(Frankfurt am Main: suhrkamp Verlag), 황태연 역, 1983, 『헤겔의 사회철학』(한울), 55-57쪽. 코헨(J. Cohen)과 아라토(A. Arato) 역시 헤겔의 '시민사회'(bürgerliche Gesellschaft)로부터 근대적 시민사회 개념의 이론적 종합이 이루어졌다고 말한다. J. L. Cohen & A. Arato, 1992, *Civil Society and Political Theory*(MIT press), pp. 91-92. 반면, 킨은 페인(T. Paine)의 『인간의 권리(*Rights of Man*)』가 사회와 정부의 차이를 제대로 드러내고 있다고 주장한다. J. Keane, 1988, *Democracy and Civil Society*(London: Verso), p. 36ff.

253) 조혜인, 2009, 『공민사회의 동과 서: 개념의 뿌리』(나남), 20쪽.

254) 참여사회포럼, 2014, 「시민의 탄생과 진화: 한국인들은 어떻게 시민이 되었나?」 『시민과 세계』 제24호, 281쪽.

255) Karl Marx, 1975, "Contribution to the Critique of Hegel's Philosophy of law", in *Karl Marx Frederick Engels Collected Works 3*, (Moscow: Progress Publishers), 79-80쪽.

256) 조혜인의 논지에 따르면, "시민사회와 민주주의는 근대 역사에서 서로를 강화해 주는 역할을 하지만, 그 기원은 서로 다른 맥락에서 출발했다. 민주주의는 시민사회와 특정적 연관이 없는 고대 그리스로부터 도출되었다. 시민사회는 실제 민주주의가 충분히 발전하지 않았던 근대 영국에서 탄생한 개념"이기 때문에 조선에서 시민사회를 운위하지 못할 이유가 없다는 것이다. Cho Hein, "The Historical Origin of Civil Society in Korea", pp. 25-26. 물론 국가로부터의 자율성을 시민사회의 중요한 전제로 보는 조혜인은 조선을 사회를 장악할 수 있는 충분한 힘을 가진 관료제적 근대국가로

포착한다. Cho Hein, "The Historical Origin of Civil Society in Korea", p. 27.

257) Steinberg, "Civil Society and Human Rights in Korea", pp.149-154.

258) 김인걸, 1988, 「조선후기 향촌사회 권력구조의 변동과 '民'」, 『한국문화』 제9집, 321-331쪽.

259) 이태진, 「18세기 韓國史에서 民의 사회적 · 정치적 위상」, 253쪽.

260) 조혜인, 앞의 책, 140-141쪽.

261) 조혜인, 위의 책, 141쪽.

262) 황태연, 「조선시대 국가공공성의 구조변동과 근대화」, 51쪽.

263) 백승종, 『정감록 역모사건의 진실게임』, 172-174쪽 참조.

264) 이태진, 『고종시대의 재조명』, 257쪽; 이태진, 「18세기 韓國史에서의 民의 사회적 · 정치적 位相」, 253-6쪽.

265) 『朝鮮王朝實錄』 현종 1년 9월 2일(갑인) 1번째 기사.

266) 『朝鮮王朝實錄』 숙종 6년 5월 25일(계축) 1번째 기사. 숙종 10년 8월 21일(갑인) 1번째 기사.

267) 이태진, 「조선후기 양반사회의 변화」, 552쪽; 이태진, 2011, 『한국사회사연구』(파주: 지식산업사).

268) 김용민, 1994, 「1860년대 농민항쟁의 조직기반과 민회」, 『史叢』(43), 50-55쪽 참조.

269) 조선후기 향권의 추이에 주목한 초기 연구로는 김인걸, 1981, 「朝鮮後期 鄕權의 추이와 지배층 동향: 忠淸道 木川縣 事例」, 『한국문화』 제2집, 167-251쪽; 李海濬, 1985, 「朝鮮後期 晋州地方 儒戶의 實態: 1832년 晋州鄕校修理記錄의 分析」, 『진단학보』 제60호, 79-100쪽 참조.

270) 김인걸, 1990, 「17, 18세기 향촌사회 신분구조변동과 '儒 · 鄕'」, 『한국문화』 제11집, 308, 318쪽.

271) 김용덕, 1978, 『향안연구』, 한국연구원; 김인걸, 1988, 「조선후기 향촌사회 권력구조 변동에 대한 시론」, 『한국사론』 제19권, 318-323쪽; 김인걸, 「17, 18세기 향촌사회 신분구조변동과 '儒 · 鄕'」, 308쪽.

272) 「承政院日記」 英祖 51년 3월 1일.

273) 김인걸, 「17, 18세기 향촌사회 신분구조변동과 '儒 · 鄕'」, 321-322쪽.

274) 「朝鮮王朝實錄」 英祖 48년 12월 28일(무자) 4번째 기사.

275) 김인걸, 앞의 글, 324-334쪽.

276) 김인걸, 위의 글, 337-340쪽.

277) 조윤선, 1999, 「조선후기의 田畓訟과 法的 대응책: 19세기 民狀을 중심으로」, 『민족문화연구』(29), 295-301쪽.

278) 박명규, 1993, 「한말 향촌사회의 갈등구조: 民狀의 분석」, 『93 한국사회학대회 발표문』, 96쪽.

279) 김인걸, 1989, 「조선후기 촌락조직의 변모와 1862년 농민저항의 조직기반」, 『진단학

보』 제67호, 68쪽.

280) 이 각각의 성격에 따른 향회의 차이에 대해서는 김용민, 앞의 글, 55-61쪽 참조.

281) 두레는 농업과 관련된 공동노동조직의 명칭이라고 할 수 있는데, 좀더 구체적으로는 세 가지 견해로 총괄할 수 있다. 첫째, 두레는 공동노동과 밀접하게 연관되어 발생한 언어다. 노동 중에서도 농업노동과 밀접하게 결부되어 발전했다. 용두레·맞두레 같은 농기구에 두레가 포함된 것이나 길쌈에 두레가 원용된 것이 증거다. 둘째, 두레는 '윤번'으로 돌아가면서 농사를 지어주는 것이므로, 어원상으로 품앗이형에 가깝다. 사적 노동이 발생하면서 가장 먼저 생긴 노동 관행이 품앗이 형태였으며, 이 품앗이 형태에서 후대에 두레가 분화된 것으로 보인다. 셋째, 두레는 계(契)·도(徒)·접(接) 따위의 한자식 조직 명칭에 대응한 순수국어의 조직명이었을 가능성이 높다. 두레는 애초에 '두르다'에서 나온 말로 공동체 자체를 의미했다. 주강현, 2006, 『두레: 농민의 역사』, 파주: 들녘, 83쪽.

282) 농업기술사적으로는 이미 조선초기의 『농사직설』에서 완벽한 수준의 이앙법이 소개되지만, 이앙법이 확산되는 데는 수백 년이 걸렸다. 이앙법이 확산된 것은 대략 17세기 후반이었다. 이앙법이 금지된 이유는 자칫하면 한재(旱災)로 인해 이앙할 적기를 놓쳐실농할 우려가 있다는 점이 가장 큰 이유였다. 그런데 조선후기 농민들은 생산력이 높은 이앙법을 요구했고 부득이하게 국가도 이를 승인하지 않으면 안 될 지경에 이르게 되었다. 이렇듯 지배층의 금압을 이겨내면서 이앙법이 확산된 이면에는 4-5백 년에 걸친 농민들과 지배층 관계에서 생산대중의 요구가 관철된 자주적 흐름이 관통되고 있음을 주목해야 한다. 주강현, 위의 책, 121-126쪽 참조.

283) 이태진, 「17·18세기 향도(香徒)조직의 분화와 두레의 발생」, 459-460, 462쪽; 주강현, 『두레: 농민의 역사』, 6쪽 참조.

284) 주강현, 앞의 책, 84-101쪽 참조.

285) 주강현, 위의 책, 128쪽.

286) 주강현, 위의 책, 206, 391-401, 434-435쪽 참조.

287) 신용하, 앞의 글, 87쪽.

288) 노용필은 초고본 『동학사』(4책)과 간행본 『동학사』를 비교 분석하여, 폐정개혁 12개 조항의 경우에도 몇 조항에서 초고본과 간행본이 불일치한다는 점을 지적하였다. 특히 폐정개혁안 중, '토지의 평균 분작'과 '농군의 두레법 장려' 조목이 초고본 『동학사』에만 수록되어 있는 이유에 대해 의문을 표시한다. 그는 이 조항들이 집강소의 폐정개혁안 자체에 포함되어서 실제로 행해졌던 토지개혁 정책이라기보다는 만주 집단 이주를 통해서까지 그토록 혁신적으로 실현해 보고자 했던 오지영의 토지개혁 방안으로 결론내린다. 노용필, 1989, 「오지영의 인물과 저작물」, 『동아연구』(19), 55-104쪽.

289) 이태진, 「17·18세기 향도(香徒)조직의 분화와 두레의 발생」, 463쪽.

290) 이태진, 위의 글, 469-471쪽 참조.

291) 황태연, 『한국근대화의 정치사상』, 595쪽.

292) 주강현, 앞의 책, 463쪽 참조.

293) 송호근, 2010, 「인민의 진화와 국문담론」, 『개념과 소통』(6), 64쪽.

294) 정순우, 2013, 『서당의 사회사: 서당으로 읽는 조선교육의 흐름』, 파주: 태학사.

295) 고동환, 2007, 「조선후기 도시경제의 성장과 지식세계의 확대」, 265-266쪽. 한림대학교 한국학연구소 편, 『다시 실학이란 무엇인가』(서울: 푸른역사).

296) 황태연, 『한국 근대화의 정치사상』, 368-369쪽.

297) 김필동, 1990, 「契의 역사적 분화·발전 과정에서 관한 試論: 朝鮮時代를 중심으로」, 『사회와 역사』 제17권, 72쪽.

298) 정순우, 『서당의 사회사: 서당으로 읽는 조선교육의 흐름』, 480쪽.

299) 『朝鮮王朝實錄』, 영조 32년 10월 4일. 2번째 기사.

300) 『朝鮮王朝實錄』, 정조 7년(1738) 10월 29일. 3번째 기사

301) 『朝鮮王朝實錄』, 영조 9년 8월 7일. 4번째 기사

302) 정신문화원 편, 2002, 『국역 정선총쇄록』(경인문화사), 67쪽, 97-98쪽; 배항섭, 2010, 「19세기 지배질서의 변화와 정치문화 변용」, 『韓國史學報』(39), 120쪽 재인용.

303) 서당훈장과 학생수에 대한 당대의 통계수치는 전해진 것이 없다. 그러나 일제의 한국강점 직후의 통계를 이용해 추산해 볼 수 있을 것이다. 대한제국기에 서당 수는 국공립·사립 신식학교가 전국 각지에서 우후죽순처럼 설치되면서 급감하여 대한제국 말에 16,500개소, 서당학생은 140,000명이었을 것으로 추정된다. 그러나 일제가 1907년 교육권을 장악하고 대한제국기 반일·애국학교들, 특히 그들이 직접 장악할 수 없는 사립학교를 대거 폐쇄하여, 사립학교는 1910년 1,973개소에서 1919년 690개소로 급감했다[박득준, 1989, 『조선근대교육사』(서울: 한마당), 213-214쪽]. 다른 한편, 일제는 일시적으로 전근대적 서당교육의 확산을 유도했다. 그리하여 일제강점 후 서당은 16,500개소에서 23,500개소로, 서당학생 수는 140,000명에서 268,000명으로 급증했다[박성수 주해, 2003, 『저상일월(渚上日月)』(서울: 민속원), 434-435쪽]. 아마 다시 늘어난 이 서당·학생수 통계치가 대한제국 이전의 서당·학생의 수였을 것으로 추정된다. 고동환은 1918년 당시 서당 21,619개소에 훈장은 21,750명, 학생은 252,595명이었다고 한다. 고동환, 앞의 글, 265-266쪽. 이 통계상의 서당·학생수는 『저상일월』의 그것과 대동소이하고, 훈장에 대한 통계정보가 더해져 있다. 이것을 미루어 추정하면, 18세기 말 또는 19세기 전반에 걸쳐 조선의 서당 수는 2만3-5천여 개소, 훈장 수는 2만1천여 명, 학생 수는 25-26만여 명선에서 등락했을 것이다. 황태연, 『한국 근대화의 정치사상』, 369-370쪽 재인용.

304) 고동환, 위의 글, 264-265쪽.

305) 황태연, 『한국근대화의 정치사상』, 596쪽.

306) 송찬섭은 향회가 변질되어 가면서 구성원 가운데 일부가 떨어져 나오거나 향회의 하부조직이 이탈하면서 농민항쟁에 이용되는 측면을 볼 수 있는데, 향회는 이런 정도의 역할 이상은 하지 않은 것으로 본다. 결정적으로 향회는 일반민이 참여할 수 있는 기

구도 아니고 농민을 직접 대변하거나 농민을 위한 저항조직으로서의 발전 가능성도 없다고 본다. 송찬섭, 1997, 「농민항쟁과 민회」, 『역사비평』(37), 382-392쪽.

307) 김용민, 앞의 글, 63-66쪽 참조.

308) 김용민, 위의 글 69-70쪽 참조.

309) 송찬섭, 앞의 글, 382-392쪽 참조.

310) 권농·훈장과 이임·좌상·두민이 대·소민이 다 모여 민의를 수렴하는 '리회'는 조선전기부터 군역·전결세·잡역세를 의정하는 단위로 중시되어 온 유력한 의정기관이었다. 면 단위 회의는 면회로 불렸다. 소민들도 참여해 민이 주체가 된다는 인식에서 리회나 면회도 때로 '민회'로 불렸다. 가령 고성현 춘원면 면회에 관한 「경상감영계록啓錄」에서 "泉洞 유학 서석준은 … 다음 날 17일 서포루 민회에 가 참석했다"고 기록하였다. 또 『일성록』의 임술년 6월 10일 개령민란 기록에서는 "올 4월 7일 여아의 본래 아비가 와서 말하기를 '오늘 민회가 있다'고 했다"고 하여 '읍회'를 '민회'로 부르기도 한다. 김용민, 앞의 글, 63-70쪽 참조.

311) 『日省錄』, 철종13년(1862) 6월 24일; "금일 민회는 관아여종과 관부의 소유로 넘겨진 자들을 되돌려 받았다고 한다."(今日民會 衙婢屬公者 皆爲還推云).

312) 『日省錄』, 철종13(1862)년 6월 24일: "汝往民會所 以散去之意 曉諭使之退去云云." 또 동학농민혁명 당시에도 이인민회소, 진천민회소 등에 전령을 내린 기록이 있다. 『동학농민혁명 국역총서』 4권(금번집략) 〈별감(別甘)〉.

313) 김용민, 앞의 글, 72-73쪽.

314) 김용민, 위의 글, 73쪽.

315) 『承政院日記』, 고종19년(1882) 11월 19일: "抑制官長之貪虐自政府 行關各道各邑, 定式之外 官長官吏之如有濫捧之弊 大小民會于邑底 呈于本邑, 而本邑未伸 呈于營門, 營門未伸 呈于政府 政府未伸 造起高樓於御座相望之地 繫銅索一段於御座門簷前 懸一大鈴, 令民撓鈴听上 以爲罷黜之典."

316) 배항섭, 「19세기 지배질서의 변화와 정치문화의 변용」, 128-129쪽 참조.

317) 정진영, 「19세기 향촌사회 지배구조와 대립관계」, 293쪽.

318) 박찬승, 2003, 「1894년 농민전쟁의 주체와 농민군의 지향」, 한국역사연구회, 『1894년 농민전쟁 연구(5)』, 역사비평사. 99-100쪽 참조.

319) 魚允中, 「宣撫使再次狀啓」, 상121쪽, 『東學亂記錄(上)』, 「聚語·報恩官衙通告」(癸巳三月十日, 東學人樹書, 于三門外). 『한국사료총서(10)』, 국사편찬위원회 한국사데이터베이스.

320) 『東學亂記錄(상1)』, 上123, 上409 등.

321) 고석규, 「19세기 농민항쟁의 전개와 변혁주체의 성장」, 347쪽.

322) 『高宗實錄』, 고종35년(1898) 10월 23일(윤치호 상소); 11월 17일(고영근 상소) 등. 정교는 독립협회 활동을 기록한 '독립협회일기'도 '민회실기'라고 부른다. 鄭喬, 『民會實記(獨立協會日記)』(규장각 소장). 『민회실기』의 내용은 『대한계년사』와 대동소이하

다. 이에 대해서는 황태연, 『한국 근대화의 정치사상』, 600-601쪽 참조.

323) 기축사화로 정여립과 친교가 있거나 동인이라는 이유로 처형된 선비의 숫자가 무려 1,000명에 이르렀다. 전라도가 반역향으로 불리게 된 계기도 기축사화이다. 정여립의 자결로부터 자그마치 5세기 만에 대동사상기념사업회가 만들어져 "모든 사람이 평등하고 자유로운 세상을 꿈꾼 조선시대 혁명가 정여립을 기리는" 기념사업을 추진하고 있다. 《전북일보》(2018.3.25. 일자)

324) 김상준, 2005, 「대중 유교로서의 동학」, 『사회와 역사』(68), 167-169쪽 참조.

325) 대표적으로 『동경대전』 「논학문」, 「수덕문」; 『용담유사』 「도덕가」 등 참조.

326) 윤사순, 1998, 「동학의 유교적 성격」, 『동학사상의 재조명』(영남대학교출판부), 106쪽.

327) 『禮記』 「第九禮運」 "그런데 지금은 대도가 숨어 버렸고 천하는 가(家)가 되었고(天下 爲家) 각기 제 어버이를 친애하고 각기 제 자식을 사랑하고 재화와 힘은 자기를 위한다. 대인(치자)은 세습을 예로 삼는다. 성곽과 해자(垓字)를 방위시설로 삼는다. 예와 의를 기강으로 삼아 군신을 바르게 하고 부자를 독실하게 하고 형제를 화목하게 하고 부부를 화합하게 하고 제도를 설치하고 전리(田里, 동네)를 세우고 용기와 지혜를 받들고 공을 세워 자기를 위한다. 그러므로 계모가 이를 틈타 작용하고 전쟁도 이로 말미암아 일어난다. 우·탕·문·무·성왕·주공은 이 때문에 잘 다스렸다. 이 여섯 군자는 예에 신중하지 않은 적이 없었다. 이 예로써 그 의리를 드러내고 신의를 이루었다. 과오를 드러나게 하고, 인(仁)을 강제하고(刑仁), 겸양을 외게 하고, 백성에게 공시하는 것이 상례다. 이 예에 따르지 않는 자가 있다면, 권세가 있는 자도 백성을 버리게 되어 재앙이 된다. 이것을 일러 소강이라고 한다."

328) 나종석, 앞의 책, 515쪽.

329) 공자의 대동사상에 기반하여 공맹 양민철학의 비교철학적 재조명을 시도하고 있는 논의로는 황태연, 「서구 자유시장론과 복지국가론에 대한 공맹과 사마천의 무위시장 이념과 양민철학의 영향: 공자주의 경제·복지철학의 보편성과 미래적 함의에 관한 비교철학적 탐색」, 『정신문화연구』 제35권 제2호(2012), 316-410쪽 참조.

330) 『禮記』 「第九 禮運」 大道之行也, 天下爲公, 選賢與能, 講信修睦. 故, 人, 不獨親其親, 不獨子其子, 使老有所終, 壯有所用, 幼有所長, 矜寡孤獨廢疾者, 皆有所養, 男有分, 女有歸, 貨惡其棄於地也, 不必藏於己, 力惡其不出於身也, 不必爲己. 是故, 謀閉而不興, 盜竊亂賊而不作, 故, 外戶而不閉, 是謂大同. 참고로 「예운」의 진위여부를 둘러싸고 많은 논의가 있어 왔다. 특히 송대 이후에 「예운」의 사상을 공자의 사상이 아니라 묵자나 도가 사상의 영향을 받은 것으로 보는 입장이 강했다. 이에 대해서는 순샤오(孫曉), 김경호 옮김, 2015, 『한대 경학의 발전과 사회변화』, 성균관대학교출판부, 227-234쪽; 나종석, 『대동민주 유학과 21세기 실학』, 515쪽 참조. 그러나 「예운」의 설명이 설령 공자에게서 직접 유래한 것이 아니라고 해도 대동의 의미가 변하는 것은 아니다.

331) 『孟子』, 「梁惠王下 5」 對曰 "昔者文王之治岐也, 耕者九一, 仕者世祿, 關市譏而不征, 澤梁無禁, 罪人不孥. 老而無妻曰鰥, 老而無夫曰寡, 老而無子曰獨, 幼而無父曰孤. 此四者, 天下之窮民而無告者. 文王發政施仁, 必先斯四者. 詩云 '哿矣富人, 哀此㷀獨.'"

332) 나종석, 앞의 책, 516쪽 참조.

333) 인간존중에 기초한 보편적 평등의 관점에 대해서는 조순, 2006, 「東學의 經全에 나타난 人間觀: 휴머니즘을 바탕으로 한 평등주의」, 『동학연구』(제21집), 1-15쪽 참조.

334) 『東經大全』 「論學文」, 윤석산 주해, 2009, 『東學經典』, 동학사, 94쪽.

335) 「도덕가」는 오늘날 천도교단에서 쓰는 '사계명'의 의미를 담고 있다. 모든 세상 사람들이 한울님을 도와 덕을 올바르게 지키기 위해서는 번복지심(飜覆之心)을 두지 말아야 하며, 물욕교폐(物慾交蔽)를 하지 말며, 헛말로 유인하지 말고, 안으로 불량하고 겉으로 꾸며내지 말라는 가르침을 담고 있다. 윤석산 주해, 『東學經典』, 485쪽.

336) 『용담유사』 「도덕가」, 윤석산 주해, 『東學經典』, 491쪽.

337) 『天道敎史』(京城: 천도교총부교화관, 1942), 117쪽; 리종현, 1995, 「최제우와 동학」, 『갑오농민전쟁 100돌 기념논문집』(서울: 집문당), 37쪽에서 재인용.

338) 유형원, 1994, 『반계수록』(명문당), "卷10 敎選之制 下-貢擧事目" 181쪽.

339) 정약용, 1989, 『牧民心書(IV)』(창작과비평사), "第七卷(續) 禮典·辨等" 334쪽.

340) 『용담유사』 「안심가」; 윤석산 주해, 『東學經典』, 385, 394쪽.

341) 박용옥, 1981, 「東學의 男女平等思想」, 『歷史學報』(91), 109-143쪽 참조.

342) 『海月神師法說』 「夫和婦順(18-1)」. 더불어 「婦人修道(18-1)」, 342쪽. 또 「夫和婦順(17-4)」: "부인은 한 집안의 주인이니라(婦人 一家之主也)." 등도 참조. 동학사상에는 여성과 더불어 어린이에 대한 존중사상이 들어 있다. "어린 자식 치지 말고 울리지 마옵소서. 어린아이도 한울님을 모셨으니 아이 치는 것이 곧 한울님을 치는 것이오니, 천리를 모르고 일행 아이를 치면 그 아이가 곧 죽을 것이니 부디 집안에 큰 소리를 내지 말고 화순하기만 힘쓰옵소서." 『海月神師法說』 「內修道文(26-1)」, 369쪽.

343) 양삼석, 2012, 「제6장 수운(水雲) 최제우의 남녀평등관」, 『민족사상』 6(4), 159쪽.

344) 오문환, 2003, 『해월 최시형의 정치사상』(모시는사람들), 24쪽. 참고로 해월은 1885년 11월 상주 전성촌(앞재)에서 '도가(道家)에 사람이 오거든 객(客)이 왔다 하지 말고 한울님이 강림했다 하라', '인은 즉 천이며 천은 즉 인이니 인 외에 별로 천이 없고 천 외에 별로 인이 무(無)하니라', '인시천(人是天)이니 사인여천(事人如天)하라'는 등의 설법을 했다.

345) 『海月神師法說』 「待人接物(7-1)」, 336쪽. 『天道敎經典』(서울: 天道敎中央總部, 1990).

346) 『海月神師法說』 「三敬(21-3)」, 358쪽: "셋째는 敬物이니 사람은 사람을 恭敬함으로써 道德의 極致가 되지 못하고, 나아가 物을 恭敬함에까지 이르러야 天地氣化의 德에 合一될 수 있나니라." 「內修道文(26-1)」에서도 자연애호를 강조한다: "육축이라도 다 아끼며, 나무라고 생순을 꺾지 말라."

347) "인(人)은 내천(乃天)이라 고로 인은 정등(正等)하야 차별이 없나니 인이 인위(人爲)로써 귀천을 분(分) 함은 시(是) 천(天)에 위(違)함이니 오도인(吾道人)은 일절 귀천의 차별을 철폐하야 선사(先師)(최제우)의 지(志)를 부(副)함으로써 위주(爲主)하기를

망(望)하노라." 朴寅湖, 『天道敎書』(京城: 普書館, 1921), 「第二編 海月神師」, 布德6年 10월 28일, 최제우에 대한 劍谷 '晬辰享禮'. 『天道敎書』(동학농민혁명사료총서 28권), 국사편찬위원회 한국사데이터베이스.

348) 『天道敎書』「第二編 海月神師」, 布德7年: "神師 日 自今으로 吾 道人을 嫡庶의 別을 有 치 勿하고 大同 平等의 義를 實遵하라." 1866년(포덕7년) 3월 10일(음), '순도기념제례'.

349) 조경달은 해월의 반상적서차별 타파에 관한 견해가 유독 『천도교서』에만 있다는 이 유로 『천도교서』의 사료적 가치를 의심한다. 조경달, 『이단의 민중반란』, 74쪽.

350) 『海月神師法說』 「布德(33-13)」, 388-390쪽.

351) 朝鮮總督府, 『尋常小學日本歷史補充敎材敎授參考書』권2, 1922; 朝鮮總督府, 『中等 國史 低學年』, 1942; 김태웅, 2015, 「해방 후 고등학교 '국사'교과서에서 1894년 농민전 쟁 서술의 변천」, 『역사교육』(133), 227쪽. 재인용.

352) 김태웅, 「해방 후 고등학교 '국사'교과서에서 1894년 농민전쟁 서술의 변천」, 227-228 쪽.

353) 유영익, 앞의 책, 215쪽.

354) 『禮記』 「禮運 第九」 (9-19): "백성은 임금을 표준으로 자치하고 임금을 길러 자안하고 임금을 섬겨 자현한다(百姓則君以自治也 養君以自安也 事君以自顯也)."

355) 이태진, 2008, 앞의 책, 194쪽.

356) 이태진, 위의 글, 257쪽 참조.

357) 이태진, 2012, 『새韓國史』, 서울: 까치, 433-440쪽.

358) 전형택, 2011, 『조선 양반사회와 노비』, 서울: 문현, 401-404쪽.

359) 전형택, 위의 책, 384쪽.

360) 전형택, 위의 책, 369쪽.

361) 四方博, 「李朝人口に關する 身分階級別的觀察」, 『朝鮮經濟の研究』(서울: 京城帝國大 學, 1938). 전형택, 『조선 양반사회와 노비』, 368쪽. 재인용.

362) 『備邊司謄錄』, 영조15년(1739) 11월 11일: "西學의 노비는 본래 천 명을 헤아릴 수 있 었으나 임진년(1712) 추쇄 이후로 지금껏 30년 동안에는 한 번도 추쇄하지 않았기 때 문에 노비의 숫자가 지금은 백 명에도 미치지 못하므로 선비를 기르는 경비를 다분히 京奴婢에게서 책징하고 있으니 장차 渙散하고 流離할 지경에 있습니다."

363) 전형택, 앞의 책, 372쪽.

364) 『英祖實錄』, 영조7년(1731) 10월 16일: "대사간 李匡世가 상소하여…'영남의 노비를 추쇄하는 것은 이미 아랫사람을 이롭게 하는 정치가 아닙니다.…마땅히 정지하게 해 서 백성을 안정시키는 데 전념해야 합니다.' 하니, 비답하기를, '추쇄의 일은 아뢴 대 로 시행하라'고 했다." 1765년에는 흉년을 이유로 마침내 전국적으로 推奴를 금했다. 『英祖實錄』, 영조41년(1765) 9월 19일: "以歲不登 命減諸路負逋 又申推奴徵債之禁."

365) 『正祖實錄』, 정조2년(1778) 2월 6일, 정조9년(1785) 7월 2일.

366) 『正祖實錄』, 정조7년(1783) 9월 22일.

367) 한영국, 1979, 「朝鮮後期의 雇工: 18·19세기 大邱府戶籍에서 본 그 실태와 성격」, 『역사학보』 81; 이태진, 「조선후기 양반사회의 변화」, 572쪽.

368) 이태진, 「18세기 韓國史에서의 民의 사회적·정치적 位相」, 253-256쪽.

369) 전형택, 앞의 책, 376-381쪽.

370) 조성윤, 1992, 『조선후기 서울 주민의 신분구조와 그 변화』(연세대 사회학 박사학위 논문), 151쪽.

371) 『純祖實錄』, 순조1년(1801) 1월 28일. "선조(先朝)께서 내노비와 시노비를 일찍이 혁파하고자 하셨으니, 내가 마땅히 이 뜻을 계술(繼述)하여 지금부터 일체 혁파하려고 한다."

372) 황태연, 『백성의 나라 대한제국』, 500쪽.

373) 황태연은 일본이 갑오왜란의 가리개 겸 일본이권 확보용으로 강제 추진하는 친일괴뢰 정부의 소위 '갑오경장'은 개혁이 아니라 사이비 개혁 또는 반개혁이라고 평가절하한다. 신분철폐와 노비해방과 관련한 조항 역시 고종이 1882년, 1883년부터 시행한 신분해방령과 동학농민군이 1894년 집행한 신분철폐와 노비해방 조치가 실질적이었지만, 김홍집괴뢰정부가 이 개혁조치들을 축소하거나 왜곡하여 위선적으로 군국기무처의 정책인 양 내걸었다고 평가한다. 황태연, 『갑오왜란과 아관망명』, 280-281쪽.

374) 황태연, 위의 책, 281쪽.

375) 『高宗實錄』, 고종19년(1882) 7월 22일 기사.

376) 『高宗實錄』, 고종19년(1882) 12월 28일 기사.

377) 황태연, 앞의 책, 282-284쪽. 참고로, 1882·1883년의 신분혁파령의 반포를 국제적으로 비교해 보면, 스위스와 프랑스를 제외할 때 귀족제를 유지하고 있던 모든 구미제국과 일본을 능가하는 것이었다. 이때는 미국도 신이주민·히스패닉·아시아인·흑인을 엄격히 가르는 철저한 신분제 사회였기 때문이다. 황태연, 같은 책, 283쪽.

378) 1886년 4월 14일(음3.11)에 반포·시행된 노비해방절목의 내용은 다음과 같다. 1. 먹고살기 위해 노비가 된 구활(救活)노비와, 빚에 자신을 팔아 노비가 된 자매(自賣)노비, 세습으로 노비가 된 세전(世傳)노비는 모두 다만 자신 한 몸에 그치고 대대로 부리지 못한다. 2. 구활·자매노비의 소생은 매매할 수 없다. 3. 세전노비로서 이미 사역 중인 자도 그 한 몸에 그치며, 만약 소생이 있는데 의탁할 곳이 없어서 사역을 자원하는 경우에도 새로운 매입 관례(新買例, 즉 고용제)로 값을 치러준다. 4. 자매노비는 비록 하룻동안 사역을 당하더라도 명분이 이미 정해진 뒤에는 쉽게 모면할 수 없으며, 집주인이 몸값을 갚으라고 허락하기 전에는 몸값을 갚겠다고 청할 수 없다. 5. 단지 자신 한 몸에 그치고 대대로 부리지 못하게 하는 만큼 매입한 돈 문제는 자연히 제기할 수 없으며, 본인이 죽은 뒤에 절대로 소생에게 징출할 수 없다. 6. 약간의 돈과 쌀에 의한 숙채(宿債) 때문에 양인을 억눌러서 강제로 종으로 삼는 것은 일체 금지한다. 7. 노비 소생으로서 스스로 면천하겠다고 하면서 분수를 업신여기고 기강을 위반하는 자는 특별히 엄하게 징계한다. 8. 이처럼 규정을 세운 뒤에는 높고 낮은 사람을

막론하고 모든 사람들이 전철을 답습하면서 조령을 어기는 경우 적발되는 대로 법에 따라 감처(勘處)한다. 『高宗實錄』 고종23년(1886) 3월 11일(음).

379) 『해월신사법설』에 소위 '남계천 사건'으로 알려진 사건의 내용이 나온다. "김낙삼이 묻기를 '전라도에는 포덕이 많이 될 수 있는 정세이나 남계천이 본래 본토양반이 아니었는데 입도한 뒤에 남계천에게 편의장이란 중책으로 도중을 통솔케 하니 도중에 낙심하는 이가 많습니다. 원컨대 남계천의 편의장 첩지를 도로 거두시기 바랍니다.'" 『海月神師法說』「포덕」

380) 〈백산격문〉의 실재성 여부에 대해 논란이 있다. 첫째, 약 1주일 전에 4,000명이 모여 유교적 언어로 점철된 무장포고문을 발포하고, 왜 성격이 다른 백산격문을 또 내놓았는가, 둘째, 관찬사료는 물론 유생들의 기록에서 확인되지 않는 점, 셋째, 제1차 기포에서 제시되지 않은 반외세 요구가 있다는 점 등이다. 배항섭, 2015, 「『동학사』의 제1차 동학농민혁명 전개과정에 대한 서술 내용 분석」, 『한국사연구』(170), 82-84쪽 참조. 배항섭은 전봉준이 2월 20일경 민란을 전라도 전역으로 확산하여 봉기계획을 실현에 옮기고자 전라 각지로 보낸 창의격문을 백산에서 발포한 격문으로 착각하고, 이를 윤색하여 『동학사』에 실었을 가능성을 제시한다. 같은 글, 86쪽. 실제 몇몇 기록의 경우 특히 오지영이 직접 참여하지 않은 제1차 봉기의 기록은 날짜나 인물이 불명확하거나 시점상의 오류가 보이기도 한다. 그러나 이는 전언에 따른 오류일 가능성이 크고, 몇몇 대목에서 보이는 기억상의 일부 오류에도 불구하고, 『동학사』의 사료적 가치는 여전히 크다. 『동학사』에는 '무장창의문'의 원문이 그대로 수록되어 있을 뿐만 아니라 백산 창의소에 참여한 각 지역 집강들의 성명을 수록하고 있다. 또한 집강소 시기 개혁활동을 상술하고 있다는 점에서 사료적 가치가 높다. 당시 다른 문헌에서 확인되지 않았으나 추후 지역 조사연구를 통해서 재확인되고 있다. 왕현종, 2015, 「해방 이후 『동학사』의 비판적 수용과 농민전쟁연구」, 『역사교육』(133), 162쪽; 이이화·배항섭·왕현종, 2006, 『이대로 주저앉을 수는 없다-호남 서남부 농민군, 최후의 항쟁』, 혜안, 참조. 따라서 위 〈백산격문〉은 제1차, 제2차 기포과정을 거치면서 누적된 오지영의 경험과 기억의 응축물일 가능성이 크다는 점에서 당시 동학농민군의 정서를 읽어낼 수 있는 자료로 판단해 소개한다.

381) 〈백산격문〉의 원문은 『동학사』에 있다. "우리가 義를 擧하야 此에 至함은 그 本意가 斷斷他에 잇지 아니하다. 蒼生을 塗炭의 中에서 건지고 國家를 磐泰의 우에다 두자함이다. 안으로는 貪虐한 官吏의 머리를 버리고 밧그로는 强暴한 盜賊의 무리를 驅逐하자함이니 兩斑과 富豪의 압헤 苦痛을 밧는 民衆과 方伯守令의 밋헤 屈辱을 밧는 小吏들은 우리와 갓치 冤恨이 김흔 者라. 조금도 躊躇치 말고 이 時刻으로 이러서라. 萬一 期會를 이르면 後悔하여도 밋지 못하리라. 甲午 正月 十七日, 湖南倡義所 在 古阜 白山." 吳知泳, 『東學史(3)』(초고본), '檄文' 456-457쪽.

382) '집강'이라는 직책과 '집강소'라는 조직의 명칭은 1894년 동학농민혁명 당시 전주화약을 통해 최초로 설치된 것이 아니라 이전부터 향촌사회에 있었다. 전라도 구례에서

1860년 간행된 『봉성현지(鳳城縣志)』의 향규(鄕規)에 '향청에서 과실을 범하거나 폐단을 일으키면 집강이 보고 들은 바를 문서로 적어 관청에 제출하도록' 되어 있는 것으로 보아 이전부터 향촌사회에는 집강이 있어 그 사회의 기강을 유지하기 위한 일을 맡고 있었다. 집강은 당시 향촌사회에서의 영향력이 적지 않아서 전봉준을 위시한 동학군의 수뇌부들은 고부 봉기부터 이 집강들을 참여시키려 했다. 노용필, 1994, 「동학군의 집강소 설치와 운영」, 『현대사연구』(5), 85-87쪽 참조.

383) 이 효유문은 본래 김학진의 종사관이었던 김성규의 문집 『초정집』에 수록되어 있는 내용인데, 날짜는 '갑오 5월'이라고 했을 뿐 확실하지 않다. 그러나 5월 19일에는 김제에서 나온 것이 『공사관기록1』(414-415쪽)에 실려 있다. 아마도 이원희와 홍계훈의 군대가 철수하기 직전에 나왔을 것이다. 그 외 「수록」(『동학총서 5』에도 무주에서 나온 5월 22일자 효유문이 실려 있다. 조경달, 2008, 『이단의 민중반란』, 역사비평사, 제6장 (주석 17). 477쪽. 이러한 정황에 비추어보건대, 이 효유문의 발송 날짜를 6월 3일로 기록한 『오하기문』의 날짜 기록은 오기로 보인다. 황현, 김종익 역, 1994, 『오하기문』, 역사비평사, 175쪽.

384) 조경달, 위의 책, 199-200쪽.

385) 『隨錄』, 甲午, 「曉諭文(金鶴鎭)」. 『동학농민혁명사료총서』(5) 국사편찬위원회 한국사데이터베이스.

386) 조경달, 앞의 책, 201쪽 참조.

387) 황현, 『오하기문』, 129쪽.

388) 『甲午略歷』, 「是時 東徒屯聚于長城等地」이 소개된 국사편찬위원회 한국사데이터베이스 자료에 따르면, 주2) "전라관찰사 김학진과 전봉준이 감영에서 만나 회담을 가진 날짜는 7월 6일이다. 따라서 6월은 잘못 기록한 것으로 보인다"고 되어 있는데, 이는 잘못된 주석으로 보인다. 김양식도 집강소를 통한 사태수습 방안은 김학진의 구상이고 농민군의 경우는 도소를 설치하고 폐정개혁을 하는 중이었기 때문에 굳이 집강을 임명해 집강소를 설치할 입장이 아니었다는 등의 근거를 들어 김학진과 전봉준의 회담일이 7월 6일이라고 본다. 김양식, 2015, 「오지영 『동학사』의 집강소 오류와 기억의 진실」, 『한국사연구』(170), 6-8쪽. 그러나 『甲午略歷』, 「是時 東徒屯聚于長城等地」 "이러한 상태로 7·8월에 이르렀지만, 저들의 불법이 갈수록 더욱 거세져서 부호들은 거의 모두 흩어졌다"는 구절이 나오는 것으로 보아 6월 초가 맞는 것으로 보인다. 이외의 근거에 대해서는 조경달, 앞의 책, 200-202쪽; 황태연, 『갑오왜란과 아관망명』, 314-317쪽 참조.

389) 『甲午略歷』, 「是時 東徒屯聚于長城等地」, 『동학농민혁명사료총서』(5). 국사편찬위원회 한국사데이터베이스.

390) 황태연은 집강소의 권한과 역할이 사회개혁까지 할 수 있는 수준으로 확대된 시점을 6월 7일-7월 6일(음) 사이로 본다. "집강소가 도내 열읍(列邑)을 완전히 장악하고 경찰행정만이 아니라 사회개혁까지 할 수 있는 권력 수준에 도달한 시기를 음력 6월 7

일(집강 인사권과 치안권을 동학군에게 넘긴 김학진의 효유문이 발령된 날짜)-7월 6일(전봉준이 '동학군을 거느리고' 전주감영에 다시 가서 굳게 약속한 대로 각읍에 무뢰한 단속을 당부하는 통문을 내린 시점) 사이의 기간, 즉 양력 7월 9일~8월 6일 한 달 사이로 봐도 무방할 것이다." 황태연, 앞의 책, 319쪽.

391) 황현, 『오하기문』, 232쪽.

392) 박찬승, 1996, 「1894년 농민전쟁의 주체와 농민군의 지향」, 한국역사연구회, 『1894년 농민전쟁연구(5)』, 역사비평사, 102쪽.

393) 조경달은 집강소가 농민군의 자치와 움직임에 대한 관의 대응조치로 설치된 것이라면, 도소는 농민군의 자치기관이라고 구분한다. 조경달, 앞의 책, 208-210쪽.

394) 조경달, 위의 책, 212쪽.

395) 吳知泳, 1926,『東學史(3)』(초고본),국사편찬위원회 한국사데이터베이스.

396) 김정인, 2015, 「『동학사』의 편찬 경위」, 『한국사연구』(170), 29쪽.

397) 吳知泳, 『東學史(3)』(초고본), '執綱所의 行政'.

398) 吳知泳, 『歷史小說 東學史』, 126-127쪽(弊政改革件).

399)『동학사』의 초고본과 간행본의 차이에 대한 기존 논의로는 신용하, 「甲午農民戰爭과 두레와 執綱所의 폐정 개혁」, 112-113쪽; 노용필, 1989, 「오지영의 인물과 저작물」, 『동아연구』(19), 72-98쪽; 김태웅, 1993, 「1920 · 30년대 오지영의 활동과《동학사》간행」, 『역사연구』(2), 83-115쪽 참조.

400) 배항섭, 「『동학사』의 제1차 동학농민혁명 전개과정에 대한 서술 내용 분석」, 90쪽 참조.

401) 吳知泳, 『東學史(3)』(1926년 초고본), '執綱所의 行政'.

402) 유영익, 앞의 책, 180-181, 207쪽.

403) 김태웅, 「해방 후 고등학교 '국사' 교과서에서 1894년 농민전쟁 서술의 변천 」, 『역사교육』(133), 247쪽.

404) 노용필, 앞의 글, 55-104쪽 참조.

405) 윤석산, 2008, 「오지영의 『동학사』는 과연 역사소설인가?」, 『신인간』(692), 60-70쪽 참조.

406) 윤석산, 위의 글, 70쪽.

407) 황태연, 『갑오왜란과 아관망명』, 300-301쪽.

408)『대한협회회보』 제1호(1908.4.25), 「小說(動物談)」, 55쪽.

409)『대한협회회보』 제3호(1908.6.25), 「회원명부」, 68쪽.

410)『호남학보』 제7호(1908.12.25), 58-59쪽.

411)『호남학보』 제8호(1909.1.25), 1-3쪽, 60쪽.

412) 황태연, 앞의 책, 300-305쪽 참조.

413) 황태연, 위의 책, 305쪽.

414) 유영익, 앞의 책, 224쪽.

415) 왕현종, 2014, 「『동학사』와 해방 이후 갑오농민전쟁 연구」, 『오지영의 동학사에 대한 종합적 검토』(고창군·성균관대 동아시아학술원), 40쪽.

416) 유영익, 앞의 책, 16-28쪽 참조.

417) 한우근, 1964, 「東學軍의 弊政改革案 檢討」, 『역사학보』(23), 56쪽 재인용.

418) 박종근은 『大韓季年史』, 『東京朝日新聞』에서 보이는 13개조가 원문에 더 가까운 것이라고 보았다. 또 그는 「전봉준재판관결문」 27개조 청원을 제시하고, 이것이 전주화약시의 개혁안으로 추정한다. 朴宗根, 1962, 「甲午農民戰爭(東学乱)における「全州和約」と「幣政改革案」, 『歷史評論』(140); 왕현종, 「해방 이후 『동학사』의 비판적 수용과 농민전쟁연구」, 168쪽 재인용.

419) 왕현종, 2014, 「1894년 농민군의 폐정개혁 추진과 갑오개혁의 관계」, 『역사연구』(27), 151-162쪽.

420) 왕현종, 「해방 이후 『동학사』의 비판적 수용과 농민전쟁연구」, 174쪽.

421) 한우근, 앞의 글, 56-58쪽.

422) 정교, 『대한계년사(2)』, 24쪽, 『大韓季年史(상)』. 74쪽: "三月 二十五日 … 四個名義, 一曰不殺人不殺物, 二曰忠孝雙全濟世安民, 三曰逐滅倭夷澄淸聖道, 四曰驅兵入京盡滅權貴 大振紀綱立定名分 以從聖訓."

423) 한우근, 앞의 글, 61쪽.

424) 김태웅, 1993, 「1920·30년대 오지영의 활동과 『동학사』 간행」, 『역사연구』(2), 104-107쪽.

425) 김태웅, 위의 글, 108쪽.

426) 복원된 13개 조목 중 농민들의 생활과 관련된 요구사항을 제외하고 정치적 요구는 (18) 國太公干預國政 則民心有庶幾之望事(『동학란기록』상, 「양호초토등록」 '적당소지', 207쪽), (23) 各邑逋吏 犯逋千金 則殺其身 勿徵族事(『속음청사』상, 323-324쪽 ; 『대한계년사』상, 고종 31년 5월, 86쪽), (25) 東學人無辜殺戮係囚者 一一伸寃事(『속음청사』상, 323-324쪽), (27) 各國人商賈 在各港口買賣 勿入都城設市 勿出各處任意行商事(『대한계년사』상, 고종 31년 5월, 86쪽) 등이었다. 왕현종, 「해방 이후 『동학사』의 비판적 수용과 농민전쟁연구」, 180쪽 각주 73) 재인용.

427) 왕현종, 「『동학사』와 해방 이후 갑오농민전쟁 연구」, 49쪽 참조.

428) 허종호, 1995, 「갑오농민전쟁의 성격과 특징」, 『갑오농민전쟁 100돌 기념논문집』, 집문당, 157-158쪽 각주. 참고로 이 책은 북한의 과학백과사전종합출판사에서 1994년에 낸 것을 집문당이 1995년에 영인한 것이다.

429) 각 개혁안의 사료 출처는 왕현종, 「1894년 농민군의 폐정개혁 추진과 갑오개혁의 관계」, 152-153쪽 참조.

430) 김태웅, 「해방 후 고등학교 '국사' 교과서에서 1894년 농민전쟁 서술의 변천」, 228쪽 참조.

431) 김태웅, 위의 글, 239쪽 참조.

432) 권희영·이명희·장세옥·김남수·김도형·최희원, 『고등학교 한국사』(2013.6.30.
  교육부검정), 183-186쪽.

433) 김태웅, 앞의 글, 227-228쪽 참조.

434) 유영익, 앞의 책, 214-215쪽.

435) 황태연은 '갑오경장' 또는 '갑오개혁'을 사이비개혁, 반개혁이라고 평가한다. 이에 대
  해서는 『갑오왜란과 아관망명』, 제3장 갑오괴뢰정부의 친일괴뢰군 편성과 사이비개
  혁, 253-396쪽 참조. 황태연은 특히 당시의 국가상황을 '전쟁상태'로 생각하지 않는 안
  이한 역사관을 문제 삼는다. 이 안이한 역사관은 당시 동학농민군과 의병이 지실(知
  悉)했던 이 망국적 전쟁상태를 몰각하기 때문에 부지불식간에 친일적 역사기술로 경
  도된다는 것이다. 경복궁 침공과 국왕의 생포와 유폐, 제2동학농민봉기군과 전국 각
  지의 의병들에 대한 '섬멸작전'을 통한 지방침공 등 왜적의 일련의 군사행동을 왜국의
  침략전쟁으로서의 '갑오왜란'으로 규정한다. 황태연, 『갑오왜란과 아관망명』, 25쪽.

436) 유영익, 앞의 책, 224쪽.

437) 황태연, 앞의 책, 309쪽.

438) 박찬승, 「1894년 농민전쟁의 주체와 농민군의 지향」, 130-131쪽.

439) 박찬승, 위의 글, 102쪽.

440) 김양식, 「오지영 『동학사』의 집강소 오류와 기억의 진실」, 8쪽.

441) 『甲午略歷』, 「是時 東徒屯聚于長城等地」, 『동학농민혁명사료총서(5)』. 국사편찬위원
  회 한국사데이터베이스.

442) 『甲午略歷』. 「是時 東徒屯聚于長城等地」

443) 吳知泳, 『東學史(3)』(초고본), '執綱所의 行政'.

444) 오지영, 『동학사』, 126쪽.

445) 노용필, 「동학군의 집강소 설치와 운영」, 90쪽.

446) 『일관기록』, 五.軍事關係一件, (8)'全羅道 蝟島에서 東學黨의 掩擊을 받은 日高友四
  郎의 聞取書'(臨庶第46號, 1894년 7월 23일), 在仁川 二等領事 能勢辰五郎→大鳥圭
  介. 황태연, 앞의 책, 312-313쪽 재인용.

447) 『若史』(奎古4254-43) 권2, 甲午1894年 12月 30日 기록 다음 쪽의 글: "(全琫準稱以歸
  化 單身入來 替行監司之事 巡營關文甘結必安[案?]琫準圖書帖後 使列邑擧行. 琫準倚
  罪 屢日不敢刑殺○ 成兩湖之大禍. … 朝廷爲勦滅東匪請援于[淸]三千兵出來 方向全州
  之際. 日人又動兵以來毀城入都 六月二十日日犯闕 …."

448) 황태연, 앞의 책, 315-316쪽.

449) 강진 유생 강재(剛齋) 박기현(朴冀鉉)이 쓴 『강진강재일사(康津剛齋日史)』에 의하면
  전주감영에서 보낸 사회개혁 의안 감결이 강진·장흥에 도착한 것은 9일 후인 7월 21
  일이었다. 『日史』, 甲午七月二十一日條. 『동학농민혁명사료총서』 7권.

450) 왕현종, 「1894년 농민군의 폐정개혁 추진과 갑오개혁의 관계」, 165쪽 참조.

451) 유영익, 앞의 책, 181-195쪽.

452)『동학농민혁명 자료총서』6권,〈兩湖招討謄錄: 彼徒訴志〉(甲午五月初四日) "… 奉太公監國 其理甚當何謂不軌殺害宣諭從事." 국사편찬위원회 한국사데이터베이스 검색.

453) 동학의 반외세적 성격에 대해서는 대체로 견해가 일치한다. 그러나 동학의 '반봉건성' 여부에 대해서는 입장이 갈린다. 한편에서는 동학의 '근대성'에 주목하고, 이 논지를 확장하여 민주주의적 요소로까지 연결하려고 시도한다. 동학농민혁명의 '반봉건성'을 강조하는 논지들은 주로 동학의 '대동·평등사상'에 주목한다. 이에 대해서는 최혜경,「동학의 사회개혁사상과 동학농민혁명의 전개」,『동학연구』제12집, 53-72쪽; 조순, 2007,「동학과 유교의 민본관」,『東學研究』제22집: 117-134쪽; 오문환, 2002, 「동학사상에서의 자율성과 공공성」, 7-23쪽; 오문환,「동학에 나타난 민주주의: 인권, 공공성, 국민주권」, 179-212쪽; 심재윤, 2006,「영국 농민반란과 동학농민혁명의 반봉건적 특성에 대한 비교 연구.」『東學研究』제21집, 159-192쪽; 김상준, 앞의 글, 167-206쪽 참조.

454) 유영익은 남·북한에서 출간된 한국근현대사 연구서들에서 전봉준과 대원군의 관계를 아예 논하지 않는 연구들로 사회과학원역사연구소, 1980,『조선전사 13: 근대편』(평양: 과학백과사전출판사); 과학원역사연구소, 1989,『조선통사』(복사판)(도서출판 오월); 강만길, 1994,『고쳐 쓴 한국근대사』(서울: 창작과 비평사); 한국민중운동사연구회 편, 1980,『한국민중운동사 2: 근현대편』(서울: 풀빛); 한국역사연구회 편, 1989,『한국사강의』(서울: 한울아카데미) 등을 제시하고 있다. 반면, 전봉준과 대원군의 공모 가능성을 인정하면서도 이 중요한 실마리를 추궁하지 않은 연구로 Benjamin Weems, 1964, *Reform, Rebellion and the Heavenly Way*(Tucson: University of Arizona Press); 한우근, 1983,『東學과 農民蜂起』(서울: 一潮閣); 정창렬, 1985,「古阜農民蜂起研究(上)」,『한국사연구』49를 들고 있다. 유영익, 앞의 책, 12. 각주 29).

455) 유영익, 위의 책, 11-12쪽.

456) 오영섭은 대원군에 의한 전봉준 동원설의 입장을 밝힌 대표적 선행연구로 이상백, 1962,「東學黨과 大院君」,『역사학보』제27·28합집과 유영익, 1981, "Korean-Japanese Politics behind the Kobo-Ulmi Reform Movement, 1894 to 1895," *The Journal of Korean Studies* 3.의 연구들이 공초류의 문건과 일본 측 외교자료를 활용하여 흥선대원군과 전봉준이 재봉기 이전에 이미 내응하고 있었음을 실증적으로 밝혔다는 점에 대해 높이 평가한다. 또한 이 연구성과들이 "동학연구자들의 학문적 편향성을 바로 잡는" 역할을 했다고 본다. 오영섭, 2008,「한말 의병운동 연구의 새로운 패러다임 모색」,『한국사 시민강좌』(42), 서울: 일조각, 196쪽.

457) 배항섭, 1997,「전봉준과 대원군 '밀약설' 고찰」,『역사비평』제41호, 139-140쪽 참조.

458) 金庠基, 1975,『東學과 東學亂』, 한국일보사; 이상백,「東學黨과 大院君」, 1-26쪽.

459) 金庠基, 위의 책, 110-111쪽.

460) 이상백,「東學黨과 大院君」, 1-26쪽.

461) 배항섭,「전봉준과 대원군 '밀약설' 고찰」, 140쪽.

462) 유영익, 앞의 책, 193쪽.

463) 유영익은 ⓛ~ⓜ 외에 동경주재 러시아공사 히트로보(Mikhail A. Hitrovo)가 서울주
재 러시아공사 웨버(Karl I. Waeber)에게 보낸 密書와 동학농민군의 전주 점령 이후인
1894년 6월 3일 일본영사관 순사가 염탐차 대원군을 찾아와 나눈 회담 보고서, 1894
년 7월 23일 입궐·집권한 다음 두 개의 개혁정책 관련 문건을 추가적인 근거로 제시
하고 있지만, 1차 봉기 이후의 자료들이 대부분이거나 직접적 관련성이 적어 검토에
서 제외했다. 이에 대해서는 유영익, 위의 책, 196-199쪽 참조.

464) 반면 오지영에 대해서는 "천도교계의 아마추어 역사서술가"라고 평가절하한다. 유
영익, 위의 책, 179쪽.

465) 유영익, 위의 책, 195쪽.

466) 『天道教創建史』, 57-58쪽.

467) 金庠基, 앞의 책, 110-111쪽.

468) 〈李秉輝供草(三次)〉, 『동학농민혁명사료총서』 18권.

469) 유영익, 앞의 책, 196쪽. 그러나 나성산이 〈이병휘공초〉에서 토설된 인물이라는 사
실 때문에 신뢰할 수 있는 증언이라고 보기는 어렵다. 송용호의 이 증언에서 시기를
유출할 수 있는 단서는 전봉준이 '구미리에 살던 때'라는 것 외에는 없다. 이 단서를
근거로 전봉준과 대원군의 밀약이 갑오 전에 맺어졌다고 주장하는 것이다. 이 증언을
신뢰하기 어려운 이유는 첫째, 나성산은 대원군의 지시에 따라 1894년 8월(음)에야
농민군을 동원하기 위해 호남으로 내려간 인물이다. 따라서 시기적으로 맞지 않는다
(황태연 앞의 책, 135쪽). 둘째, 전봉준은 고창군 덕정면 죽림리 당촌마을에서 어린시
절을 보냈고, 구미리를 거쳐 태인군 감산면 황산마을로, 정읍군 산외면 평사리로 이
주했을 때가 18세였다. 위 증언에서 '구미리에서 살던 때'는 오지영의 『동학사』(초고
본)에 등장하는 "창의문을 세상에 전포하고 일어서던 날은 구미리로부터 남으로 향하
던 때"라는 구절을 '살던 때'로 잘못 기억한 것으로 보인다.

470) 제1차 교조신원운동은 1871년 3월 10일(음) 이필제와 최시형이 결행한 영해 봉기이
다. 제2차 교조신원운동은 1892년 10월 공주에서 모였고, 충청감사 조병식에게 소장
을 제출하였다. 11월 1일 삼례집회가 열렸고, 전라감사 이경직에게 동학을 공인할 것
과 동학교도에 대한 주구를 중지시켜 줄 것을 요구하는 소장을 제출했다. 서울로 올
라가 복합상소를 하자는 여론이 일어 1893년 2월 8일(음) 40여 명의 교도들이 상경해
11일 광화문 앞에 엎드려 사흘 밤낮 교조신원을 호소하였다. 위 광화문 복합상소운동
이 바로 제3차 교조신원운동이다. 제4차 교조신원운동은 광화문 복합상소운동이 무
위로 돌아가자 합법적 신원운동이 아닌 대중적 시위로 전환하였는데 1893년 보은집
회와 금구집회(남접의 서장옥, 손화중, 전봉준 주축)가 그것이다.

471) 표영삼, 2005, 『동학2: 해월의 고난 역정』(서울: 통나무), 269쪽.

472) 金道泰, 1948, 『徐載弼博士自敍傳』(서울: 首善社), 181쪽.

473) 『동학농민혁명사일지』에 따르면, "전봉준은 창의문을 돌린 후 복합상소에 가담하였

다고 하였으나, 이는 잘못된 것이다. 전봉준은 복합상소에 참여하지 않고 전라도에 남아 척왜양 운동을 전개하고 있었다." 국사편찬위원회, 〈한국사데이터베이스〉『동학농민혁명사일지』(음1893.1.10) "전봉준, 창의문 작성·배포" 기사 http://db.history. go.kr/item/level.do?itemId=pry&setId=23366&position=0.

474) 당시 광화문 복소운동에 직접 참여한 권병덕에 따르면, 광화문에 복소하러 나갔던 사람은 소수 박광호(박승호), 제소 손천민, 서소 남홍원, 봉소 박석규, 임규호, 손병희, 김낙봉, 권병덕, 박원칠, 김석도 등 9명이다."『동학도종역사』에는 "소수 박광호, 제소 손천민, 서사 남홍원, 도인 대표 박석규, 임규호, 이용구, 박윤서, 김영조, 김낙철, 권병덕, 박원칠, 김석도, 이찬문" 등이 앞장선 것으로 되어 있다.『천도교회사초고』에는 "소수 박광호, 제소 손천민, 서사 남홍원, 봉소 손병희, 박인호, 박석규, 임규호, 김낙봉, 권병덕, 박덕칠, 김석도, 이근상"으로 되어 있다. 규장각에 있는『동학서』에는 소두의 이름이 박승호(朴承浩)라고 기록되어 있는데, 박승호가 이 박광호라고 한다. 표영삼, 앞의 책, 257쪽.

475) 전봉준이 교조신원운동 단계에서 중요한 인물로 부상하는 것은 1892년 11월에 있었던 삼례집회에 와서였다. 삼례집회에서 전봉준이 소두(訴頭)의 역할을 했다. 해산 후에도 김개남, 김덕명, 손화중 등과 함께 전라도 교도들을 이끌고 해산하라는 교단의 지시에도 불구하고 독자적인 활동을 전개하였다. 배항섭, 1995,「1880년대 초반 민중의 동향과 고부민란」, 한국역사연구회 편,『1894년 농민전쟁연구 4』, 서울: 역사비평사, 27-34쪽; 배항섭,「전봉준과 대원군 '밀약설' 고찰」, 145쪽. 참고로 이 자료들에서 삼례집회가 1893년으로 기록된 것은 오기로 보인다(1892년으로 바로 잡는다). 이때 전봉준은 柳泰洪과 함께 관찰부에 訴狀을 提呈하는 역할을 자임하고 나섰으며, 또 1893년 2월 26일(음1.10)에는 직접 '창의문(倡義文)'을 작성하여 전라도 각지로 돌렸다. 창의문은 전라도 일대 각 군의 아문(衙門)에 나붙었으며, 남원(南原)·운봉·곡성·구례 등지에서는 같은 시각에 방문이 붙었다(崔炳鉉, 1924,『南原郡東學史』;『宗理院史附東學史』).

476) 유영익, 앞의 책, 180-181쪽.

477) 오지영,『東學史』(3) (초고본), 〈東學史 四·三十七. 全琫準(泰仁).

478) "… 最近 우리 社會의 動向을 알냐면 먼저 이 東學黨을 理解하여야 될 것이다 이러한 意味에서 最初惟一의東學史인 本書 더욱이나 同黨의元老인吳知泳氏의 五十年間黨的生活中에서 體驗하고 目擊하여 오든바를 遺漏없이써내인本書를 한번읽거보지 아니하여서는 안될 줄로믿는바이다." 황의돈, 1939, 〈東學史序〉, 오지영, 1940,『歷史小說: 東學史』(永昌書館版), 7쪽.

479) 김상기의『동학과 동학란』도 "…운현궁에 칩거하는 대원군을 이용하려고도 하였다 한다"와 같이 소문을 전언의 형태로 옮기고 있다. 金庠基, 앞의 책, 110쪽.

480)「니로쿠신보(二六新報)」(1894.(명치14)11.14), 〈東學黨の眞相(5); 東徒と大院君〉,『동학농민혁명 자료총서』, 국사편찬위원회 한국사데이터베이스.

481) 이 신문은 일본 정탐꾼으로 1893년 조선에 들어온 혼마 규스케(本間九介)가 1894년 4월 17일부터 6월 16일까지 154편의 조선정탐 기사를 싣기도 했다. 이 514편의 기사는 1894년 7월 『조선잡기(朝鮮雜記)』라는 단행본으로 출간되었다. 최혜주 역, 2008, 『일본인의 조선정탐록: 조선잡기』(파주: 김영사).

482) 황태연, 앞의 책, 137쪽.

483) 물론 당시 일본의 위협이 가시화되고 있던 정치적 정황을 고려해 보건대 1892년 무렵부터 전라도 지역에서 새롭게 영향력을 확장하고 있던 전봉준과 당시 가장 정치적 영향력이 큰 정치인이었던 대원군과의 연계는 민의 자연스러운 정치적 희구였을 수 있기 때문에 시대적 위기에서 초래된 소문이었을 가능성이 있다. 일본도 경복궁을 무력으로 점령하고 만든 친일괴뢰정부 수반의 자리에 대원군을 세우기 위해 삼고초려할 만큼 당시 대원군의 정치적 영향력은 강력한 것이었기 때문이다.

484) 배항섭, 앞의 글, 145쪽.

485) 유영익의 '대원군밀약설' 주장을 '대원군사주설'로 명명하는 이유는 다음과 같다. 유영익은 『대한계년사』, 『천도교창건사』 등을 근거로 농민군이 전주성 철수를 협의하면서 1894년 6월 7일 홍계훈에게 전달한 소지(訴志) 등을 해석하면서 이 자료들이 "대원군이 1894년 이전에 전라도 지역의 동학 접주들과 접촉하면서 그들로 하여금 농민봉기를 일으키도록 사주했음을 시사한다(유영익, 『東學農民蜂起와 甲午更張』, 34쪽)"고 대원군의 '사주'를 직접 언급하였다. 또한 전봉준과 대원군의 '공모'를 운운하면서 공모의 역관계를 대원군에 대한 전봉준의 '숭배'에 기초한 것으로 규정함(같은 책, 199쪽)으로써 대원군의 농민군 '사주'를 '밀약설'의 핵심 내용으로 파악하고 있다.

486) 배항섭, 1996, 「동학농민혁명연구」, 고려대학교 박사학위논문; 배항섭, 「전봉준과 대원군 '밀약설' 고찰」; 배항섭, 2002, 「1893년 동학교도와 大院君의 擧兵 企圖」, 『韓國史學報』제12호, 97-133쪽; 김양식, 1996, 『근대한국의 사회변동과 농민전쟁』(서울: 신서원); 양상현, 1997, 「대원군파의 농민전쟁 인식과 동향」, 한국역사연구회 편, 『1894년 농민전쟁연구 5』(서울: 역사비평사).

487) 이 ㉠-㉣은 유영익, 『東學農民蜂起와 甲午更張』, 200-201쪽에 제시된 사료의 순서를 따른 것이다.

488) 황현, 『梧下紀聞』, 87쪽.

489) 황현, 위의 책, 88-89쪽.

490) 국사편찬위원회, 『동학농민혁명자료총서』 6권, 〈兩湖招討謄錄: 彼徒訴志〉(甲午五月初四日) "…奉太公監國其理甚當何謂不軌殺害宣諭從事." 검색: http://db.history. go.kr/item/compareViewer.do?levelId=prd_027_1130

491) 유영익, 앞의 책, 14-15쪽.

492) 유영익, 위의 책, 12쪽.

493) 〈全琫準供草〉, 『東學亂記錄(下)』. 국사편찬위원회 한국사데이터베이스, 『한국사료총서』제10집(하).

494) 이상백, 1962, 「東學黨과 大院君」, 『역사학보』 27-28합집, 15쪽.

495) 이상백, 「東學黨과 大院君」, 16-17쪽.

496) 유영익은 전봉준에 대해 보수적 유교 가치관을 체질화한 군주제 옹호자이자 사이비 동학교도라고 평가한다, 유영익, 『東學農民蜂起와 甲午更張』, 181-190쪽, 213-217쪽.

497) 유영익, 앞의 책, 200쪽.

498) 유영익, 위의 책, 46-51쪽.

499) 유영익, 『東學農民蜂起와 甲午更張』, 53-59쪽 참조.

500) 유영익, 『東學農民蜂起와 甲午更張』, 57쪽.

501) 이상백, 앞의 글, 13쪽.

502) 이 내용은 『東學文書』(동학농민혁명사료총서 5권), 〈義兵召集密諭〉. 국사편찬위원회 한국사데이터베이스, "卽遣三南召募使李建永密示爾等. 爾等 自先王朝 化中遺民 不忘先王之恩德 而至今尙存. 在朝者盡附彼 裏內無一人相議 笑々獨坐 仰天號哭而已 方令倭寇犯闕 禍及宗社 命在朝夕. 事機到此 爾若不來 迫頭禍患 是若奈何 以此敎示."

503) 유영익, 앞의 책, 57쪽.

504) 일본 신문에 보도된 전봉준의 거사 목적은 "금년 6월(양력) 이래 일본병이 그치지 않고 계속 우리나라에 온 것, 이는 반드시 우리나라를 병탄하고자 하는 것이라고 임신(임진의 오기)년의 화란(禍亂)을 생각했고 인민들이 국가가 멸망하면 생민이 어찌 하루라도 편할 수 있을까 하고 의구심을 갖고서 나를 추대하여 수령으로 삼고 국가와 멸망을 함께 할 결심을 갖고 이 거사를 도모했다"는 것이었다. 『東京朝日新聞』, 명치 28(1895)년 3월 5일.

505) 황태연, 앞의 책, 141쪽.

506) 이노우에가오루(井上馨)는 본국에 이런 내용의 전문을 보냈다. "지난 31일 밤 法務協辦 金鶴羽가 자객에게 암살되었습니다. 이 암살은 대원군의 사주에 의한 것이라 의심되는데 이는 거의 사실일 것임에 틀림없습니다. 그래서 흉악범 수색에 백방으로 진력하였으나 대원군의 毒虐에 겁을 먹어 경무청의 인원들도 증거를 찾는 데 힘쓰지 않았습니다. 이와 같은 상황으로 趙義淵·安駉壽·金嘉鎭 등 개화당이라고 일컬어지는 자들도 모두 공포심을 일으키고, 조석으로 그 생명이 위태로움을 걱정하여 현재의 직무에 안심하지 못하고 있습니다. 한 예를 든다면, 지난 6일 안경수·김가진 두 사람이 벌써부터 지방관으로 전임하기를 원하고 있습니다." 『일관기록』, 六, 內政釐革의 件一, (4) '大院君의 東學黨 선동에 관한 件' (1894.11.10).

507) 1894년에 각종보고서와 신문지상에서는 동학농민군을 '비도'로 칭하고 있었다. '東學匪徒' 駐韓日本公使館記錄 1권, 五. 東學黨에 關한 件 附巡査派遣의 件 二, [東學黨嫌疑者 高宗柱 등에 대한 會審要求](양1984.11.18) ; 〈大阪朝日新聞〉 明治27年 11月 21日(1894.11.21) 참조.

508) 황태연, 앞의 책, 144-146쪽.

509) 『동학농민혁명사 일지』, (음)1892년 10월 21일.

510) 표영삼, 앞의 책, 221-228쪽.

511) 오지영, 『東學史』(초고본) 451쪽; 배항섭, 「전봉준과 대원군 '밀약설' 고찰」, 144쪽 재인용.

512) 오지영, 『東學史』(초고본) 144쪽; 배항섭, 위의 글, 144쪽 재인용.

513) 배항섭, 위의 글, 145쪽.

514) 일본공사 오오토리도 "각종 탐정을 이용해서 탐지해 본 바, 일반적인 인기가 전적으로 대원군에게 쏠리고 있으며, 대원군도 청운의 뜻을 품고 있는 모양이기에 (중략) 안경수와 유길준 등이 대궐과 대원군 저택 사이를 바삐 돌아다니면서 주선해서"라고 하여 경복궁을 강점한 일본과 개화파가 대원군을 추대한 데서도 대원군이 가장 대중적 인기가 중요하게 작용하였음을 보여준다. 『주한일본공사관기록』1, 310쪽.

515) 배항섭, 앞의 글, 149-150쪽.

516) 〈時事新報〉 명치 27년 10월 5일;『日淸交戰錄』제12호, 명치 27년 10월 16일, 43.

517) 배항섭, 앞의 글, 160-161쪽.

518) 지수걸, 2015, 「1894년 '공주대회전' 시기의 '공주 확거·고수' 전술과 '호서도회' 개최계획」, 『역사문제연구』(33), 281-333쪽.

519) 배항섭, 앞의 글, 160-161쪽.

520) 〈全琫準供草〉, '乙未二月十九日 全琫準 五次(三)問目. 日領事問'. "문: 일병의 범궐을 어느 때 들었는가? 답: 7-8월간에 들었다. 문: 누구에게서 들었는가? 답: 청문이 낭자했으므로 자연히 알게 되었다. 문: 이미 창의를 말했으면 들은 즉시 행해야 마땅한데 왜 10월까지 기다렸나? 답: 마침 내가 병이 났었고 또 허다한 사람 무리들이 일시에 일제히 움직일 수 없는데다 새 곡식이 아직 걷어 올릴 수 없으니 자연히 10월에 이르게 되었다.(問 日兵之犯闕 聞於何時. 供 聞於七八月間. 問 聞於何人. 供 聽聞浪藉 故自然知之. 問 旣曰倡義則聞宜卽行 何待十月. 供 適有矣病 且許多人衆不能一時齊動 兼之新穀未登 自然至十月矣.)" '己未三月 初七日 全琫準 四次問目. 日領事問': 문: "그대가 작년 10월에 재기한 날자는 어느 날이냐? 답: 10월 12일경이나 확실치 않다.(問 汝於昨年十月再起之日字 卽何日. 供 似是十月十二日間 而未詳.) … 문: 일병의 범궐은 어느 곳에서 어느 때 들었느냐? 답: 7월간에 남원 땅에서 들었다.(問 日兵之犯闕 聞於何處何時. 供 七月間始聞於南原地.)

521) 〈全琫準供草〉, '開國五百四年二月初九日 東徒罪人 全琫準 初招問目'. 其後聞則貴國稱以開化 自初無一言半辭傳布民間 且無檄書 率兵入都城 夜半擊破王宮 驚動主上云. 故草野士民等忠君愛國之心 不勝慷慨 糾合義旅 與日人接戰 欲一次請問此事實.

522) 〈全琫準供草〉, '開國五百四年二月初九日 東徒罪人 全琫準 再招問目.'

523) 〈全琫準供草〉, '乙未二月十九日 全琫準 五次(三)問目. 日領事問.'

524) 『東京朝日新聞』, 1895년 3월 5일.

525) 〈全琫準供草〉, '開國五百四年 二月 初九日 東徒罪人 全琫準 初招問目': "昨年十月分, 琫準判決宣言書). "그러나" 전봉준은 "더 日本兵을 치려 ᄒ엿더니 日兵이 公州의에서

움직이지 않고 其間의 被告包中이 漸漸逃散ᄒ여 收拾지 못ᄒ게 되엿기로 不得已ᄒ여 ᄒ번 故鄕으로 돌아가 다시 募兵ᄒ여 全羅道에서 日兵을막으려ᄒ엿더니 應募者가 업는 탓으로 同謀 三五人과 議論ᄒ고 各其變服ᄒ여 가만이 京城으로드러가 情探코져ᄒ여 被告는 商人민도리ᄒ고 單身으로 上京次 泰仁을써나 全羅道 淳昌을 지날 시 民兵한테 잡힌 것이니라." 이〈판결선언서〉과 공초에서는 전봉준이 12월 28일(음력) 순창 피노리에서 '민병'에게 체포되었다고 진술한다. 공초는 참조:『東京朝日新聞』, 명치28(1895)년 3월 5일. 오지영은 전봉준의 접사接司(부접주)로 였던 김경천이 '관병'과 연락을 취하여 관군에게 체포되었다고 기술하고 한다. 吳知泳,『歷史小說 東學史』, 166쪽.

528) 이것은 오지영의 기록(『東學史』, 128-129쪽)을 따른 것인데 진위 여부에 대해서는 논란이 있다. 김양식,「吳知泳『東學史』의 집강소 오류와 기억의 진실」, 9-10쪽.

529) 최시형이 북접의 기포를 한 것은 흔히 손병희 등의 적극적 참전 주장에 의해 떠밀려 이루어진 것처럼 얘기되지만, 백범 김구는『백범일지』에 달리 기록하고 있다. "우리가 그 방(해월 대도주의 방)에 있을 때 선생께 보고하는 것을 들었다. 그 내용은 "남도지방의 각 관청에서 동학당을 체포하여 압박하는 한편, 고부에서는 전봉준이 벌써 병사를 일으켰습니다", "아무 군수는 도유道儒(동도)의 전 가족을 체포하고 가산 전부를 강탈했습니다" 등이었다. 선생은 진노하는 안색에 순경상도 어조로 "호랑이가 물러 들어오면 가만히 앉아서 죽을까? 참나무 몽둥이라도 들고 나가서 싸우자!" 선생의 이 말은 곧 '동원령'이었다." 김구(도진순 주해),『백범일지』, 46쪽. 이 맥락을 보면 해월은 동도에 대한 탄압에 진노하여 북접기포를 명한 것이다.

530)〈告示京軍與營兵以敎示民〉.

531) '체결'은 1894년 8월 26일의 '양국맹약'을 가리키는 것으로 보인다.

532) 황태연, 앞의 책, 209-210쪽.

533) 유영익, 앞의 책, 57쪽

534) 참고로 유영익은 이상백이 이 밀지의 원본을 입수·인용했다고 밝힌 바 있으나(유영익, 위의 책, 57쪽 각주 80)) 이상백은 자신이 입수한 '필사본(筆者所藏 筆寫本)'을 인용하는 것이라고 밝히고 있다. 이상백, 앞의 글, 13쪽.

535) 심상훈은 갑오개혁 직후에 일시 파직되었지만 민형식·민응식·민영환·이재순 등과 함께 비밀리에 궁중을 드나들며 고종과 민비의 군주권 회복을 위한 노력을 도왔다.『日本外交文書』제27권 제2책, no.496,「日公使參內謁見始末記」, 146~147쪽.

536) 오영섭, 2007,『고종황제와 한말의병』(서울: 선인), 92쪽.

537) "전 승지 이건영에게 밀유한다. 그대를 호남창의소모사로 삼을 것이니 이 밀유를 지니고 윤음이 이른 즉시 길에 올라 의려를 창솔(倡率)하고 부지런히 와서 나의 빈사지명을 구해주기를 기대하노라… 왜군의 위협에 항쟁하지 않는 것은 죄다. 앞서 일이 누설되면 화가 과인의 몸에 미치니 신중하게 힘써라. 갑오 8월 14일."『東學文書(동학농민혁명자료총서 5권)』,〈義兵義金召募密諭(三)〉.

538) 황태연, 앞의 책, 148쪽.

539) 조경달 지음, 박맹수 옮김, 앞의 책, 277쪽.

540) 김용섭의 〈전봉준 공초〉 분석에 따르면, "… 당시는 늙어서 정권을 잡을 기력 없고, 원래 우리나라의 정치를 그르친 것도 모두 대원군이기 때문에, 인민이 그에게 복종하지 않는다"고 답했다. 많은 사람이 대원군에 기대를 걸기도 했지만, 전봉준은 "봉건말기의 중대 시점에서 정치를 잘못한 장본인이 바로 대원군이라는 점에서 기대할만한 인물, 신뢰할 만한 인물이 되지 못하는 것으로 보았다." 김용섭, 2001, 『한국근현대농업사연구3』(서울: 지식산업사), 219쪽.

541) 황태연, 앞의 책, 130쪽.

542) 조경달, 앞의 책, 280쪽.

543) 『大阪朝日新聞』, 1984년 10월 5일, 12월 19일, 1985년 3월 14일; 『東京朝日新聞』, 1984년 12월 16일, 1985년 3월 16일, 5월 11일; 『大阪毎日新聞』, 1985년 1월 10일. 이 내용은 오영섭, 앞의 책, 92쪽. 재인용.

544) 『일본외교문서』, 제27권 2책, No. 496, 146-147. 오영섭, 위의 책, 92쪽. 재인용.

545) 『駐韓日本公使館記錄』 5권, 5. 「朝鮮政況報告 第2」, 75. 오영섭, 위의 책, 92쪽. 재인용.

546) 조경달, 앞의 책, 290쪽.

547) 황태연, 앞의 책, 67-68쪽.

548) 『용담유사』, 「안심가(安心歌)」는 수운이 1860년에 발표한 가사로 2음보 1구 총 290구로 되어있다. 이 「안심가」는 그 당시 사회적으로나 정치적으로, 또는 종교적으로 불안해하던 부녀자들을 안심시키기 위하여 지은 노래이다. 이 가사에서 수운은 천대받던 이 나라의 부녀자들을 현숙하고 거룩하다고 떠받들면서, 춘삼월 호시절의 태평가를 함께 부를 주체로 설정하고 있다. "「안심가」의 일부는 일제 때 삭제되는 수난을 겪기도 했다. 일본이 지닌 침략 근성을 지적하며 '개 같은 왜적놈'이라고 표현했기 때문이다. 윤석산 주해, 『東學經典』, 363쪽.

549) 김상준, 앞의 글, 167-206쪽; 최혜경, 2002, 앞의 글, 57, 71쪽; 조순, 2007, 「동학과 유교의 민본관」, 『동학연구』 (22), 117-134쪽; 오문환, 「동학에 나타난 민주주의: 인권, 공공성, 국민주권」, 179-212쪽; 오문환, 「동학사상에서의 자율성과 공공성」, 7-23쪽.

550) 『용담유사』, 「도덕가」.

551) 『용담유사』, 「안심가」.

552) 유영익, 「전봉준 의거론-갑오농민봉기에 대한 통설 비판」, 앞의 책, 5쪽, ; 「갑오농민봉기의 보수성」, 같은 책, 179쪽; 권희영, 2001, 「동학농민운동과 근대성의 문제」, 『한국사의 근대성 연구』, 백산서당; 이희근, 2001, 「동학농민봉기는 반봉건 근대적 운동이 아니다」, 『한국사는 없다』, 사람과 사람, 247-248쪽.

553) 다른 한편으로 김신재는 이 두 논의를 종합하며 농민군의 '복고적' 비판에 대해서는 시대적 한계로 해석하고, 농민군의 정치체제 구상을 전제군주제를 초기 형태의 입헌

군주제로 개혁하는 방향으로 수렴되고 있다고 해석한다. 김신재, 2004, 「동학농민혁명에 있어서 국가형태 지향」, 『동학연구』(17), 75-101쪽.

554) 유영익, 「전봉준 의거론-갑오농민봉기에 대한 통설 비판」, 참조.

555) 유영익, 앞의 책, 179-180쪽.

556) 유영익은 저술 곳곳에서 동학농민혁명의 성격을 '보수적'이거나, '봉건적'·'복고적'이라고 평가한다. 유영익, 위의 책, 21, 26, 204, 205쪽.

557) 권희영, 앞의 글, 이희근, 앞의 글, 247-248쪽.

558) 유영익, 앞의 책, 217쪽.

559) 윤종영, 1999, 『국사교과서 파동』, 혜안, 329-330쪽; 김태웅, 「해방 후 고등학교 '국가' 교과서에서 1894년 농민전쟁 서술의 변천」, 237쪽. 재인용.

560) 1894.3.20. 「무장포고문」; 국역은 『오하기문』, 『동비토록』, 『취어』에 실린 포고문을 대조하여 번역한 박맹수의 번역을 따랐다. 박맹수, 『사료로 보는 동학과 동학농민혁명』, 252-253쪽.

561) 황태연, 앞의 책, 81쪽.

562) 하지연, 2015, 『기쿠치 겐조, 한국사를 유린하다』, 서울: 서해문집.

563) 유영익, 1990, 『甲午更張研究』, 서울: 일조각, 13쪽.

564) 나카츠카 아키라, 박맹수 역, 2014, 『1894년, 경복궁을 점령하라!』(서울: 푸른역사), 8-9쪽.

565) 나카츠카 아키라, 위의 책, 185쪽.

566) 나카츠카 아키라, 위의 책, 186-187쪽.

567) 평양병은 500명이 아니라 600명이었다. 이는 황현의 오기로 보인다. 황태연, 앞의 책, 101쪽.

568) 황현, 『매천야록(상)』, 716-717쪽. 『오하기문』, 150-151쪽도 보라.

569) 박종근, 박영재 역, 1988. 『淸日戰爭과 朝鮮』(서울: 일조각), 23쪽.

570) 나카츠카 아키라, 앞의 책, 18쪽.

571) 황태연, 『갑오왜란과 아관망명』, 78-79쪽.

572) 나카츠카 아키라·이노우에 가쓰오·박맹수 지음, 한혜인 역, 『동학농민전쟁과 일본: 또 하나의 청일전쟁』(서울: 모시는사람들). 참조.

573) 황태연, 앞의 책, 85쪽.

574) 황태연, 위의 책, 83쪽.

575) 「홍양기사」 7월 12일, 총서 9, 29.; 박맹수, 『사료로 보는 동학과 동학농민혁명』 289쪽. 재인용.

576) 「남유수록」 8월 1일, 총서 3, 226.; 박맹수, 위의 책, 289쪽. 재인용.

577) 『海月神師法說』 「吾道之運」(34-1): "申澤雨問曰因甲午戰亂而吾道批評怨聲者多矣 如何方策能免此怨聲乎."

578) 『東京朝日新聞』, 명치28년(1895) 3월 5일.

579) 조경달, 앞의 책, 329쪽.

580) 황태연, 앞의 책, 238쪽.

581) 황태연, 『한국 근대화의 정치사상』, 402-403쪽. 참조.

582) 황태연, 위의 책, 431-440쪽. 참조.

583) 황태연, 『갑오왜란과 아관망명』, 170-171쪽.

584) 1977년부터 20여 년 간 동학의 사적지를 탐방한 동학도이자 동학연구자인 표영삼은 「몽중노소문답가」, 「필법」, 「포덕문」 등에 나타난 삼절과 궁을, 궁궁에 대한 표현을 두고 정감록 사상을 반영한 것으로 해석하는 경향에 반대한다. "동학에는 결정론에 바탕을 둔 정감록과 같은 사상은 끼어들 틈이 없다"는 것이다. 2004, 『동학 1: 수운의 삶과 생각』, 서울: 통나무, 198-199쪽.

585) 황태연, 『한국 근대화의 정치사상』, 433-434쪽. 참조.

586) 황태연은 충군애국사상을 '신존왕주의'라는 새로운 개념으로 파악하는데, 신존왕주의란 "우리나라 임금을 대내최고·대외독립의 '지존'으로 받들고 이 '지존'의 권위로 독립적 민족국가·국민국가(민국) 수립을 위한 정치·사회혁명을 관철시키려는 '우리임금지존주의'"를 지칭하는 개념으로, 우리의 정치적 근대화의 사상적 동력으로 간주할 것을 제안한다. 황태연, 『갑오왜란과 아관망명』, 152-190쪽; 『백성의 나라 대한제국』, 284-362쪽; 『한국 근대화의 정치사상』, 396-511쪽. 참조

587) 『大阪朝日新聞』, 1895년 3월 3일 〈全祿斗の申供〉. 『동학혁명자료총서』. 국사편찬위원회 한국사데이터베이스.

588) 조경달, 앞의 책, 172-173쪽. 참조.

589) 김용휘, 2011, 『최제우의 철학: 시천주와 다시개벽』(서울: 이화여자대학교출판부), 110쪽. 참조.

590) 김용휘, 위의 책, 111쪽. 참조.

591) 이규성, 2011, 『최시형의 철학: 표현과 개벽』(서울: 이화여자대학교출판부), 112-113쪽. 참조.

592) 오문환, 2003, 『해월 최시형의 정치사상』(서울: 모시는사람들), 40-43쪽. 참조.

593) 황태연, 『한국 근대화의 정치사상』, 406쪽.

594) 김명호, 2008, 『환재 박규수 연구』(파주: 창비), 364-365쪽.

595) 오문환, 앞의 책, 43쪽.

596) 『용담유사』, 「권학가」.

597) 『東經大全』 「論學文」.

598) 황태연, 앞의 책, 439쪽.

599) 『용담유사』 「안심가」.

600) 『宣諭榜文竝東徒上書所志謄書』, 「告示京軍與營兵以教示民」. 『동학농민혁명사료총서(10)』. 국사편찬위원회 한국사데이터베이스. 이 교시의 서두에는 갑오개화정권의 주모자들을 일본과 결맹한 '친일괴뢰' 개화간당으로 규정하고 있다.

601) 황태연, 앞의 책, 403쪽 참조.

602) 황태연, 위의 책, 405-406쪽.

603) 황현, 『매천야록(중)』, 368, 393쪽.

604) 황현, 위의 책, 651쪽.

605) 『高宗實錄』, 고종44년(1907) 7월 11일.

606) 국방부전사편찬위원회, 『義兵抗爭史』, 62-63쪽; 황태연, 『갑오왜란과 아관망명』, 242-243쪽. 재인용.

607) 헌법학자들에 따르면, '민주공화국'은 개정 불가한 헌법의 핵심원리가 되었다. 김철수, 1994, 『헌법개설』(서울: 박영사), 57쪽; 계희열, 2002, 『헌법학(상)』(서울: 박영사), 200쪽; 성낙인, 2002, 『헌법학』(서울: 법문사), 115쪽.

608) "한국에서 민주주의와 자본주의를 발전시킨 이념과 제도들은 모두 밖에서 주어졌다. 이를 '외세의 압도적 규정력'(the predominance of external influences)이라고 말할 수 있을 것이다." 최장집, 1996, 『한국민주주의의 조건과 전망』(서울: 나남), 19쪽.

609) 진덕규, 1991, 「한국사회의 정치변동과 계급구조의 정치통합에 대한 논의」, 『노동연구』(9), 260-263쪽.

610) 이승택, 2013, 「한국 헌법과 민주공화국: 민주공화국의 형성과 전개를 중심으로」(고려대학교 박사학위논문) 참조.

611) 한태연·갈봉근·김효전 외, 1988, 『한국헌법사(상)』(한국정신문화연구원), 41쪽.

612) "우리는 1948년 처음으로 입헌주의적 헌법을 제정하였다. 그나마 그것도 자율적이 아닌 연합국의 민주주의의 승리에 의한 타율적 산물이었다." 갈봉근, 1988, 「제헌헌법의 기본성격과 그 발전과정」, 『한국헌법사(上)』, 한국정신문화연구원(41), 366-367쪽.

613) 이영록, 2010, 「한국에서의 '민주공화국' 개념사: 특히 '공화' 개념을 중심으로」, 『법사학연구』(42), 58쪽.

614) 신우철, 2008, 『비교헌법사: 대한민국 입헌주의의 연원』(서울: 법문사), 300쪽.

615) 강정인, 2000, 「민주주의의 한국적 수용: 서구중심주의에 비쳐진 한국의 민주화」, 『한국정치학회보』 34(2), 70쪽; 김육훈, 2012, 『민주공화국 대한민국의 탄생』(서울: 휴머니스트), 28-31쪽. 참조.

616) 정용화, 1998, 「조선에서의 입헌민주주의 관념의 수용: 1880년대를 중심으로」, 『한국정치학회보』 32(2), 106-107쪽. 최한기의 세계인식에 대해서는 이면우, 1999, 「『지구전요』를 통해 본 최한기의 세계 인식」, 『과학사상』 (30), 116-144쪽. 참조.

617) 박찬승에 따르면, 이러한 흐름이 개화파를 통해 제한(입헌)군주제로 모색되다가 민주공화제로 본격화되었다. 박찬승은 민주공화제가 대두된 계기는 국망 이후인 1911년 신해혁명과 1919년 3.1운동의 영향이라고 본다. 박찬승, 2013, 『대한민국은 민주공화국이다』(파주: 돌베개), 39-98쪽 참조. 김육훈의 연구도 유사한 입장을 보이고 있다. 김육훈, 앞의 책 참조.

618) 박찬승은 2008, 「한국의 근대국가 건설운동과 공화제」, 『역사학보』(200), 309쪽에

서 〈한성순보〉(1884. 1. 3.)가 '공화제'를 최초로 소개한 것으로 제시했다. 이영록은 「한국에서의 '민주공화국' 개념사」, 52쪽. 각주 5)에서 신사유람단의 일원인 민종묵의 1881년 문견(聞見) 보고문에 '공화'라는 단어가 등장한다고 제시한 바 있다. 박찬승, 『대한민국은 민주공화국이다』에서는 이 견해를 수용하고 있는 것으로 보인다.

619) 안외순, 2002, 「유가적 군주정과 서구 민주정에 대한 조선 실학자의 인식」, 『한국정치학회보』 35(4), 69-70쪽.

620) 魚允中, 「宣撫使再次狀啓」, 상121쪽. 『東學亂記錄(上)』, 「聚語·報恩官衙通告」(癸巳三月十日, 東學人樹書, 于三門外). 『한국사료총서(10)』, 국사편찬위원회 한국사데이터베이스.

621) 이태진, 「18세기 한국사에서의 민의 사회적 정치적 위상」, 이태진·김백철 엮음, 『조선후기 탕평정치의 재조명 上』(파주: 태학사, 2011), 153. 이 글은 1999년 같은 제목으로 『진단학회』에 실린 논문을 일부 보완한 것이다. 이 구절은 2011년 새롭게 추가된 논지이다.

622) 황현, 『오하기문』, 88-89쪽.

623) 『皇城新聞』, 1899년(광무3) 2월 22일〈논설〉.

624) 『鳳棲日記·鳳南日記(부록 晦山日記)』. 국사편찬위원회 한국사데이터베이스, 광무 11(1907)년 3월 18일자.

625) 이상룡, 〈대한협회안동지회취지서〉(1909), 622쪽. 안동독립운동기념관 편, 2008, 『石洲遺稿(전2권-상)』 (서울: 경인문화사).

626) 李相尙, 〈皇室非滅國之利器〉, 『新韓民報』, 1909년 3월 31일자.

627) 玄波, 「데모크라시의 略義」 『개벽』 1호(1920. 6. 25.)

628) 곽준혁, 2005, 「민주주의와 공화주의: 헌정체제의 두 가지 원칙」, 『한국정치학회보』 39(3), 50쪽.

629) 吳知泳, 『東學史(3)』 (1926년 초고본), '執綱所의 行政' 국사편찬위원회 한국사데이터베이스.

630) 강정인은 「예운」의 대동을 '위대한 조화'로, 「홍범」에 나오는 대동을 위대한 합의를 통해 이루어지는 일종의 정치결정방식으로 풀이하고, 이를 대동 민주주의로 설명한다. 강정인, 2013, 『넘나듦의 정치사상』, 서울: 후마니타스, 208-231쪽.

631) '민회(民會)'의 주요 활동에 대해서는 김용민, 1994, 「1860년대 농민항쟁의 조직기반과 민회(民會)」, 『史叢』(43), 45-85쪽. 참조.

『論語』,『孟子』,『書經』,『禮記』

『文宗實錄』,『英祖實錄』,『睿宗實錄』,『太祖實錄』,『先祖修正實錄』

『承政院日記』,『朝鮮王朝實錄』,『高麗史』

『동경대전』,『용담유사』

『東學亂記錄(下)』,『동학농민혁명사료총서』,『南原郡東學史』,

『東學史』(1926년 초고본).「全琫準供草」

『일관기록』,『日本外交文書』,『駐韓日本公使館記錄』,『日淸交戰錄』

『독립신문』,『皇城新聞』,『대한협회회보』,『호남학보』,

「東京朝日新聞」,「大阪朝日新聞」,「大阪每日新聞」,「二六新報」,「時事新報」

강광식, 2009,「붕당정치와 조선조 유교정치체제의 지배구조 변동양상」,『OUGHTOPIA』, 경희대 인류사회재건연구원, 24(1).

강만길, 1994,『고쳐 쓴 한국근대사』, 창작과 비평사.

강명관, 2017,『허생의 섬, 연암의 아나키즘』, 휴머니스트.

강승호, 1998,「반계 유형원의 노비개혁안-노비의 대안으로 제시한 雇工論을 중심으로」, 『동국역사교육』(6).

강승호, 1998,「고용노동의 발전과 고공제 시행론」,『역사와 실학』(48).

강정인, 2000,「민주주의의 한국적 수용: 서구중심주의에 비쳐진 한국의 민주화」,『한국정 치학회보』34(2).

강정인, 2013,『넘나듦의 정치사상』, 서울: 후마니타스.

갈봉근, 1988,「제헌헌법의 기본성격과 그 발전과정」,『한국헌법사(上)』, 한국정신문화연 구원(41).

계승범, 2011,「조선의 18세기와 탈중화 문제」, 역사학회 편,『정조와 18세기』, 푸른역사.

고동환, 2007,「조선후기 도시경제의 성장과 지식세계의 확대」,『다시, 실학이란 무엇인 가』, 푸른역사.

고석규, 1994,「19세기 농민항쟁의 전개와 변혁주체의 성장」, 한국역사연구회,『1894년 농민전쟁연구1』, 역사비평사.

고성국, 1992,「한국 시민사회의 형성과 발전」,『아시아문화』(10).

고성훈 외 지음, 2004,『민란의 시대』. 서울: 가람기획.

곽준혁, 2005,「민주주의와 공화주의: 헌정체제의 두 가지 원칙」,『한국정치학회보』39(3).

교과서포럼, 2008,『대안교과서 한국근현대사』, 서울: 기파랑.

교수신문 기획, 2005,『고종황제 역사 청문회』, 서울: 푸른역사.

구자익, 2009,「惠岡 崔漢綺의 食貨論」,『철학논총』(57), 361-383.

권희영, 2001,「동학농민운동과 근대성의 문제」,『한국사의 근대성 연구』, 서울: 백산서당.

권희영 · 이명희 · 장세옥 · 김남수 · 김도형 · 최희원,『고등학교 한국사』(2013.6.30. 교육
부검정).

김낙년, 2003,『일제하 한국경제』서울: 해냄.

김낙년, 2011,「식민지근대화 재론」,『경제사학』(43).

김돈, 1994,「선조대 유생층의 공론 형성과 붕당화」,『진단학보』(78).

김범, 2011,「조선시대 사림세력 형성의 역사적 배경」,『국학연구』(19).

김구 지음, 배경식 풀고 보탬, 2010,『백범일지』, 너머북스.

김대영, 2003,「논쟁과 이견의 공론장으로서 독립신문」,『역사와 사회』제3권 제30집.

金道泰, 1948,『徐載弼博士自敍傳』, 서울: 首善社.

김득중, 2006,「1980년대 민중의 발견과 민중사학의 성과와 한계」,『내일을 여는 역사』
(24).

김명호, 2008,『환재 박규수 연구』, 파주: 창비.

김백철, 2008,「조선후기 영조대 법전정비와 속대전의 편찬」,『역사와 현실』(68).

김백철, 2010,『조선후기 영조의 탕평정치』, 파주: 태학사.

김백철, 2011,『영조: 민국을 꿈꾼 탕평군주』, 파주: 태학사.

김백철, 2011,「'탕평'을 어떻게 볼 것인가」, 이태진 · 김백철 엮음,『조선후기 탕평정치의
재조명 上』, 파주: 태학사.

김백철, 2011,「영조대 '민국' 논의와 변화된 왕정상」, 이태진 · 김백철 엮음,『조선후기 탕
평정치의 재조명 上』, 파주: 태학사.

김백철, 2013,「朝鮮時代 歷史像과 共時性의 재검토」,『韓國思想史學』(44).

김병욱, 2002,「퇴계의 질서와 공개념에 관한 검토」,『동양정치사상사』제1권 제1호.

김봉진, 2006,「崔漢綺의 氣學에 나타난 공공성」,『정치사상연구』제12집 제1호.

金庠基, 1931 · 1975,『東學과 東學亂』, 한국일보사.

김상준, 2005,「대중 유교로서의 동학: '유교적 근대성'의 관점에서」,『사회와 역사』제68권.

김선경, 2006,「19세기 농민 저항의 정치」,『역사연구』(16).

김성보, 1991,「'민중사학' 아직도 유효한가」,『역사비평』제16호(가을호).

金成潤, 1997,『朝鮮後期 蕩平政治研究』, 서울: 지식산업사.

김신재, 2004,「동학농민혁명에 있어서 국가형태 지향」,『동학연구』제17집.

김양식, 1996,『근대한국의 사회변동과 농민전쟁』. 서울: 신서원.

김양식, 2015,「오지영『동학사』의 집강소 오류와 기억의 진실」,『한국사연구』(170).

김영민, 2013,「조선시대 시민사회론의 재검토」,『한국정치연구』제21집 제3호.

김영수, 2005,「조선 공론 정치의 이상과 현실(I)-당쟁 발생기 율곡 이이의 공론 정치론을
중심으로」,『한국정치학회보』제39집 제5호.

김영식, 2014, 『정약용의 문제들』(혜안).

김영주, 2002, 「조선왕조 초기 공론과 공론 형성 과정 연구: 간쟁. 공론. 공론 수렴 제도의 개념과 종류」, 『언론과학연구』제2권 제3호.

김용덕, 1978, 『향안연구』, 한국연구원.

김용민, 1994, 「1860년대 농민항쟁의 조직기반과 민회(民會)」, 『史叢』(43).

김용섭, 1958, 「전봉준 供草의 분석-동학란의 성격 일반(一斑)」, 『사학연구』2, 한국사학회.

김용섭, 2001, 『한국근현대농업사연구3』, 서울: 지식산업사.

김용섭, 2004, 「光武改革期의 量務監理 金星圭의 社會經濟論」, 『한국근대농업사연구(II): 농업개혁론 · 농업정책(2)』, 서울: 지식산업사.

김용섭, 2007, 「주자의 토지론과 조선후기 유자」, 『조선후기농업사연구II: 농업과 농업론의 변동』(지식산업사).

김용섭, 2007, 『朝鮮後期農業史研究(II)』, 서울: 지식산업사(신정 증보판).

김용직, 1998, 「한국 정치와 공론성(1): 유교적 공론 정치와 공공 영역」. 『국제정치논총』제38집 제3호.

김용직, 2006, 「개화기 한국의 근대적 공론장과 공론형성 연구: 독립협회와 『독립신문』을 중심으로」, 『한국동북아논총』제38권.

김용휘, 2012, 『최제우의 철학』, 서울: 이화여대출판부.

김육훈, 2012, 『민주공화국 대한민국의 탄생』, 서울: 휴머니스트.

김윤희, 2009, 「근대 국가구성원으로서의 인민 개념 형성(1876-1984) ; 民=赤子와 『西遊見聞』의 인민」, 『역사문제연구』(21).

김인걸, 1981, 「朝鮮後期 鄕權의 추이와 지배층 동향: 忠淸道 木川縣 事例」, 『한국문화』(2).

김인걸, 1988, 「조선후기 향촌사회 권력구조변동에 대한 시론」, 『한국사론』(19).

김인걸, 1988, 「조선후기 향촌사회 권력구조의 변동와 '民'」, 『한국문화』(9).

김인걸, 1989, 「조선후기 촌락조직의 변모와 1862년 농민저항의 조직기반」, 『진단학보』(67).

김인걸, 1990, 「17, 18세기 향촌사회 신분구조변동과 '儒 · 鄕'」, 『한국문화』(11).

김재영, 2000, 「정여립 정치사상의 재정립」, 『정치정보연구』제3권 1호.

김재호, 2005, 「『고종시대의 재조명』, 조명 너무 세다」, 교수신문 기획 · 엮음, 『고종황제 역사 청문회』, 서울: 푸른역사.

김정인, 2015, 「『동학사』의 편찬경위」, 『한국사연구』(170), 29-59.

김철수, 1994, 『헌법개설』, 서울: 박영사.

김태웅, 2015, 「해방 후 고등학교 '국사'교과서에서 1894년 농민전쟁 서술의 변천」, 『역사교육』(133).

김필동, 1990, 「契의 역사적 분화 · 발전 과정에서 관한 試論: 朝鮮時代를 중심으로」, 『사회와 역사』(17).

김호기, 1993, 「그람시적 시민사회론과 비판이론의 시민사회론: 한국적 수용을 위한 비판적 탐색」, 『경제와 사회』(19).

김홍식, 1981, 『조선시대 봉건사회의 기본구조』, 박영사.

김훈식, 2011, 「朝鮮初期의 정치적 변화와 士林派의 등장」, 『한국학논집』(45).

나카츠카 아키라 저, 박맹수 옮김, 2014, 『1894년, 경복궁을 점령하라』, 서울: 푸른역사.

나카츠카 아키라 · 이노우에 가쓰오 · 박맹수 지음, 한혜인 역, 『동학농민전쟁과 일본: 또 하나의 청일전쟁』, 서울: 모시는사람들.

나종석, 2017, 『대동민주 유학과 21세기 실학』, 도서출판b.

노용필, 1994, 「동학군의 집강소 설치와 운영」, 『현대사연구』(5).

노용필, 1989, 「오지영의 인물과 저작물」, 『동아연구』(19).

리종현, 1995, 「최제우와 동학」, 『갑오농민전쟁 100돌 기념논문집』, 서울: 집문당.

미조구치 유조외, 조영렬 옮김, 2007, 『중국 제국을 움직인 네 가지 힘』, 글항아리.

박광용, 1988, 『영조와 정조의 나라』 서울: 푸른역사.

박광용, 2012, 「조선의 18세기」, 『역사학보』(213).

박맹수, 1993, 「동학의 교단조직과 지도체제의 변천」, 『1894년 농민전쟁연구3』 서울: 역사비평사.

박맹수, 2009, 『사료로 보는 동학과 동학농민혁명』, 서울: 도서출판 모시는사람들.

박명규, 1993, 「한말 향촌사회의 갈등구조: 民狀의 분석」, 『93 한국사회학대회 발표문』.

박용옥, 1981, 「東學의 男女平等思想」, 『歷史學報』(91).

박종근 저, 박영재 역, 1988, 『청일전쟁과 조선』, 서울: 일조각.

박찬승, 1996, 「1894년 농민전쟁의 주체와 농민군의 지향」, 한국역사연구회, 『1894년 농민전쟁 연구(5)』, 역사비평사.

박찬승, 2008, 「한국의 근대국가 건설운동과 공화제」, 『역사학보』(200).

박찬승, 2013, 『대한민국은 민주공화국이다』, 파주: 돌베개.

박현모, 2004, 「조선왕조의 장기 지속성 요인 연구 1: 공론 정치를 중심으로」, 『한국학보』 제30권 제1호.

박현모, 2005, 「유교적 공론 정치의 출발: 세종과 수성의 정치론」, 한국 · 동양정치사상사학회 엮음, 『한국정치사상사』, 서울: 백산서당.

방상근, 2006, 「18-19세기 서울 지역 천주교도의 존재 형태」, 『서울학연구』(26).

배경식, 2000, 「민중과 민중사학」, 『논쟁으로 본 한국사회 100년』, 역사비평사.

배병삼, 2005, 「정치가 세종의 한 면모」, 『정치사상연구』 제11집 2호.

배연숙, 2010, 「위당 정인보의 조선학 성립배경에 관한 연구」, 『철학논총』(59).

배영대, 2018, 〈실학별곡-신화의 종언 ① 프롤로그-실학과 근대〉, 『중앙선데이』(2018.3.17 일자)

배항섭, 1992, 「19세기 후반 '변란'의 추이와 성격」, 한국역사연구회 편, 『1894년 농민전쟁 연구2』, 서울: 역사비평사.

배항섭, 1995, 「1880년대 초반 민중의 동향과 고부민란」, 한국역사연구회 편, 『1894년 농민전쟁연구4』, 서울: 역사비평사.

배항섭, 1996, 「동학농민혁명연구」, 고려대학교 박사학위논문.

배항섭, 1997, 「전봉준과 대원군 '밀약설' 고찰」, 『역사비평』제41호.

배항섭, 2002, 「1893년 동학교도와 大院君의 擧兵 企圖」, 『韓國史學報』제12호.

배항섭, 2008, 「조선시대 민중의 시위문화」, 『내일을 여는 역사』(33).

배항섭, 2010, 「'근대이행기'의 민중의식: '근대'와 '반근대'의 너머」, 『역사문제연구』(23).

배항섭, 2012, 「19세기를 바라보는 시각」, 『역사비평』(101).

배항섭, 2013, 「19세기 후반 민중운동과 公論」, 『韓國史研究』(161).

배항섭, 2014, 「한우근의 동학농민혁명 연구가 남긴 학문적 유산」, 『震檀學報』제120호.

배항섭, 2015, 「『동학사』의 제1차 동학농민혁명 전개과정에 대한 서술 내용 분석」, 『한국사연구』(170),

백남운, 2004, 『조선사회경제사』, 서울: 동문선.

백승종, 2007, 『정감록 역모사건의 진실게임』, 서울: 푸른역사.

백승종, 2012, 『정감록 미스테리』, 서울: 푸른역사.

서희경, 2012, 『대한민국 헌법의 탄생』, 파주: 창비.

성낙인, 2002, 『헌법학』, 서울: 법문사.

성주현, 2008, 「일제강점기 천도교청년당의 대중화운동」, 『한국독립운동사연구』(30).

송양섭, 2013, 「반계 유형원의 奴婢論」, 『한국인물사연구』(19).

송찬섭, 1997, 「농민항쟁과 민회」, 『역사비평』(37).

송호근, 2011, 「공론장의 역사적 형성과정: 왜 우리는 不通社會인가?」, 한국언론학회 심포지움, 『한국 사회의 소통위기: 진단과 전망』.

송호근, 2011, 『인민의 탄생』, 서울: 민음사.

신용하, 1987, 「甲午農民戰爭과 두레와 執綱所의 폐정 개혁: 農民軍 편성·執綱所의 土地政策·茶山의 閭田制·井田制 및 '두레'의 관련을 중심으로」, 한국사회사학회, 『사회와 역사』(8).

신우철, 2008, 『비교헌법사: 대한민국 입헌주의의 연원』, 서울: 범문사.

신주백, 2011, 「'조선학운동'에 관한 연구동향과 새로운 시론적 탐색」, 『한국민족운동사연구』(67).

심인보, 2006, 「19세기말 미국농민운동과 동학농민운동의 비교사적 검토와 시론(I)」, 『東學研究』(21).

심재윤, 2006, 「영국 농민반란과 동학농민혁명의 반봉건적 특성에 대한 비교 연구」, 『東學研究』제21집.

안동독립운동기념관 편, 2008,『石洲遺稿(전2권-상)』, 서울: 경인문화사.

안병직 편, 2001,『한국경제성장사』, 서울대출판부.

안병직 · 이영훈 편, 2001,『맛질의 농민들』, 일조각.

안외순, 2002,「유가적 군주정과 서구 민주정에 대한 조선 실학자의 인식」,『한국정치학회보』35(4).

양삼석, 2012,「제6장 수운(水雲) 최제우의 남녀평등관」,『민족사상』제6권 4호.

양상현, 1997,「대원군파의 농민전쟁 인식과 동향」, 한국역사연구회 편,『1894년 농민전쟁연구 5』, 서울: 역사비평사.

역사학회 편, 2011,『정조와 18세기』, 푸른역사.

오문환, 1996,「율곡의 군자관과 그 정치철학적 의미」,『한국정치학회보』第30輯 2號.

오문환, 2002,「동학사상에서의 자율성과 공공성」,『한국정치학회보』제36집 2호.

오문환, 2003,『해월 최시형의 정치사상』, 서울: 모시는사람들.

오문환, 2005,「동학에 나타난 민주주의: 인권, 공공성, 국민주권」『한국학논집』(32).

오수창, 1991,「세도정치를 다시 본다」,『역사비평』(12).

오수창, 2012,「18세기 조선 정치사상과 그 전후 맥락」,『歷史學報』(213).

오지영, 1926,『東學史』(초고본).

오지영, 1940,『歷史小說: 東學史』, 永昌書館版.

오영섭, 2007,『고종황제와 한말의병』, 서울: 선인.

오영섭, 2008, "한말 의병운동 연구의 새로운 패러다임 모색」,『한국사 시민강좌』(42), 서울: 일조각.

와다하루키, 2011,『러일전쟁과 대한제국』, 서울대학교 일본연구소.

왕현종, 2014,「『동학사』와 해방 이후 갑오농민전쟁 연구」,『오지영의 동학사에 대한 종합적 검토』(고창군 · 성균관대 동아시아학술원).

왕현종, 2014,「1894년 농민군의 폐정개혁 추진과 갑오개혁의 관계」,『역사연구』(27).

왕현종, 2015,「해방 이후『동학사』의 비판적 수용과 농민전쟁연구」,『역사교육』(133).

유권종, 2011,「한국의 실학과 근대성에 관한 논의」,『한국민족문화』(39).

유길준 지음, 허경진 옮김, 2004,『서유견문』, 서울: 서해문집.

李瀷(李翼成 역), 1992,『藿憂錄』, 서울: 한길사.

유병용, 2002,「한국 시민사회의 형성과 성격에 관한 재검토: '자유'와 '권리'의 동양적 이해를 중심으로」,『韓國政治外交史論叢』제24집 1호.

유불란, 2013,「"우연한 독립"의 부정에서 문명화의 모순된 긍정으로: 윤치호의 사례」,『정치사상연구』제19집 1호.

유영익, 1990,『甲午更張研究』, 서울: 일조각.

유영익, 1998,『東學農民蜂起와 甲午更張』, 서울: 一潮閣.

유팔무 · 김호기 엮음, 1995,『시민사회와 시민운동』, 서울: 한울.

윤사순, 1998, 「동학의 유교적 성격」, 『동학 사상의 재조명』, 영남대학교 출판부.

유형원, 1994, 『반계수록』, 명문당.

윤석산, 2008, 「오지영의《동학사》는 과연 역사소설인가?」, 『신인간』(692).

윤종영, 1999, 『국사교과서 파동』, 서울: 혜안.

이규성, 2011, 『최시형의 철학: 표현과 개벽』, 서울: 이화여자대학교출판부.

이기홍, 2016, 「양적 방법의 지배와 그 결과: 식민지근대화론의 방법론적 검토」, 『한국사회학』 50(2).

이나미, 2001, 『한국자유주의의 기원』, 서울: 책세상.

이대근 외, 2005, 『새로운 한국경제발전사』, 서울: 나남.

李敦化, 1933, 『天道教創建史』. 天道教中央綜理院.

이동수, 2006, 「독립신문과 공론장」, 『정신문화연구』 제29권 제1호.

이동수, 2007, 「개화와 공화민주주의:《독립신문》을 중심으로」, 『정신문화연구』 제30권 제1호.

이만열, 1997, 「일제 식민지 근대화론 문제 검토」, 『한국독립운동사연구』(11).

이면우, 1999, 「『지구전요』를 통해 본 최한기의 세계 인식」, 『과학사상』(30).

이병천·홍윤기, 2007, 「두 개의 대한민국을 넘어서: 세계화 시대 시장화 대 공공화의 투쟁, 모두의 '대한 민주공화국'을 위하여」, 『시민과 세계』, 상반기 11호, 참여사회연구소.

이상백, 1962, 「東學黨과 大院君」, 『역사학보』 27-28합집.

이상희, 1993, 『조선조 사회의 커뮤니케이션 현상연구』, 서울: 나남.

이석규, 1996, 「朝鮮初期 官人層의 民에 대한 認識」, 『역사학보』(151).

이성무, 1992, 『조선후기 당쟁의 종합적 검토』, 정신문화연구원(연구논총 92-7).

이승택, 2013, 「한국 헌법과 민주공화국: 민주공화국의 형성과 전개를 중심으로」, 고려대학교 박사학위논문.

이영록, 2010, 「한국에서의 '민주공화국' 개념사: 특히 '공화' 개념을 중심으로」, 『법사학연구』(42).

이영재, 2013, 「조선시대 정치적 공공성의 성격 변화: '民'을 중심으로」, 『정치사상연구』 제19집 1호.

이영재, 2015, 『민의 나라, 조선』, 태학사.

이영재, 2016, 「대원군 사주에 의한 동학농민혁명설 비판」, 『한국정치학회보』(제50집 2호).

이영훈, 2002, 「조선후기 이래 소농사회의 전개와 의의」, 『역사와 현실』(45).

이영훈 편, 2004, 『수량경제사로 다시 본 조선후기』, 서울대학교출판부.

이영훈, 2007, 『대한민국이야기』, 서울: 기파랑.

이영훈, 2007, 「19세기 조선왕조 경제 체제의 위기」, 『朝鮮時代史學報』(43).

이용기, 2007, 「민중사학을 넘어선 민중사를 생각한다」, 『내일을 여는 역사』(30).

이원택, 2002, 「顯宗朝의 復讐義理 논쟁과 公私 관념」, 『한국정치학회보』제35집 제4호.

이이화·배항섭·왕현종, 2006, 『이대로 주저 앉을 수는 없다-호남 서남부 농민군, 최후의 항쟁』, 혜안.

이준식, 2017, 「식민지근대화론이 왜 문제인가?」, 『내일을 여는 역사』(66).

이중환 지음, 허경진 역, 1996·1999(3쇄), 『택리지』, 고양: 한양출판.

이창일, 2013, 「『주자대전』대동, 소강 출현 리서치」, 미간행초고.

이태진, 1985, 「당쟁을 어떻게 볼 것인가」, 『조선시대 정치사의 재조명』, 범조사.

이태진, 1989, 「17·18세기 향도(香徒)조직의 분화와 두레의 발생」, 『진단학보』(67).

이태진, 1990, 「사화와 붕당정치」, 『한국사특강』, 서울대출판부.

이태진, 1990, 「朝鮮王朝의 儒敎政治와 王權」, 『한국사론』제23집.

이태진, 1993, 「14-16세기 한국의 인구증가와 신유학의 영향」, 『震檀學報』제76권.

이태진, 1997, 「서양 근대 정치제도 수용의 역사적 성찰」, 『震檀學報』제84권.

이태진, 1998, 「대한제국의 황제정과 민국정치이념」, 『한국문화』(22).

이태진, 1998, 『한국사-조선중기 정치와 경제 30』, 국사편찬위원회.

이태진, 1999, 「18세기 韓國史에서 民의 사회적·정치적 위상」, 『진단학보』(88).

이태진, 2011, 「18세기 한국사에서의 민의 사회적 정치적 위상」, 이태진·김백철 엮음, 『조선후기 탕평정치의 재조명 上』, 파주: 태학사.

이태진, 2011, 「조선시대 '민본' 의식의 변천과 18세기 '민국' 이념의 대두」, 이태진·김백철 엮음, 『조선후기 탕평정치의 재조명 上』, 파주: 태학사.

이태진, 2012, 『새한국사』, 서울: 까치.

이태진·김백철 엮음, 2011, 『조선후기 탕평정치의 재조명 上』, 파주: 태학사.

이한수, 2004, 「世宗時代의 政治」, 『동양정치사상사』제4권 2호.

李海濬, 1985, 「朝鮮後期 晋州地方 儒戶의 實態: 1832년 晋州鄕校修理記錄의 分析」, 『진단학보』(60).

이헌창, 2011, 「근대경제성장의 기반 형성기로서 18세기 조선의 성취와 그 한계」, 역사학회 편, 『정조와 18세기』.

이현주, 2013, 「일제하 (수양)동우회의 민족운동론과 신간회」, 『정신문화연구』제26권 제3호 가을호.

이현출, 2002, 「사림정치기의 공론정치 전통과 현대적 함의」, 『한국정치학회보』.

이현희, 2008, 「제1장 동학과 근대성」, 『민족사상』2(2).

이희근, 2001, 「동학농민봉기는 반봉건 근대적 운동이 아니다」, 『한국사는 없다』, 서울: 사람과 사람.

이희주, 2010, 「조선초기의 공론정치」, 『한국정치학회보』제44집 제4호.

이희주, 2011, 「조선시대 양녕대군과 에도시대 아코우사건을 둘러싼 이념논쟁」, 『정치·

정보연구』제14권 2호.

장규식, 1995,「1920-30년대 YMCA 농촌사업의 전개와 그 성격」,『한국기독교와 역사』제4호.

장규식, 2002,「YMCA학생운동과 3·1운동의 초기 조직화」,『한국근현대사연구』제20집(봄호).

장명학, 2007,「근대적 공론장의 등장과 정치권력의 변화:《독립신문》사설을 중심으로」.『韓國政治研究』제16집 제2호.

장현근, 2009,「민(民)의 어원과 그 의미에 대한 고찰」,『정치사상연구』제15집 제1호.

전병재, 2002,「공동체와 결사체」,『사회와 이론』제1집 창간호.

전정희, 2004,「개화사상에서의 민(民)의 관념」,『정치·정보연구』제7권 제2호.

전형택, 1990,「朝鮮後期 奴婢의 土地所有」,『한국사연구』(71).

전형택, 2010·2011,『조선 양반사회와 노비』서울: 문헌.

정순우, 2013,『서당의 사회사: 서당으로 읽는 조선교육의 흐름』, 파주: 태학사.

정약용, 1989,『牧民心書(III)』, 창작과 비평사.

정연태, 1999,「'식민지근대화론' 논쟁의 비판과 신근대사론의 모색」,『창작과 비평』제27권 제1호.

정옥자, 1994,『조선후기 역사의 이해』, 서울: 일지사.

정진영, 1994,「19세기 향촌사회 지배구조와 대립관계」,『1894년 농민전쟁 연구』1, 역사비평사.

정용화, 1998,「조선에서의 입헌민주주의 관념의 수용: 1880년대를 중심으로」,『한국정치학회보』32(2).

정창렬, 1991,「갑오농민전쟁연구: 전봉준의 사상과 행동을 중심으로」, 연세대학교 사학과 박사학위논문.

정태석, 2006,「시민사회와 사회운동의 역사에서 유럽과 한국의 유사성과 차이」,『경제와 사회』(72), 125-147.

조성을, 1986,「丁若鏞의 身分制改革論」,『동방학지』(51).

조순, 2006,「東學의 經全에 나타난 人間觀: 휴머니즘을 바탕으로 한 평등주의」,『東學研究』第21輯.

조순, 2007,「동학과 유교의 민본관」.『東學研究』第22輯: 117-134.

조경달 지음, 박맹수 옮김, 2008,『이단의 민중반란』, 서울: 역사비평사.

조석곤, 2015,「식민지근대를 둘러싼 논쟁의 경과와 그 함의: 경제사학계의 논의를 중심으로」,『역사문화연구』(53).

조윤선, 1999,「조선후기의 田畓訟과 法的 대응책: 19세기 民狀을 중심으로」,『민족문화연구』(29).

조한상, 2006,「헌법에 있어서 공공성의 의미」.『公法學研究』제7권 제3호.

조혜인, 2009, 『공민사회의 동과 서: 개념의 뿌리』, 파주: 나남.

조혜인, 2012, 『동에서 서로 퍼진 근대 공민사회』, 파주: 집문당.

주강현, 2006, 『두레: 농민의 역사』, 들녘.

지수걸, 2015, 「1894년 '공주대회전' 시기의 '공주 확거·고수' 전술과 '호서도회' 개최 계획」, 『역사문제연구』(33).

진덕규, 1991, 「한국사회의 정치변동과 계급구조의 정치통합에 대한 논의」, 『노동연구』(9).

차명수, 2011, 「산업혁명과 역사통계」, 『경제사학』(50).

참여사회포럼, 2014, 「시민의 탄생과 진화: 한국인들은 어떻게 시민이 되었나?」, 『시민과 세계』(24).

최배근, 1993, 「시민사회(론)의 불완전성과 '公民'의 역사적 성격」, 『경제와 사회』(19).

최윤오, 1990, 「조선후기 和雇의 성격」, 『충북사학』(3).

최장집, 1996, 『한국민주주의의 조건과 전망』, 서울: 나남.

최이돈, 1994, 『조선중기 사림정치구조연구』, 일조각.

최장집·임현진 공편, 1993, 『시민사회의 도전』, 서울: 나남.

최정운, 2013, 『한국인의 탄생』, 미지북스.

최혜경, 2002, 「동학의 사회개혁사상과 동학농민혁명의 전개」, 『동학연구』제12집.

표영삼, 2004, 『동학 1: 수운의 삶과 생각』, 서울: 통나무.

표영삼, 2005, 『동학 2: 해월의 고난역정』, 서울: 통나무.

하지연, 2015, 『기쿠치 겐조, 한국사를 유린하다』, 서울: 서해문집.

한국민중운동사연구회 편, 1980, 『한국민중운동사2: 근현대편』, 서울: 풀빛.

한국사회학회·한국정치학회 편, 1992, 『한국의 국가와 시민사회』, 서울: 한울.

한국정신문화연구원 편, 2004, 『식민지근대화론의 이해와 비판』, 서울: 백산서당.

한상권, 2002, 「19세기 민소(民訴)의 양상과 추이」, 『한일공동연구총서3』.

한상권, 2009, 「백성과 소통한 군주, 정조」, 『역사비평』(89).

韓相權, 1996, 『朝鮮後期 社會와 訴冤制度』, 서울: 일조각.

한승연, 2012, 「조선후기 民國 再造와 民 개념의 변화」, 『한국정치학회보』제46집 5호.

한승완, 2013, 「한국 공론장의 원형 재구성 시도와 사회·정치철학적 함축」, 『사회와 철학』(26).

한영국, 1979, 「朝鮮後期의 雇工: 18·19세기 大邱府戶籍에서 본 그 실태와 성격」, 『역사학보』(81).

한영우 외, 2007, 『다시, 실학이란 무엇인가』, 푸른역사.

한우근, 1964, 「東學軍의 弊政改革案 檢討」, 『역사학보』(23).

한우근, 1980, 『성호 이익 연구』, 서울대 한국문화연구소.

한태연·갈봉근·김효전 외, 1988, 『한국헌법사(상)』, 한국정신문화연구원.

한홍구, 2002,「한국의 시민사회, 역사는 있는가」,『시민과 세계』(1).

홍원식 외, 1998,『실학사상과 근대성』, 예문서원.

황현, 김종익 역, 1994,『오하기문(梧下記聞)』, 서울: 역사비평사.

황현, 이장희 역, 2008,『매천야록(梅泉野錄)(상・중・하)』, 서울: 명문당.

黃義敦, 1922,「民衆的 叫號의 第一聲인 甲午의 革新運動」,『開闢』(22-23): 한국사데이터베이스 한국근현대잡지자료(검색일 2016.3.25).

황태연, 1996,『지배와 이성』, 서울: 창작과 비평사.

황태연, 2012,「서구 자유시장론과 복지국가론에 대한 공맹과 사마천의 무위시장 이념과 양민철학의 영향: 공자주의 경제・복지철학의 보편성과 미래적 함의에 관한 비교철학적 탐색」,『정신문화연구』제35권 제2호.

황태연, 2014,『감정과 공감의 해석학 1』, 파주: 청계.

황태연, 2016,「조선시대 국가공공성의 구조변동과 근대화」, 황태연 외,『조선시대 공공성의 구조변동』, 한국학중앙연구원출판부.

황태연, 2016,『패치워크문명의 이론』, 파주: 청계.

황태연, 2016,『대한민국 국호의 유래와 민국의 의미』, 파주: 청계.

황태연, 2017,『갑오왜란과 아관망명』, 파주: 청계.

황태연, 2017,『백성의 나라 대한제국』, 파주: 청계.

황태연, 2017,『갑진왜란과 국민전쟁』, 파주: 청계.

황태연, 2018,『한국 근대화의 정치사상』, 파주: 청계.

허수열, 2015,「식민지기 조선인 1인당 소득과 소비에 관한 논의의 검토」,『동북아역사논총』(50).

허수열, 2015,「식민지근대화론의 주요 주장의 실증적 검토」,『내일을 여는 역사』(59).

허수열, 육소영, 2016,「1910-1925년간의 인구추계 검토: 식민지근대화론의 인구추계의 문제점을 중심으로」,『한국사연구』(174).

허종호, 1995,「갑오농민전쟁의 성격과 특징」,『갑오농민전쟁 100돌 기념논문집』, 집문당.

허영란, 2005,「민중운동사 이후의 민중사」,『역사문제연구』(15).

Antony Black, 1984, *Guilds and Civil Society in European Political Thought from the Twelfth Century to the Present*, Cambridge Univ. Press.

Cho Hein, 1997, "The Historical Origin of Civil Society in Korea", *Korea Journal,* Vol.37. No.2.

Craig Calhoun. edited, 1992, *Habermas and the Public Sphere*, The MIT Press.

David Steinberg, 1997, "Civil Society and Human Rights in Korea", *Korea Journal*, Vol.37, No.3, 1997.

Duden, 1989, *Deutsches Universal WörteJrbuch A-Z.*

E. H.카, 김택현 역, 2011, 『역사란 무엇인가』, 서울: 까치.

G. W. F. Hegel, 1821, *Grundlinien der Philosophie des Rechts*, translated by T. M. Knox, 1967, *Hegel's Philosophy of Right*, Oxford University.

Habermas, 한승완 역, 2001, 『공론장의 구조변동』, 서울: 나남출판.

J. Keane, 1988, *Democracy and Civil Society*, London: Verso.

J. L. Cohen & A. Arato, 1992, Civil Society and Political Theory, MIT press.

John Duncan, 1992 · 2006, "The problematic modernity of Confucianism: the question of 'civil society' in Choson Dynasty Korea", in Charles K. Armstrong eds, *Korean Society: Civil Society, Democracy and the State*, London: Routledge.

John Gray, 2007, *Enlightenment's Wake*, London/New York: Routledge.

Jürgen Habermas. trans. by Thomas Burger. 1991. *The Structural Transformation of the Public Sphere*. The MIT press.

Karl Marx, 1843, "Contribution to the Critique of Hegel's Philosophy of law", in 1975, *Karl Marx Frederick Engels Collected Works* 3, Moscow: Progress Publishers.

Manfred Riedel, 1969, *Studien zu Hegels Rechtsphilosophie*, Frankfurt am Main: suhrkamp Verlag., 황태연 역, 1983, 『헤겔의 사회철학』, 서울: 한울.

Mark E. Warren, 2001, *Democracy and Association,* Princeton: Princeton University Press.

Martina Deuchler. 이훈상 역, 2013, 『한국의 유교화 과정』, 파주: 너머북스.

Perry Anderson, 김현일 외 옮김, 1993, 『절대주의 국가의 계보』, 서울: 까치.

Robert. M. MacIver, 1970, *On Community, Society, and Power*, ed. by Leon Barmson, The University of Chicago Press.

Ronald Inglehart, 1997, *Modernization and Postmodernization,* Princeton · New Jersey: Princeton University Press.

Scott Lash · Sam Whimster edited, 1987, *Max Weber, Rationality and Modernity*, London: Allen & Unwin, Inc.